リレー講義

アジア共同体の可能性

豊　嘉哲 編

芦書房

はしがき

本書はワンアジア財団の助成に基づいて、二〇一七年度後期に山口大学で実施された助成講義「アジア共同体の可能性」の内容を、加筆修正の上でまとめたものである。執筆内容に関する責任は各執筆者に帰する。

本講義はアジアまたはアジアで形成される共同体に関する多様なテーマで構成されている。弊学経済学研究科がバングラデシュ等と密接な交流を継続していることから、南アジア（特にＳＡＲＣ：南アジア地域協力連合）に焦点を当てた複数の章が本書には含まれている。これが本書の特徴と言える。

本書における各執筆者のアジアに対する見方は統一されていない。その理由は、一方で各自の見解を尊重したからであり、他方で第1章第2節において詳述されているように、アジアという用語に関する学術的な合意は得られていない現実を本講義の受講学生に理解してもらいたいからである。

ＥＵ研究を専門とする編者が本助成講義の運営に携わり、本書を編むことができたのは、佐藤洋治理事長はじめワンアジア財団の皆様、そして芦書房の中山元春氏、佐藤隆光氏のおかげである。心より感謝を申し上げる。

編者　豊　嘉哲

●目次

第12章　アジア共同体の理想
――岡倉天心の中国観を中心に――

序章　共同体形成へのある糸口

1　はじめに

大質量星の終焉となる大爆発の後、膨大なエネルギーが放射され、宇宙空間にばらまかれた星間物質が再び凝集し恒星系が生まれ四六億年が経過した。たまたま生命が存在しうる領域に形成された惑星において原始生命体が誕生し、今から約一万年前、惑星環境に影響を及ぼすことのできる生き物が永い時を経て出現した。

時間の矢の支配のもと、「生」の仕組みと同時に「死」の仕組みを内包しているこの生き物は、時空の変化を捉える方法を発見し、他者や外界との相互作用の過程で情報を伝え合い、離合集散を繰り返しながら「生き抜く」能力を手中にした。また、自らを「万物の霊長」と呼ぶ一方で「人間」とも呼び習わし、他の「人間」との関係性のなかで「生」から「死」に至る道筋を歩んでいる。この道筋は、悠久の時間の流れの刹那の間に起こる現象であり、端的には古い細胞が新しい細胞に入れ替わる物質代謝・エネルギー代謝にすぎない。主系列星に属するこの標準的な恒星の誕生から死に至る進化の過程を考えると、この惑星上に何らかの生命体が存在できるのはせいぜい一〇数億年であり、恒星自体も約五〇数億年後に「死」を迎えることになる。

ところで現実の世界で起きている複雑な現象を理解し、将来起こり得る現象を予測することは、長いあいだ人類にとって極めて困難な問題であった。しかし、持ち前の好奇心と世代を超えて試行錯誤を繰り返す地道な努力とにより、人類は現象の一部を理解し、場合によっては現象を予測することによって、現実の様々な問題の解決の糸口を見つけ、部分的に解決することができるようになった。

この問題の解決には、人間の創造性によって生み出された道具や機械が重要な役割を果たしてきた。コンピュータ出現以前まで使われてきたほとんどの道具や機械は人間の利便を図った、ただ単に人間に使われるだけの道具であったが、コンピュータは今や単なる「計算する機械」ではなく、駆動装置と組み合わせることにより他の道具を制御できる点においてそれまでの機械とは一線を画している。換言すれば、以前の機械が人間の手足の代替機能しか持っていなかったのに対し、コンピュータは人間の脳を代替し得る可能性を持っていると言える。

コンピュータの表舞台への登場と情報通信技術（ICT：Information and Communication Technology）の進展により様相は一変しつつある。コンピュータが扱う対象はデータ、情報、そして知識へと展開され、人間の五感をも代替するコンピュータの開発が進められている。このような代替性のさらなる拡張が予想される状況下、人間がコンピュータに対し優位性を保ち続けるには「知恵」の働きが肝要である[1]。

人間社会の一部として存在する各種の「共同体」の構成要素の基本は個々の人間であり、人間同士の相互作用、あるいは環境からの影響によって共同体の特性が形成される。この特性は、同時に集団としての価値観、宗教観、時代状況などに影響される。

本稿では、情報化と標準化の重要性に鑑み、情報通信技術の進歩による人間系と機械系との間の協調を前提に、共同体形成における競争のみではない協調のための情報化及び標準化について考える。

2 情報化

2・1 概観

言葉としての「情報」は一八七六年のフランスの兵学書『佛國歩兵陣中要務實地演習軌典』のrenseignementの訳出に最初の用例があり、敵の「情状の報知」の意味で使われた兵語とされる。[2] 情報理論の導入により英語のinformationの日本語訳として用いられるようになった。[3] 一八七六年の初出の後、比較的早い時期から兵語以外の軍事色の無い一般化された意味で用いられるようになり今日に至っている。[4] このことは情報という言葉の持つ潜在力の一端を示していると言える。とりわけ情報がディジタル形式で表現され、利用する上での自由度が飛躍的に高まった今、情報の無形性が有する潜在力が顕在化しつつある。

この半世紀、多様な計算資源を利用できる環境の構築を掲げた研究と技術開発が展開され、一定の成果を挙げてきた。情報通信環境を単なる機械系として俯瞰すると、一九九〇年代半ばからのインターネットの爆発的普及は、それまでの個別・多様から標準プロトコルTCP／IPを基盤とする共通・一様への変曲点と捉えることができる。情報の取扱いはアナログ方式からデジタル方式に変化し、だれもが「いつでも、どこでも、だれとでも」コミュニケーションできるユビキタス環境の構築が進められてきた[5]。現在、周囲の環境との自然な相互作用を指向するアンビエント（Ambient）環境[6]、さらにスマートシティ（Smart City）[7]、コグニティブシティ（Cognitive City）[8]、IoT（Internet of Things）[9]、CPS（Cyber Physical System）[10]、WoT（Web of Things）[11]、そしてSociety 5.0[12]等、人間系と機械系との協調を基本機能とする多面的重層的な構想がある。エネルギー利用を抑制しつつ高度な社会の構築を可能とする未来の標準システムに向けた競争がグローバルに進められている。

2・2　自律分散協調

コンピュータは人間の代わりに計算や情報を蓄積し、また、人間同士をつなぐ情報伝達の機能を併せ持っている。コンピュータは第二次世界大戦での利用を契機に計算する機械としてその有用性が認められ今に至っている。ネットワークが普及する以前は、コンピュータは集中システムとして利用されていたが、米ソ冷戦下のARPANETに始まる通信機能の鎬を削った技術開発によりコンピュータの通信面が強化され、現在のインターネットに連なる大規模ネットワークの基礎が形成された。その後、半導体の微細加工技術の急速な進歩により、計算処理の高速化と情報蓄積の大容量化、情報伝達の高速大容量化が進んだ。

現代の情報通信システムは、機能、負荷、リスクの各視点から、集中よりは分散に力点が置かれ、分散処理に適した情報通信システムが考案され蓄積されてきた。多様な計算資源が分散して配置されたネットワークにおいて、目的に添った全体最適（あるいは準最適）な処理を実現するには、情報送受過程においてボトルネックとなる通信遅延を避ける工夫が必要である。

近年、距離的に近接して存在する実空間上の計算資源だけでなく、クラウドコンピューティング等の仮想空間上の共有資源を利用する形態が普及し、今後、ネットワークを介した通信量は激増することが予想される。特に、人間の周囲に存在する様々なモノにネットワークと通信する機能が付加される情報通信環境では、機能、リスク、負荷を踏まえた閉鎖と開放のバランス、そしてシステムとしての自律性が求められる。

したがって、機械系としての自律・分散・協調を前提にすれば、集中と分散、閉鎖と開放、自律と他律の三つの組み合わせ間のバランスのみならず、各々の二つの指標間のバランスを勘案する必要がある。

一方、人間系は機械系を活用する受益者として様々な活動を行うことになる。これからの本格的なビッグデータ時代の到来を考慮すれば、クラウドへの過渡の集中を避け、人間系と機械系の近接性を考慮するエッジコンピューティング等による自律的動的負荷分散が有効である[13]。

2・3　レジリエンス

社会基盤としての情報通信システムの規模が大きくなればなるほど、システムを安定的に持続させるにはトレランス（Tolerance）すなわち障害耐性が不可欠である。トレランスは情報通信技術においてはフォールトトレランス（Fault Tolerance）として認知されており、システムの安全性や信頼性に係る障害及び失敗に対する耐性や寛容性を意味する重要な概念である。障害耐性を高めるには冗長性（Redundancy）、頑健性（Robustness）、柔軟性（Flexibility）が不可欠であり、近年よく使われるレジリエンス（Resilience）を含めて相互に連関する概念である。特に、レジリエンスは本来の回復力という意味に加えて障害耐性や強靭さ等、より広い分野で使われる傾向にあり、「レジリエンス」という言葉の潜在力を示唆している[14]。

現代社会においてはエネルギー基盤の安定性がとりわけ重要である。産業革命前は地球を閉鎖系と捉えることは妥当であったが、特に二〇世紀に入ってからの人間の活動に伴うエネルギー消費の急増は、地球を閉鎖系とみなし続けることを難しくしている。そのため、エネルギーの確保は人類共通の大きな問題として認識されており、エネルギーの蓄積と新たなエネルギー源の確保、さらに情報通信技術を活用し電力網の最適制御を図るスマートグリッド（Smart Grid）を基盤とするシステムのアーキテクチャ設計とアルゴリズムの開発がなされている。[15]

3 標準化

3・1 概観

現代社会を特徴付ける言葉として「標準化」を挙げることができる。標準化は特に社会基盤においてなされる場合に影響が大きく、この意味において情報通信技術（ＩＣＴ）の標準化はこれまで社会諸相の広い範囲に影響を及ぼしている。これからの社会のあり様を考えた時、競争のためだけではなく協調のための標準化が不可欠である。

例えば、インタフェースの一つとして事実上の標準の地位を確立しているＱＷＥＲＴＹ配列キーボードは一八七二年にクリストファー・レイサム・ショールズが発明したモデルに端を発し、一八七三年にE. Remington & Sons社の市販モデルを経て、二〇世紀前半に普及したタイプライターに採用されデ・ファクト標準（de facto standard）となった。[16]この過程でRemington、Caligraph等のタイプライター上位五社が持ち株会社Union Typewriterの傘下に入ったことは、[17]デ・ファクト標準としてのQWERTY配列成立の過程においてもデ・ジュレ標準（de jure standard）の要素が含まれていたことを示唆している。

標準化の重要性が高まるにつれ、標準化は国際標準化機構（ISO：International Organization for Standardization）や国際電気通信連合（ITU：International Telecommunication Union）等の国際標準化団体の他、多くの標準化団体によって進められてきた。[18]特に電子情報通信技術はグローバル社会の基盤であり、ISOや国際標準への戦略的な対応は国内と国外との別なく、その重要性を増している。特に一九九五年のWTO／TBT（World Trade Organization/Technical Barriers to Trade）発効により、グローバルな環境においては国際標準を優先させることはもちろん、国内規格の作成においても国際規格を念頭におくことが求められていることに留意する必要がある。

3・2　競争と協調

現在、スマートグリッドやスマートシティ等のエネルギーの分野だけでなく、製造やサービス、ヘルスケア等、様々な分野において国際的にかつ大規模に標準化が進められている。標準化には、規格を定め一定水準の質保証をすることによって、コストダウンや市場拡大等のメリットがある一方で、過度の価格低下やシェアの減少といったデメリットも存在している。[19]グローバル化による競争の激化により、標準化は優位な立場を獲得する道具としての側面から語られることが多いものの、競争より協調に軸足を移す萌芽があることも事実である。

例えば、ISOは発展途上国の経済発展、社会的進歩、環境保護に寄与することを目標とする取り組みを行っている。[20]また、二〇〇一年にWHOで採択された国際生活機能分類（ICF：International

Classification of Functioning, Disability and Health）は、従来の国際障害分類（ＩＣＩＤＨ：International Classification of Impairments, Disabilities and Handicaps）が障害を否定的に捉えていたのに対し、より広範な因子、すなわち社会的活動や参加といった環境要因を含めて肯定的に捉えた指標である。とりわけＩＣＦが関係者間のコミュニケーションを改善する「共通言語」と位置づけられていることに特徴がある。[21]

とはいえ、人間系と機械系との協調を基本機能とする重複的重層的な未来のシステム構想があり、標準の獲得競争においては過渡の競争を抑制する仕組みの構築こそが肝要であることに変わりはなく、国際標準化制度そのものに内在する問題点についても留意する必要がある。[22] 機械系に限定すれば、現時点では人間が存在しなければ機械は不要であり、機械に競争心があるわけではない。競争と協調は人間系の問題である。

3・3　個別と共通

世界人口は二〇一七年現在、約七六億人と言われ、今後この人口は増加することが予想される。限られたエネルギーを効率よく利用し、社会を高度化し持続していく「共通」の基盤を提供する標準化の果たす役割は大きい。情報は物質、エネルギーと並び立つ概念であり、情報化は現代社会のあらゆる局面に影響を及ぼす。現代文明を持続させるという意味においても、標準化と情報化とが同じ文脈で語られる時、標準化の重要性はより高まる。

ところで、高齢化は日本のみならず世界においても同様に進行しており、高齢化が進む社会においてＩＣＦを共通言語としてツールの一つとして利用することは有意義である。保健・医療・福祉の分野においては個別性やＱＯＬを重視することが求められているなかで、ＩＣＦでは新しい用語である生活機能

(functioning) が中心的で包括的な用語として用いられている。自律的人間機械協調系において、ICFが真の共通言語として機能するには、実践のなかで「人が生きることのすべて」を把握することのできる生活機能とは何かを深めていく必要がある[23]。

保健、医療、福祉、介護の各分野は、ほぼ全ての人間が「生」から「死」に至る道筋において少なくとも一つの分野に何らかの関わりを持つことになる。これまで、国際機関や関係各国の期間、あるいはNPOにより、分野間の障壁を低くし、地球上の地域の別なくサービスを受けられる努力がなされてきた。予想される地球的規模での人口増加と高齢化の進展により、保健・医療に加えて福祉や介護までを包括する共通の基盤形成の重要性が高まっている。実際、持続的・自律的サービスシステムにおいて現場参加型のアプローチが進められている[24]。

社会の様相を規定する「標準」は決して固定したものではなく、特に人との関わりが大きい標準は、共通と個別とバランスを踏まえ、周囲の関係者と協調しながら試行錯誤を繰り返し適応的に作り上げていくものである。

4　糸口

ある共同体を想定したとき、標準化に関わる要素は多面的、重層的、複合的に内在している。標準化は基本的には規格化、共通化のプロセスであり、縮約という側面がある。縮約は同時に共同体としての多様な価値の芽を縮減し、時間の経過とともに共同体そのものの持続性を弱め消滅させてしまう可能性を秘めている。すなわち、標準化が内包する制約が、進化無き一様性を惹起すると言える。この陥穽を避けるには、例えば群集生態学に言うところのニッチ（niche）すなわち競争を避け共存する「棲み分け」を参照し多様性を保持することが考えられる[25]。

ところで、人間は進化の過程で自然発生的に生成された自然言語を使って文明を築き、文化を華開かせ伝え受け継いできた。近年のグローバル化の進展と通信技術の地球規模での普及により、文化の形成と伝承において重要な役割を果たす言語の消滅が問題となっており、他言語との相互作用や言語の進化プロセスの解明が進められ、特に近年、言語進化の理解に還元論的手法ではなく構成論的に取り組む試みがなされている[26]。

進化の過程における言語能力の獲得（言語能力の生物進化）と集団で使用される言語の変化（言語の文化進化）における共進性及び言語運用の環境に及ぼす影響（ニッチ構築）[27]、そして現実と非現実を踏まえた『「意思」の可視化』における構成論的能動性[28]は、情報通信技術が担う現実空間と仮想空間の融合と拡張、そして標準化の影響力を考えるうえで示唆に富んでいる。また、集団内における個体の分散の大小がニッチ幅や境界形成に影響する他、資源利用への適応性において集団の進化自体にも影響するとされる[29]。このことは共同体の情報化における現実空間と仮想空間における資源利用の自由度の振り分けが共同体の進化にも影響することを想起させる。

標準化の過程を抽象化すれば、分散して存在する自律的主体が記号を伝えあい、協調して記号の集合を改変する過程と捉えることができる。そこで、標準化自体に内在する記号体系を共同体形成のためのメタファーとしての共通言語と考えれば、言語進化における言語能力の獲得と言語の変化そしてニッチ構築は、標準化活動が獲得する影響力と標準化活動自体の変化そして標準化活動における能動的自律的行為が周辺環境に影響を及ぼし継承されていくアナロジーと考えられる。

共同体を人間機械共存系と捉えれば、共同体は多面的、重層的、複合的である。そこで情報化や標準化を共同体形成の駆動力とするアーキテクチャを想定し、共同体の現実空間と仮想空間における特性を、共通と個別、一様と多様、有形と無形等の思考軸で考えれば、情報化や標準化に内在する「共通」への指向性と適度の「制約」あるいは「抑制」とを織り込んだ適応的構成論的な共同体形成アルゴリズムの開発が可能となる。

5 おわりに

有史以来、人間が存在しうる領域に共同体が築かれ、様々な競争と協調のなかで歴史の糸が紡がれてきた。人間系のみならず、地球上の生態系全体にわたって「生」から「死」に至る活動の基になる物質、エネルギー、情報を調達し活用し続けるには、諸活動のエネルギー効率を改善し、競争と協調の流れの中で多様性を維持することのできる機序の構築が不可欠である。

人間の活動が地球的規模で影響を及ぼし得る現在、情報化と標準化の帰結の一つであるスマートグリッドをはじめとする各種の社会システムの高度化構想は、人間系と機械系との間の協調を前提としているものの、基礎となる標準化には光と影があり[30]、決して一様調和を希求するものであってはならない。

今日、科学技術の発達の恩恵により「安心」を享受できる人々もいれば、「不安」の中で生活せざるを得ない人々もいる現状を多様非調和と考えれば、多様調和へ至る過程において多様性を一旦低減し一様調和近傍を経て多様調和に至る道筋も可能である。この道筋は、構想されている社会システムを現実と仮想、共通と個別、一様と多様、有形と無形等、多面的複合的に捉えることによってはじめて可能となる。

機械系は人間系が存在しなければ不要である。また、機械に競争心があるわけでもなく、競争と協調は人間系の問題である。曰く、「私たちがヒトである最も根本的な能力は、他者の心を理解し、競争的な知能のみならず、協力的な知能を発達させたことにある」[31]。いまこそ求められているのは人間を人間たらしめている知恵、そして、諸学の探究における謙虚さであろう[32]。

注

（1）小島昌太郎「知恵とコンピューター：知恵が働かなければコンピューターも役にたたない」『桃山学院大学産業貿易研究所報』4、一九七〇年、三八～四四頁。栗木義光「コンピュータ利用の実務上の課題：人間とコンピュータとの間に何かがある」『情報処理』14（11）、一九七三年、八九九～九〇五頁。

（2）小野厚夫「情報という言葉を尋ねて（1）」『情報処理』46（4）、二〇〇五年、三四七～三五一頁。

（3）小野厚夫「情報という言葉を尋ねて（3）」『情報処理』46（6）、二〇〇五年、六一二～六一六頁。

（4）小野厚夫「情報という言葉を尋ねて（2）」『情報処理』46（5）、二〇〇五年、四七五～四七九頁。

（5）M. Weiser（1991）, The Computer for the 21st Century, Scientific American, 265（3）, 94-105.

（6）岸野文郎「ユビキタスからアンビエントへ」『画像電子学会誌』36（6）、二〇〇七年、八五二～八五五頁。DOI:10.11371/iieej.36.852/

（7）池田伸太郎、大岡龍三「日本国内におけるスマートシティ・スマートコミュニティ実証事業の最新動向」『生産研究』66（1）、二〇一四年、六九～七七頁。

（8）G. Wilke, E. Portmann（2016）, Granular computing as a basis of human-data interaction: a cognitive cities use case, Granular Computing, 1（3）, 181-197. DOI:10.1007/s41066-016-0015-4.

（9）Y. Kawamoto, H. Nishiyama, N. Kato, N. Yoshimura, S. Yamamoto（2014）, Internet of Things（IoT）: Present State and Future Prospects, IEICE Transactions on Information and Systems, E97-D（10）, 2568–2575. DOI:10.1587/transinf.2013THP0009.

（10）林直樹、高井重昌「サイバーフィジカルシステムの研究動向と展望」『計測と制御』53（12）、二〇一四年、一〇七六～一〇七九頁。DOI:10.11499/sicejl.53.1076.

（11）L. Atzori, A. Iera, G. Morabito（2010）, The Internet of Things: A survey, Computer Networks, 54（15）, 2787–2805. DOI:10.1016/j.comnet.2010.05.010.

（12）内閣府「第5期科学技術基本計画」二〇一六年。http://www8.cao.go.jp/cstp/kihonkeikaku/5honbun.pdf（二〇一八年六月二日閲覧）。

（13）山口弘純、安本慶一「エッジコンピューティング環境における知的分散データ処理の実現」『電子情報通信学会論文誌』J101-B（5）二〇一八年、二九八～三〇九頁。DOI:10.14923/transcomj.2017MOI0001.

（14）渡辺日出雄「レジリエントな社会を実現する情報技術」『情報管理』57（2）、二〇一四年、六九～七九頁。DOI:10.1241/johokanri.57.69. S. Christopherson, J. Michie, P. Tyler（2010）, Regional resilience: theoretical and empirical perspectives, Cambridge Journal of Regions, Economy and Society, 3, 3–10. DOI:10.1093/cjres/rsq004. 椹木哲夫「システムのゆらぎとレジリエンス」『システム／制御／情報』60（1）、二〇一六年、九～一七頁。

DOI:10.11509/isciesci.60.1_9.
(15) 加藤丈和、松山隆司「i-Energy Profile：スマートタップネットワークによるエネルギーの情報化プロファイル」『電子情報通信学会論文誌』J94-B（10）二〇一一年、一二三二～一二四五頁。泉井良夫、渋谷昭宏、浅井光太郎「スマートグリッドとセンサネットワーク」『電子情報通信学会論文誌』J95-B（11）、二〇一二年、一三七八～一三八七頁。
(16) 安岡孝一「キー配列の規格制定史アメリカ編―ANSIキー配列の制定に至るまで」『システム／制御／情報』48（2）、二〇〇四年、三九～四四頁。DOI:10.11509/isciesci.48.2_39.
(17) 安岡孝一「QWERTY配列再考」『情報管理』48（2）、二〇〇五年、一一五～一一八頁。DOI:10.1241/johokanri.48.115.
(18) 宮澤彰「標準化の世界」『情報の科学と技術』67（11）、二〇一七年、五九四～五九九頁。DOI:10.18919/jkg.67.11_594.
(19) 江藤学「事業戦略ツールとしての標準化」『映像情報メディア学会誌』62（5）、二〇〇八年、六四〇～六四五頁。DOI:10.3169/itej.62.640.
(20) ISO（2016), ISO Action Plan for developing countries 2016-2020, ISO. https://www.iso.org/publication/PUB100374.html（二〇一八年六月五日閲覧）。
(21) WHO（2011), Towards a Common Language for Functioning, Disability and Health ICF, WHO. http://www.who.int/classifications/icf/icfbeginnersguide.pdf（二〇一八年五月二八日閲覧）。
(22) 真弓育子「情報に関わる標準化活動の現状と課題」『情報の科学と技術』42（5）、一九九二年、四〇八～四一四頁。DOI:10.18919/jkg.42.5_408. 鍋嶌厚太「国際標準化活動の実際」『日本ロボット学会誌』34（6）、二〇一六年、

三八六〜三八九頁。DOI:10.7210/jrsj.34.386. 吉田直未「国際制度の競争歪曲効果」『国際政治』１７９、二〇一五年、九六〜一一〇頁。DOI:10.11375/kokusaiseiji.179_96.

（23）中保恵美「国際生活機能分類ＩＣＦにおける「生活機能」をめぐる課題」『総合福祉科学研究』2、二〇一一年、一〇三〜一一四頁。大川弥生「生活機能構成学確立のためのストラテジー――ＩＣＦ（人が「生きることの全体像」についての「共通言語」）の「生活機能モデル」に準拠して」『情報処理』54（8）、二〇一三年、七八二〜七八六頁。

（24）本村陽一、西村拓一、西田佳史、佐藤洋、大山潤爾「介護・医療における現場参加型アプローチの課題と展望――持続的・自律的サービスシステムの実現に向けて」『人工知能学会誌』28（6）、二〇一三年、九二四〜九二九頁。

（25）山内淳、三木健「ニッチ利用の柔軟性が変動環境下での競争的群集の多様性を促進する」『数理解析研究所講究録』1551、二〇〇七年、一二三〜一二七頁。K.N. Laland, J. Odling-Smee, M.W. Feldman（2001）. Cultural niche construction and human evolution, Journal of Evolutionary Biology, 14, 22-33. DOI:10.1046/j.1420-9101.2001.00262.x. 浅谷公威、鳥海不二夫、陳Ｙｕ、大橋弘忠「集団内の多様性創出メカニズムの解明」『電子情報通信学会論文誌』J96-DB（12）、二〇一三年、二九五一〜二九五九頁。山田広明、小林重人「個人志向と社会志向が共存するサードプレイスの形成メカニズムの研究」『情報処理学会論文誌』57（3）、二〇一六年、八九七〜九〇九頁。

（26）橋本敬「言語とコミュニケーションの創発に対する複雑系アプローチとは何か」『計測と制御』53（9）、二〇一四年、七八九〜七九三頁。DOI:10.11499/sicejl.53.789. 鈴木麗璽、有田隆也「言語と言語能力の共進化に対する構成論的アプローチ」『計測と制御』53（9）、二〇一四年、七九四〜八〇〇頁。DOI:10.11499/sicejl.53.794. 宇野良子、橋本康弘、岡瑞起、李明喜、荒牧英治「言葉が紡ぐデザイン――意志抽出への認知言語学の構成論的アプローチ」『認知科学』17（3）、二〇一〇年、四九一〜四九八頁。DOI:10.11225/jcss.17.491.

（27）鈴木、有田（二〇一四年）前掲論文。

（28）宇野ほか（二〇一〇年）前掲論文。

（29）河田雅圭「個体の分散が生物多様性の進化に与える効果（ＬＩ個体群生態学の新しい展望：ダイナミクスから進化まで）」『日本生態学会誌』54（3）、二〇〇四年、二五五〜二五七頁。DOI:10.18960/seitai.54.3_255.

（30）S. Timmermans, S.Epstein（2010）, A World of Standards but not a Standard World: Toward a Sociology of Standards and Standardization, Annual Review of Sociology, 36, 69-89. DOI:10.1146/annurev.soc.012809.102629.

（31）長谷川眞理子「ヒトはなぜヒトになったか？　共同作業と文化、言語」『心身医学』52（3）、二〇一二年、一八五〜一九二頁。

（32）佐藤文隆「物理学はなぜ統一科学になれなかったのか」『科学基礎論研究』34（2）、二〇〇七年、八三〜九〇頁。

成富　敬

第1章　アジアの共同体構築―その構想、進展、課題

1　はじめに

アジアを大陸という広がりで捉え、その地域的なアイデンティティーと共同体の構築を望むことは重要な課題である。アジアにおける地域主義は古くから語られ、内容も多様である。「アジアの地域主義」すなわちアジアの共同体構築は、一九八〇年代後半以降アジアが世界的に優位を得てきたことを背景に、アジアの指導者や大衆にとって決定的な重要性を持つ。そのため、アジアでの地域統合のイニシアチブは、一九八〇年代後半から一九九〇年代前半以降に着手されたものが大半である。アジアの台頭とアジアの共同体構築を推進する動きが同時に起こったことは、アジアでの地域統合の力学を理解するために意義がある。アジアは変貌を遂げ、なお変貌しつつある地域である。国際舞台でのアジアの復活は疑問の余地なく、かなり前から現実のものとなっている。ソニー創業者の盛田昭夫元会長は、一九九一年に『「NO」と言える日本』と題する書を著した。その後一九九四年には、マハティール・モハマドと石原慎太郎が『「NO」と言えるアジア』を書いた。一九九五年には同書の英訳版『*The Voice of Asia*（アジアの声）』（Blechinger and Legewie, 2000）が出版された[1]。

マーティン・ウルフは次のように書いている。「二つの時期が終わりを迎えようとしている。西欧主導のグローバリゼーションの経済的時代の終焉、そしてアメリカが主導する世界秩序の地政学的時代、すなわちポスト冷戦期の「つかの間の一極体制」時代の終焉のことである。問題はその後に、第二次世界大戦後の時代が脱グローバリゼーションと紛争へと崩れていくのか、それとも非西欧勢力が協調的な世界秩序の維持に一層大きな役割を果たすことになるのかということである」[2]。デイビット・カング（David Kang）は次のように語っている。

「しかし、過去二〇年間にアジアという一つの地域が出現して、その経済力、軍事力、外交力においてヨーロッパと肩を並べ、あるいはしのぐほどになり始めている。アジアの影響力が拡大しているおかげで学者は、一般的には国際関係の分野で、具体的にはアジアの安全保障の分野で、絶好の機会を手にし、その研究はしだいに厳密性を高め理論的に高度になっている」[3]。

一九八〇年代の「東アジアの奇跡」は二〇一〇年代にはアジア全域に及んでいる。「アジアの奇跡」は既に語られ始めているのである。二一世紀に「アジアの世紀」や「太平洋の世紀」が再び論議されているのは、世界が新たな運命を求めてアジアに向かっていることを見れば至極当然である。アジアが文化に対する自信を瞬く間に獲得したことは注目に値するほどで、そのことが進歩と繁栄と平和の新時代を開く大きな刺激となっている。中国からインド、また韓国からマレーシアに至るまで、アジアの若者はほとんどが自身の成功と社会の繁栄をともに成し遂げるには絶好の条件にあると考えている。アジアの台頭は、日本、中国、インド、韓国、さらにはＡＳＥＡＮ諸国などアジアの主要国によって、現実のものとなっている。アジアでは先進国と開発途上国の両者によって経済開発にめざましい成功を収めるべく、あらゆるところから現在目に見える形で相乗効果が生み出されている。アジアは冷戦時の西欧の影響と支配から脱しつつある地域であり、アメリカの覇権の圧力に対して経済力、政治力、潜在的軍事力を発揮する用意がある。

アジアの未来はアジアの人々の統一と連帯にかかっている。アジアの指導者らは第二次世界大戦の終結直後でさえ統一の緊急性を感じていた。一九五五年のアジア・アフリカ諸国によるバンドン会議はアジア諸国と国民にとって大いなる発想の源泉である。人々は「バンドン・アジア・アフリカ会議の精神」と称する、諸国間の関係を管理する新たな価値観を作り上げた。統一と連帯を示すこの強力な歴史上の証拠によって、アジア諸国は現代の世界におけるその役割を再定義する準備ができている。現実には、アジア諸国も域内外の難題に直面している。アジアの様々な地域が植民地宗主国による抑圧と征服の長い歴史を持ち、そのために国家と国民は文化的、政治的、民族的違いによって分裂、分断されたのである。さらに、冷戦体制によってもう一つの分裂と不統一がもたらされた。すなわち、アジアはヨーロッパに見られるような共同体を構築する機会を奪われたのである。冷戦の終結、９・11テロ攻撃、グローバリゼーションは、アジアが一つの地域として現れることを妨げる外生的条件として展開してきた。

植民地としての抑圧からグローバリゼーションまでのこのような難題を抱えながらも、アジアの人々は目を見張るほどの発展を成し遂げた。人々の知識、教育、文化的な規範と価値観、強靭性と自信が、アジアに未曽有の繁栄をもたらし、新たな自己イメージを抱かせるに至ったのである。「アジアのＧＤＰ」は間もなく世界ＧＤＰの五〇％を超えることになる。アジアの人口動態には類のない力強さが見られる。多くの分析家は、アジアは歴史的に失われた失地を近年回復しつつあると見ている。一六世紀の世界ＧＤＰににおける中国、日本、インドを合わせたシェアは、購買力平価で見ると五〇％を超え、産業革命前にはこれが六〇％に達していた。アジアの台頭がもたらす重大な影響は、アジアの内部の力にどの程度の影響を与えているかを理解することである。二一世紀の幕開けは間違いなく「アジアの世紀」の幕開けである。しかし同時に、アジアがその統一性と共通性を強化できなければ意味はない。アジアには二一世紀になって連帯という新たなメッセージがもたらされる。それはまた挑戦でもある。

このような背景の下、二一世紀におけるアジアの統一と連帯に寄与する研究の企てに関わることが必要となる。本章は南アジアの視点からアジアの共同体構築状態の分析を試みる。アジアの様々な地域統合過程に焦点を定め、南アジアでの地域間アクターとしての日本の役割に特に注意を払い、アジアの地域主義の範囲と難題を理解する。この分析は議論の概念的・経験的側面に関わる二次資料の検討に基づいている。

2 概念的な背景と理解

「アジア」という用語には、学術的な合意は得られていない。それでもアジアという概念は内部からというより外部の人間によって形作られてきている。ポストコロニアル理論の影響を受けたチェン・カンシン(陳光興)は、アジアが脱帝国を行うか、またはアジアの言説に対するアメリカによる過度の影響から自由になる必要があると論じた。[4] その上、「一つのアジア」という考え方から南アジアを除外する傾向がある。これがアジアを定義する際のヨーロッパやアメリカのやり方であることは確かである。しかし、アジアの学者も「南」を除外しているのである。それにもかかわらず、中国、日本、韓国、ＡＳＥＡＮ諸国と同様に、インド及びその周辺地域の発展はアジアの世紀にとって重要であることは依然として議論の余地はない。汎アジア主義を志向する同様の感情はバングラデシュにおいても見て取れる。南南協力の増加と新たな数々の地域的実体の創造が好機となり、好ましい環境を創出してきた。こうした環境により、アジア共同体の感覚を培う繁栄のビジョンの共有を生み出しているのである。

特に、アジアの地域主義は、アジアの様々な地域で多様な価値観と目標を持ちながら発展している。ＡＳＥＡＮ（一九六七）、ＳＡＡＲＣ（一九八五）、ＡＰＥＣ（一九八九）、ＡＰＴ【訳注　ＡＰＴあるいはＡＳＥＡＮ＋3はＡＳＥＡＮ＋日中韓のことであり以後文中で相互互換的に用いられる】（一九九七）、ＥＡＳ（二〇一〇）は、各組織によりその設立の動機が異なり、将来に向けての目標も異なる。これがアジアの未来への共通の夢を構築することを妨げている。事実、汎アジア主義とアジア太平洋地域主義との間に論争も生じたのである。アジア共通の価値観の存在を、東アジアと東南アジアとの間の絆として重要視する東アジアの擁護者はほとんどいない。しかし、アジアは文化的にあまりにも多様であり、しかも深く関わり合っている。アジア主義者でさえアジアの定義は様々である。儒教的価値観や仏教的価値観によって結びついている国がある一方で、イスラム教的価値観は依然としてアジアの価値観や文化に染みついている。そのため、アジア主義は、価値観とは別に、ともに繁栄を目指すために役立てることができる共通の土台を見いだす必要がある。

安定した近隣関係をもたらす、アジア諸国の経済共同体は、アジアのコミュニティーを目指すための確実な出発点であると思える。とはいえ、経済成長を競争的観点から捉える国はアジアにはほとんどない。アジアの国々の多くは様々な発展段階にあるものの、多くが似たような生産品の生産国でもあり輸出国でもあることから、それは国内の産業保護を名目とした関税障壁の採用と結びついてしまう。経済協力を定着させるには、体内的、対外的経済政策改革を適切に組み合わせて実施することが不可欠である。アジアの地域主義は三本の柱に支えられて進展すると考えられる。その柱とは、アジアのアイデンティティーの探求、欧米から挑戦、経済的相互依存の拡大である。[5]

一九六七年のASEAN設立により、アジアの地域協力は戦後世界で新たな進展を開始した。冷戦の力学は地域統合過程に影響を与え、ASEANにしても同様であった。地域共同体の構築の第二期は冷戦終結と同時に始まった。APEC、SAARC、ASEANに三カ国が加わり、アジアの多様な地域協力過程は新たな勢いを得た。西欧が衰退し、一方でまず日本が、その後アジアの虎や龍（韓国、台湾、香港、シンガポール）がアジアの勢いに弾みをつけたことにより、アジアの政治的役割に新たな方向性が与えられた。新ミレニアムが開けて以降、中国とインドが勢力を増していったことにより、アジアは二一世紀のリーダーシップについて議論する際に重要な位置を占めるようになった。

アジアの役割を理解するためには、アジア内部のつながりと連帯が特筆すべき要因である。それ以外に挙げるべき事象はグローバリゼーションであり、これはアジアの社会、文化、経済に重大な影響を与えている。この意味で、アジアにおける共同体の構築または汎アジア主義の復活は、この極めて多様な空間であると同時にアジア人の共通の家でもある世界の現在と未来の理解に関連がある。アジアにおける、一九八〇年代と一九九〇年代の経済的相互依存の拡大は、日本の生産ネットワークにより、また、後に中国が急速にその地域経済への統合を行ったことにより促進され、地域組織に機能的役割を担ってもらいたいという必要性が生じた。多国籍企業の主導による地域化というボトムアップの過程が、情報・通信・技術の新たな飛躍を迎えることで、一九九〇年代までに広く行われるようになった。[6]

（1）概念化

上述の背景を念頭に置きながら、地域統合を概念化することは重要である。最初に機能主義者と新機能主義者との議論に基づけば、地域主義または地域統合は長期の理論的実験を経ている。地域主義は一九八〇年代に劇的に姿を変えて復活し、一九九〇年代に勢力を拡大して、今日では国際的に広まりながら強大な力を示している(7)。二〇世紀前半に地域主義の二つの異なる波が発生した。第一の波は一九五〇年代後半から一九七〇年代にかけて生じ、第二の波は一九九〇年代に現れた(8)。

現在は新地域主義の時代と呼ばれ、第一期が冷戦の動学に影響を受けていたように、新地域主義はグローバリゼーションを直接的な関連を持っている。新地域主義は一九八〇年代中頃に現れ始め、主としてグローバリゼーションとして包括される、一九九〇年代前半の世界環境の変化を背景にして勢いを得たことは一般に述べられている。地域統合が新たな形で推進されたことは、この時期における一連の地域協定の成立に貢献した。例えば、一九四八年から一九八九年にかけて七七件の地域協定がかつての関税及び貿易に関する一般協定（GATT）に通知され、一九九〇年から二〇〇二年には一三四件の協定が世界貿易機関（WTO）に通知された。わずか一〇年で地域協定が爆発的に増加している。四一年間で地域協定は七七件しかなかったが、その後一二年間での一三四件とは対照的である。地域主義のそのような劇的な復活はポスト冷戦時代における大きな進歩である。一九九〇年代のこのような前例のない地域主義の台頭を、多くのアナリストは新地域主義と考えている。シルム（Schirm）は、新地域主義は本質的にグローバリゼーションが国内政策に影響を及ぼした結果であると考えている(9)。

地域統合の背後にある理論的根拠を理解する際に四つの議論が見られる。

第一に、地域主義を擁護する一般的な議論は地政学的な考察に基づいている。よく知られている、本質的には妥当と思える一つの仮説によれば、国は潜在的な敵よりも味方の国々と交易を行う傾向が相当に強いということである（特に国際体制における勢力分布が多極ではなく二極である場合）。地政学的な要因、国家中心主義、政府間の枠組みの関連性は極めて重要である。第二の議論は、ネオリベラル制度論の理解に対し、多くが地経学的な要因に基づいている。最も古く、最も普及している種類の説明では、地域主義を進める刺激を与える際に生じている外部性（特に経済的多様性を持つ地域化）の役割に焦点を合わせる。国際協力よりも（あるいは、それに加えて）地域的なものを好むもう一つの説明は、ボールドウィンのドミノ効果である。[10] ある経済地域がいったん形成されると、除外された国や地域の輸出業者は、統合地域に拠点を置く競合他社が経費を下げることが可能になることによって不利益を被ることになる。

南アジアの地域主義を求める理論的根拠の背後にある概念、動機、目標の範囲における第三の議論は、新たなアイデンティティーの獲得と世界からの認知される共同体構築への欲求として最もよく理解されている。これは部分的に構成主義的な議論に基づいているだけでなく、部分的に社会現象についての理想主義的な見解に基づいている。これはパワーではなく規範とアイデンティティーに注目する代替的なアプローチであり、国と国民は強力な国家に強制されたり指導されたりするときだけでなく、特定の地域の一員であると認識し、その地域の諸関係を支配する規範に同意するときにも協力する可能性がある。構成主義の中心的論点は、地域のアイデンティティーを含め、アイデンティティーが単に地理によって決定されたり、民族性や言語、宗教によって伝えられたりするのではなく、政治的な相互作用と論議によって、絶えず（少なくとも、繰り返し）形作られ、また作り替えられることである。地域主義に関する概念にはもう一つの流れがあり、それはポストモダニティーに基づくものである。地域主義は現代性によって形作られ発展させられるとする考え方である。地域協力の目的全体は、政府が唯一ではなくとも中心的アクターである場合に、国家支配の発生と再発生をもたらすことである。

地域主義は地理的または社会的に識別された空間を地域プロジェクトとして促進しようとする概念の主要部分である[11]。通常、制度的枠組みによって特定の地域で進められる政策プログラムや戦略に関係している。一方で、地域化は識別された地域空間内で実際に具体的なやり取りを行う過程のことを指す[12]。それは多国籍企業、ＮＧＯ、市民社会活動などの非国家的主体が国境を越えたつながりを生み出す過程として考えられており、そのようなつながりが様々な過程やネットワークを創出し、その地域を結びつけている。地域化は本質的に政治ではなく社会や一般には企業が、また民間団体、ときにＮＧＯが推進するものである[13]。ヘトネ（Hettne）は地域化の意味をさらに拡大した。ヘトネによると、地域化は変化が同時に次の三段階で生じる不均質で複雑な過程である。すなわち、世界システム全体の構造、地域間の関係の程度、単一地域ごとの内部パターンである[14]。

地域主義も地域化も地域的・準地域的・小地域的動学の本質的特徴のうちの二つである[15]。これらは正式な地域貿易協定やＦＴＡの進展に見られるように密接な関係がある。ヘトネはポスト冷戦時代の地域協力のレベルを理解するために「地域性（regionness）」という言葉を造った[16]。重商主義時代における市場諸力の自由活動に対する国家性の追求に言及しながら、ヘトネは重商主義的論理の現代的状況が変化していると論じている。現在においては、「政治的なるもの」の復興を伴った国境をも超える国際政治経済に直面しているのである。新地域主義の現れとしての「地域性」の追求は重要な問題である。「地域性」という概念は、ある地域で地域化の過程がどの段階にあるのかを見る一種の尺度と考えるべきである。

アジアの場合、地域統合は様々な進路をたどっている。そこには様々な段階で地域主義、地域化、地域性の傾向が見られる。アジアの地域統合過程は新地域主義と考えるのが最も適している。新地域主義は現代世界における地域協力の主流となっている。アジアの地域主義は、包括性・多面性・多元性が一層進んだ過程を通じての国家を超えた協力の一つであり、その過程においては、共同体や超国家的権威を構築することによって密接な地域統合を確立するために、国家、市場、コミュニティー、外部主体が関与する。

(2) アジアの地域主義の主要な特性

何よりもまず、アジアの地域主義は新地域主義の一例である。新地域主義によれば、地域は内部から外へ向かってだけでなく、外部から中へ向かうことによっても構築される。[17] アジアの地域主義は異種混合的な特徴を帯びた過程として現れ、地域コミュニティーや超国家的権威を構築することによって密接な地域統合を確立する目的に関係する広範囲な課題・行為主体・組織を含んでいる。

第二に、アジアの地域主義はグローバリゼーションの過程と強く関連していた。第三に、多重的な地域主義の現象はアジアの地域主義を理解するためのもう一つの主要な要素である。それは、同一メンバーが様々な地域集団や組織に属していることを指す。ある国がいくつかの地域組織のメンバーになり得るということは、基本的にポスト冷戦時代に明らかになった新傾向である。第四に、アジアの地域主義には、「開かれた地域主義（open regionalism)」として知られる独自の方法がある。第五に、アジアの地域主義は重複する地域統合の例でもある。アジアには現在、多数の国が参加する組織が多くあり、公式のものもあるが、実際には大部分が非公式である。アンドリュー・I・イオは「重複する地域主義」が東アジアに現れたと論じている。[18] その観察は東アジアに基づいているが、アジア全域に関連している。

第六に、アジアの地域主義は地域貿易ブロックの出現を示している。それは様々な地域で、貿易による利益を最大化するために、または成長を刺激し投資を促進するための新しい形の協力として出現している。[19]

特に、ポスト冷戦時代に数多くの地域貿易協定、自由貿易協定、特恵貿易協定（preferential trading agreement：ＰＴＡ）に調印することにより、世界経済の新しい現実を手にできるのであり、これは貿易ブロックの出現と呼ばれる[20]。第七に、アジア域内の地域主義を強く促進するものとしての協力関係が地域間ネットワークを通じて成長し強化されている。このことは、南北協力、南南協力、複合的な地域主義（複数の地域組織への重複参加）、組織間関係などの多種多様な方法で明らかにされている。このような特性の大部分は欧州連合（ＥＵ）やＡＳＥＡＮの発展に見られることが多い。

第八に、民間企業やボトムアップ式の働きかけが極めて強力な地域活動源であることを考慮すれば、非国家的主体が新たな地域主義の重要な要素となっている。経済界、学界、ＮＧＯ、ＣＳＯなどの非国家的主体はしだいに、地域のコミュニティーとアイデンティティーの創出にとって重要な参加者として認識されてきている。第九に、アジアの地域主義はマクロ地域主義とミクロ地域主義との橋渡しをすることができる。国際関係論・国際政治経済学（ＩＲ／ＩＰＥ）及び国際経済学の分野の分析専門家は主にマクロ地域主義の大規模な過程に関心を持っている。それは第一に、ヨーロッパ、北米、アジア太平洋の三つの中核的地域内及びその地域間の地域主義であり、多くの場合、ＥＵ、北米自由貿易協定（ＮＡＦＴＡ）、ＡＰＥＣ、またはＡＳＥＡＮ、南米南部共同市場（メルコスール：Mercosur）、南部アフリカ開発共同体（ＳＡＤＣ）、西アフリカ諸国経済共同体（ＥＣＯＷＡＳ）などの他の地域組織を中心としている[21]。冷戦終結以降、「ミクロ地域主義」と呼ばれる別の種類の地域主義が局地的に現れ始めた。それは地域的生産ネットワーク、民族ビジネス・ネットワーク、準地域的経済圏であり、これらは非公式ならびにミクロ地域主義・地域化の過程を構成する。

第一〇に、アジアの地域主義は、地域統合を理解するために多元性、複数原因性（multicausality）、多方向性（multi-directionality）を極めて重視している[22]。地理的に比較することが重要であるなら、政治問題と経済問題と安全保障問題との間の相互関係を検討することはなお一層重要である[23]。最後に、アジアの地域主義は、日本、中国などの工業大国とそのパートナー諸国との間の一連のハブ・スポークス関係を示しながらその柔軟性によって進展している。インドも近隣諸国との関係を考えれば好例である。ＢＢＩＮ（バングラデシュ、ブータン、インド、ネパール）はさらに強い相互作用を追及するモデルとなっている。

3 アジアの大国の構想

現代におけるアジアの地域主義の重要な側面は、地域政治及び世界政治についてアジアの大国間で構想が異なっていることである。それは全く新しい現象ということではないが、アジアにおけるポストアメリカ覇権に新たな様相を示している。この点で、日本、中国、インドの三カ国が特に重要である。実際、これら大国の三角関係の力学はアジアの様々な場所で地域統合の現方向性に重大な影響を与える。一九九〇年代に地域主義の探求は日本が先頭にいたとするなら、二〇〇〇年までに中国が推進力となった[24]。同様に、インドの役割は、南アジア、東南アジア、東アジアの国々の間での地域協力を促進する際に重要になっている。しかし、日本と中国との間の競争、及び東アジアでのアメリカの力の影響によって、ＡＳＥＡＮ（東南アジアの一〇カ国で構成）と二大国の緩衝国である韓国による指導力の発揮はともに限定的なものだった[25]。

中国が安全保障などで排他的な地域主義を推し進めたことにより、二〇一〇年の夏、アメリカとの緊張関係は最高潮に達した。ここに至るまでに中国は南シナ海を核心的利益として明言し、その主張に対して周辺諸国、とりわけベトナムが警戒感を抱いていた。既に日本が地域主義を防衛的に捉えるようになっていたのも、中国がＡＳＥＡＮを利用して、東南アジア諸国に対して強引な関係強化を進めていたことによるものであった。中国はアジアの経済危機に際して方針を変更し、日本に先んじてＡＳＥＡＮ諸国に対して主導権を発揮したのであるが、ＡＳＥＡＮ諸国にしてもそれによって経済的な見通しが劇的に向上したことから、得られた実利は大きかったのである。二〇〇五年に、日本は中国の多国間主義の限界を試すために、新首脳会議の範囲をより広げるものとし、共同体を価値に基づく解釈をすることで中国に対抗した。[26]

一九八九年、オーストラリアと日本はＡＰＥＣの形成に貢献していた。二〇〇五年に、中国がＡＳＥＡＮ＋３の強化を強く求めていたときに、日本は、強まる中国の優位を弱める可能性のある、インド、オーストラリア、ニュージーランドを加えたＥＡＳの形成を求め、それは成功裏に成し遂げられた。日本の麻生太郎外務大臣が二〇〇六年に、中国の周辺に沿って「自由と繁栄の弧」を提案し、ついで二〇〇九年にはラッド（Rudd）がアジア太平洋共同体に中国を巻き込もうとする考えを示した。[27]二〇〇五年には日本はＥＡＳを構成する一員となった。日本は、シンガポールなど東南アジアの主要国家と同様の資格で参加することを求めたのである。二〇一〇年七月の日印外務・防衛担当閣僚級協議（２プラス２）に見られるように、日本のアジア地域主義への関心は増大した。安全保障協力に重点を置き、民生用原子力の提携についての協議を重ねながら、この会合では中国が地域覇権を達成しないことを確実にするために日本が求めている広範な地理的範囲が示されている。バラック・オバマが二〇一〇年にインドを訪問したことも、アジアの変化しつつある多国間主義に関連して、二国間関係を増強する機会として歓迎された。[28]

日本は中国の力がしだいに日本を上回っていくことに気づいており、均衡を保つためにはアメリカを必要としていた。日本はまだ農業の保護主義と闘っていて、ＴＰＰの参加が不確かになっていたが、東アジア共同体は環太平洋パートナーシップ協定を含めＥＡＳやＡＰＥＣに押され気味であった[29]。中国はどうかというと、韓国や日本などのアジアの経済大国に対する貿易赤字の上昇に直面している。二〇〇九年には対米貿易黒字は一、四三六億ドル（輸出額は二、二一三億ドル）、対ＥＵ貿易黒字は一、〇八六億ドル（輸出額は二、三六五億ドル）であった。同年、中国は日本、韓国などのアジアの近隣諸国に対して貿易赤字が発生した。対ＡＳＥＡＮ貿易は事実上、均衡が取れていたのである。

歴史的にインドは南アジアなどのアジアのいずこでも地域統合の促進に関して先駆的な役割は果たしてこなかったが、アジアの実情を広範囲に捉え、特に南アジアの実情に関して留意しながら地域化の過程と共同体構築を強化することに重要な役割を演じている。インドのそのような役割がとりわけ重要となるのは地域・準地域の協力の進展を促進する場合であり、そのような協力は南アジア地域協力連合（ＳＡＡＲＣ）、ベンガル湾多分野技術経済協力イニシアチブ（ＢＩＭＳＴＥＣ）、バングラデシュ・中国・インド・ミャンマー（ＢＣＩＭ）、バングラデシュ・ブータン・インド・ネパール（ＢＢＩＮ）、南アジア準地域協力を通じて行われている。インドは、これらの組織に対するインドの役割を理解しながらも、これらの組織の性質や方向性について異なる見解を抱いていることが明らかになっている。

低開発と経済協力の必要性がある程度刺激となって、インドは東方政策（look east policy）を採用し、東アジアや東南アジアとの積極的な関係を発展させ、アジアの地域主義を促進している。さらに、ＳＡＡＲＣの進展状況にいら立ちを感じていたことから、インドはアジアの統合構想に積極的に参加している。これまでのところ、ＡＳＥＡＮや東アジアへ向かう勢いは国ごとに異なるものの、インドにはその意気込みが見られる。遡って二〇〇三年に、バリで開催されたインド・ＡＳＥＡＮ首脳会議で、インドの当時の

Ａ・Ｂ・ヴァージペーイー首相はＡＳＥＡＮ＋３とインドを含む包括的なアジア経済統合を提案した[30]。地域の経済的な成長と競争力強化の達成の提案であった。この構想は後にマンモハン・シン首相によって、安定、繁栄、密接な経済統合を確実にするものとして承認され、同首相はそれを「繁栄の弧（arc of advantage）」と名付けた[31]。

インドの代々の政権は、地域的枠組みにより東南アジア及び東アジアとの関係を拡大し進化させる強力な政策を推し進めてきた。この方向での関心を払い続けているものの成功は限定的である。一方で、南アジアの統合過程においてインドが役割を果たすことが難しくなってきた。特にパキスタンとの関係には軋轢が生じ、また中国にしても「一帯一路（One Belt One Road：ＯＢＯＲ）」構想を提唱していることから意見が異なってきていた。ＳＡＡＲＣとＢＣＩＭという二つの地域的展開に、これらの状況は否定的な影響を及ぼしている。この事態は明らかに、日本、中国、インドが利害の対立によってアジアの地域主義への貢献に矛盾を来していることを示している。

４　アジアの共同体構築の制度化とその多様な形態

アジアでは一九八〇年代後半以降、いくつかの地域協力構想が見られる。しかし、アジアの組織構築は大部分、ポスト冷戦の現象である。冷戦秩序の崩壊によって、世界的にも地域的にも組織的協力の政治的機会が生じた。アジアでは、ソビエト連邦の崩壊によって、広範囲に及ぶ地政学的な緊張関係に注意を払

図1-1　制度化の範囲

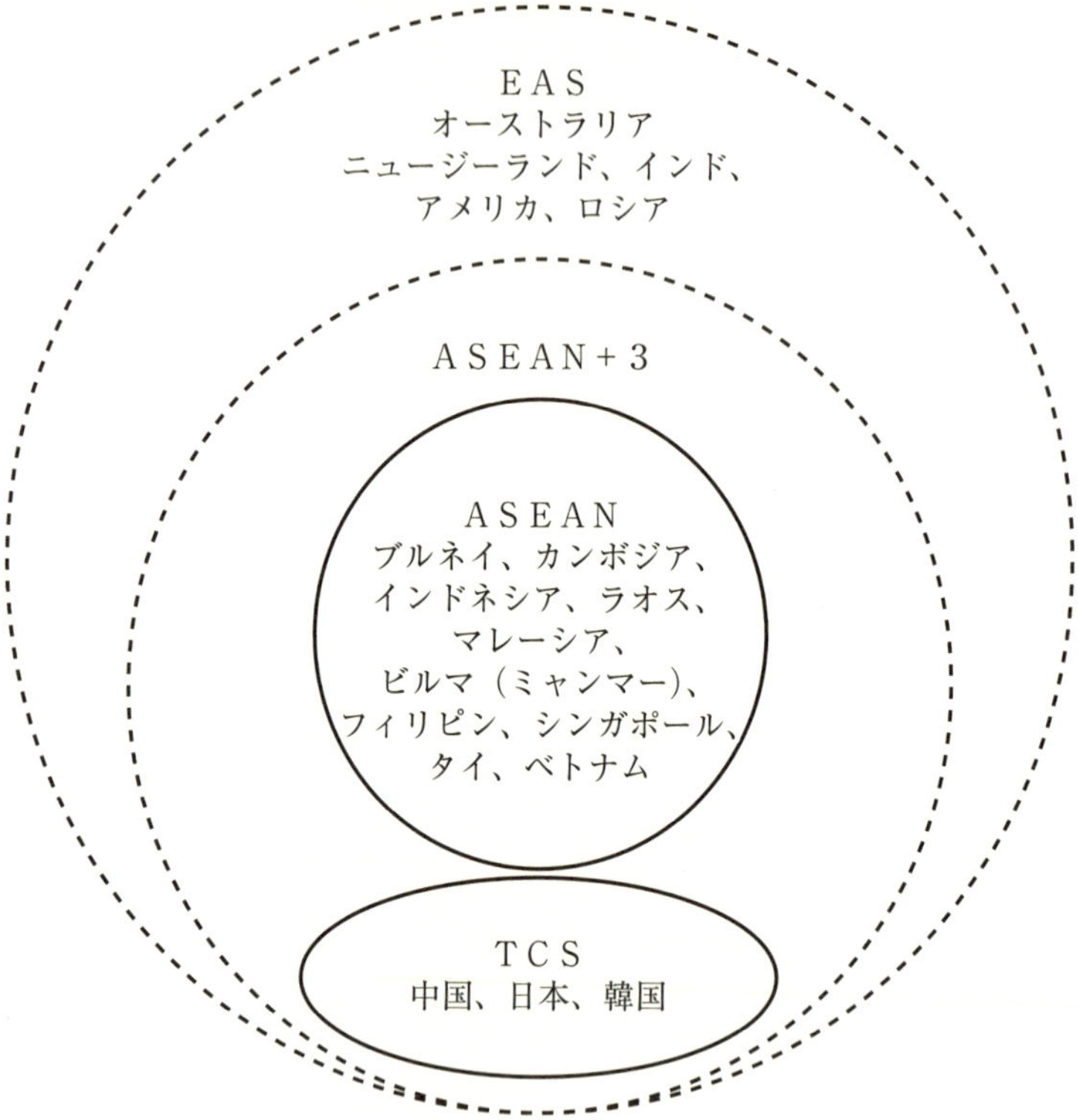

わなくてすむようになり、その代わり自国に密接に関わる安全保障や特に経済問題に焦点を合わせられるようになった[32]。また、これらの構想の大部分は東アジア、南アジア、東南アジアを基盤としていることは注目に値する。

アジアでの組織構築を決定する諸課題は大部分重複している。イオはこれらの要因を明確にし（表1-1）、物質的要素と規範的要素として大きく二つのカテゴリに分けた[33]。

次の項で、アジアの地域的組織の概説を記載し、当該地域における地域主義の成長と多様性

表1-1　制度的重複の決定素

物質的要素	1. 機能的必要性及び加盟国の選好
	2. 地政学的な紛争及び加盟国間の対立
	3. 組織・機関の存続
	4. 交渉の失敗、分布の問題
規範的要素	5. 将来の構想・地域の考え方
	6. 非公式性に関する機関の基準及び文化的基準

出典：Andrew I. Yeo, "Overlapping Regionalism in East Asia : Determinants and Potential Effects" International Relations of the Asia-Pacific, Volume 0, (2016) , pp.1-31.

の理解に資するものとする。

アジアの様々な地域での地域・準地域・地域間の協力イニシアチブに関する上述の例は当該地域での地域協力の五つの流れを反映している。第一に、域内加盟国に関するいくつかの地域主義または広域の協力過程が見られる。そのような試みの例として、ASEAN、SAARC、APECが挙げられる。これらの組織はそれぞれの地域での地域協力を促進しており、アジアの地域主義の一層の進展において積極的な影響を及ぼしている。第二に、アジアはさらに狭い様々な地域に関係する準地域主義をこれまでも、また現在も促進している。例えば、一九九六年にバングラデシュは成長四角地帯を形成するという提案を行った。同提案は南アジア成長四角地帯（South Asian Growth Quadrangle：SAGQ）として知られ、一九九六年一二月にSAARC閣僚会議で提案された。これは独立した事業体とみなされ、一九九七年のマレ首脳会議での決定によりSAARC枠内に位置付けられることになった。

一九九〇年代半ば以降のアジアの地域主義の第三の流れは、地域間協力枠組みが現れたことである。地域間協力は、一九七〇年代から一九八〇年代に南南協力及び南北協力の枠組み内で検討されたが、一九九〇年代半ば以降アジアで重要な傾向となった。固定的な地域制限を超えて、

図1-2　アジアでの地域的、地域超越的フォーラムの構成

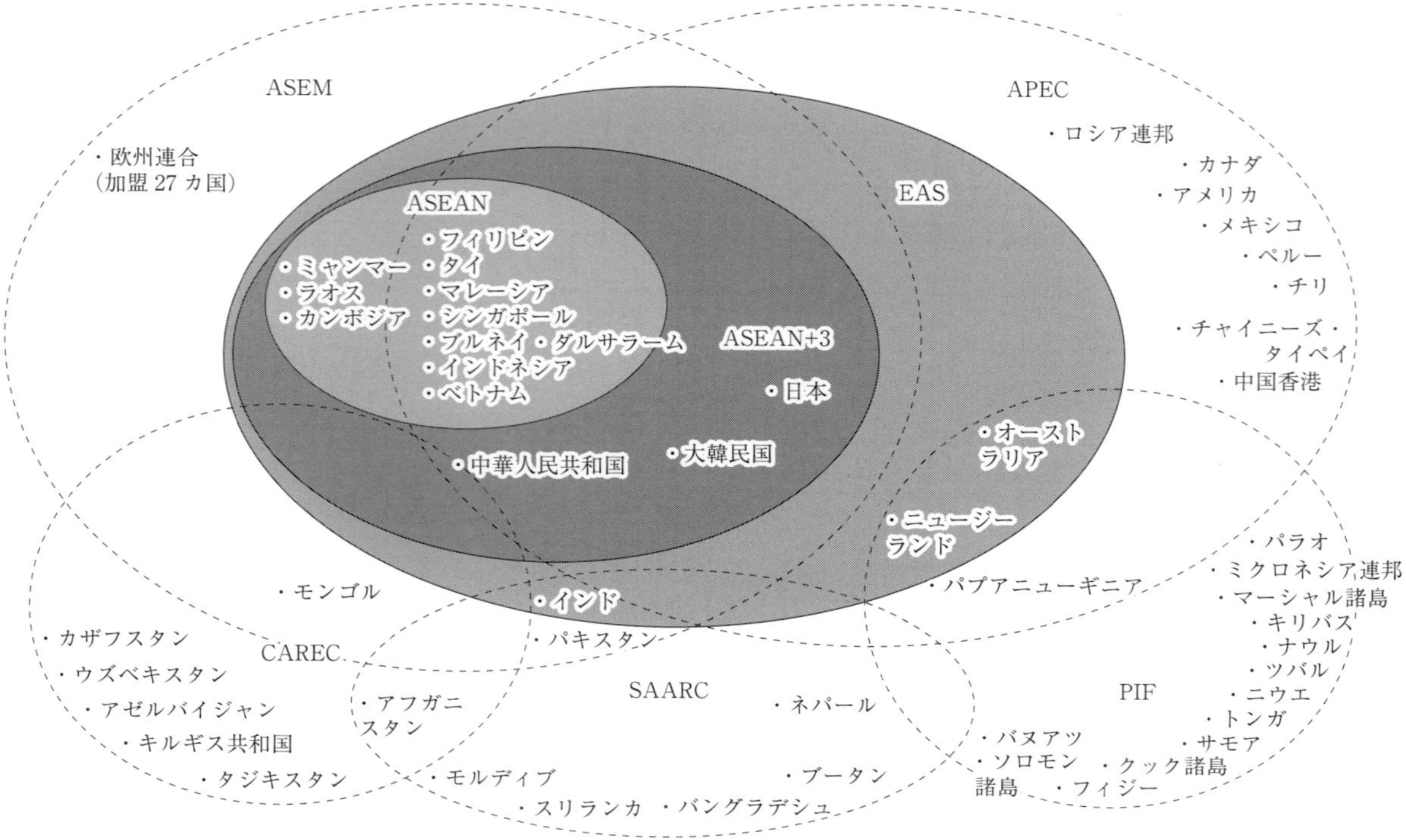

表1-2　アジアでの主な国家超越的イニシアチブの概要

1	地域の組織・機関	
	アジア太平洋経済協力（APEC） アジア太平洋経済協力（APEC）は地域の定義として「環太平洋」を適用する方法を採っている。APECは1989年に設立され、メンバーは21の「エコノミー」である（中国に加え香港と台湾をメンバーとする際に生じる政治問題を解消するための呼び名）。環太平洋という概念により、ロシア連邦などの環太平洋西部の「エコノミー」全て（北朝鮮は除外）だけでなく、環太平洋東部のカナダ、アメリカ、メキシコ、ペルー、チリの参加も可能となっている。また、APECの「環」方式では、ミャンマー、ブルネイ、カンボジア、ラオス（これらは全て東南アジア諸国連合（ASEAN）加盟国）だけでなく、太平洋中心の島嶼エコノミーが除外される。ある程度、APECはアジア地域のライバルとされるASEANの対抗勢力となることを意図していたと思われる。 APECがロシアとアメリカという2大国を含んでいることは、ASEANがこれら大国間の対立	**東南アジア諸国連合（ASEAN）** ASEANは、アジアにおける地域統合の早期の試みである。東南アジアに焦点をおき、1967年創設以来同機構は顕著な成功を成し遂げてきた。ASEANの本部はインドネシア・ジャカルタにある。クラリタ・カルロスは著書の安全保障に関する章で、ASEANは拘束の少ない地域政府間組織であり、共通の関心のある様々な地域での協力によって、友好関係を促進することを目的としていると述べている39。同組織は中央集権的な政策決定機構は持たず、信条として加盟国の国内問題に対しては不干渉とし、協議と合意による政策決定過程を通じた取り組みを好む。ASEANは、ベトナムの経験から、大国間の紛争に巻き込まれるのを避けるために、1967年にインドネシア、マレーシア、フィリピン、シンガポール、タイが共同で努力したことに端を発する。その目的は、宗主国（英国）がマレイ、北ボルネオ、サバによりマレーシアを形成したことにより生じたマレーシア、

に巻き込まれるのを避けたいという考えであるのと対照的である。この意味で、APECは(ASEANがそうであるように)アジア太平洋地域の明らかな政治的解釈の1つである。APECの本部はシンガポールにある。

ASEAN+3

「ASEANは1997年12月、クアラルンプールでの非公式ASEAN首脳会議で日本、韓国、中国の指導者との会談を主催することに同意した。第1回の会合ではまず、当然のように地域の経済協力に関心が集中した。しかし、その後の会合でAPTメンバーは「さらに高い段階の地域協力」を目指す考えを述べた。[(34)] 2002年には朝鮮半島でAPTの議題にテロリズム、国際犯罪、核拡散防止が盛り込まれた。[(35)]

東アジア首脳会議(EAS)

東アジア首脳会議(EAS)は実質的にAPTの進展によって生じた。そのことは、東アジア・ビジョングループ(EAVG)の野心的な名称の報告書「東アジア共同体に向けて(Towards an East Asian Community)」(2001)で初めて明らかにされた。報告書でフィリピン、インドネシアの間の緊張を緩和することでもあった。ASEANの暗黙の政治目標は東南アジアの「バルカン化」を防ぐことであった。その後、ASEANにはカンボジア、ラオス、ミャンマー、ベトナムが加盟した。東ティモールはかつてインドネシアの一部であったが、(今のところ)加盟していない。1993年のASEAN自由貿易地域(AFTA)の成立、及び2015年までにASEAN経済共同体(AEC)を創設するという提案が明らかに示すように、ASEANは内向的な組織体ではない。同組織は中国、日本、韓国と年1回の「対話」を行っている(ASEAN+3)。スティーヴン・グレンヴィルが統合に関する論文で指摘しているように、[(40)] ASEAN+3(APT)はアジア太平洋で現在最も重要な地域協定であると言ってよい。その国々との協力を求めて、ASEANは枠組み協定を結んでいる。自由貿易協定が、中国、日本、韓国、オーストラリア、ニュージーランド、インドと合意に達しているか協議中である。また、ASEANは政治及び安全保障の問題に関して外部との意見交換を増加させるために

は、APT加盟国はAPTの年1回の首脳会談を東アジア首脳会議に変えることが勧告された。この勧告は翌年、優先順位の高い長期目標として東アジア・スタディ・グループ（EASG）の加盟国によって承認された。EASGは次のように指摘した。「東アジアの協力は不可避であり必要でもある。また東アジア共同体がさらに統合を進めることは有益かつ望ましく、さらに東アジアのそのような統合は時が経つにつれ進化するだろう」[36]。EASには18カ国が加盟している。

南アジア自由貿易協定

2004年1月にパキスタンのイスラマバードで、第12回SAARC首脳会議において南アジア自由貿易協定（SAFTA）が調印された。SAFTAはデリーで行われた第8回SAARC首脳会議（1995）で初めて議題となり、2005年までに協定を発効すべきことが提案された。コロンボ首脳会談（1998）でSAFTAは期限を定めた目標を明記せずに日程が延期されたが、2001年までに枠組み協定を結ぶ決定がなされた[37]。SAFTAの創設前に、SAARC特恵貿易協定ASEAN地域フォーラム（ARF）を設立している。

南アジア地域協力連合

1985年にやっと、南アジア諸国は南アジア地域協力連合（SAARC）と呼ばれる地域組織を設立した。アフガニスタン、バングラデシュ、ブータン、インド、モルディブ、ネパール、パキスタン、スリランカの8カ国で構成される。南アジア諸国の各国首脳による第1回首脳会談が、1985年12月7日から8日までダッカで開催された。SAARCが南アジアにおける地域協力の基軸として設立された。同組織は南アジアにおける地域協力の原動力であるが、ヨーロッパや東南アジアなどの世界の他の地域にある同様の組織と比較して重要な成果は得られていない。SAARCはブレトン・ウッズ体制によって採用された新自由主義の枠組みにおいて「経済・貿易協力を拡大する」ことによって貧困を減らすことを目的としている。地域経済協力は、SAARC特恵貿易協定(SAPTA）と南アジア自由貿易地域(SAFTA)を通じて域内で制度化された。さらに2002年にSAARCの指導者は、南アジア経

	(SAPTA) として知られる別の地域貿易協定があり、1995年12月に施行された。SAPTAを設ける構想は1993年に提起された。SAPTAの枠組みの下、SAARC加盟国は4回の地域貿易交渉を行った。SAPTAにおけるその4回により、5,000を超える関税個別項目の適用範囲が明らかにされた。しかし、SAPTAの進展は域内貿易の促進への貢献度は低かった。[38]	済の統合という目的の実現に向けて南アジア経済同盟に同意し、貿易・金融・投資面での協力を促進した。[41] 地域に特有の紛争や不信など歴史的に受け継いだものや現在の実情を考慮すれば、SAARCの形での当該地域の公式的な協力の進展が何度も挫折したにもかかわらず存続してきたことは、南アジアでの地域協力を定着させることにある程度成功した証拠である。SAARCは、社会的・文化的分野などの議論が生じない領域における協力の「機能的アプローチ」を採用し、徐々に経済問題を扱うようになった。
2.	準地域・小地域イニシアチブ	
	南アジア準地域経済協力 (SASEC) 本イニシアチブは完全に援助機関主導の準地域協力プログラムである。アジア開発銀行 (ADB) は南アジア成長四角地帯 (SAGQ) に対する対応として本イニシアチブに資金提供をしている。ADBは地域協力の推進役としての任務を検討し、SASECプロジェクトを開始した (SAGQの各国政府の要請があったと見られる)。SAGQ加盟国の中で、インドはSASECについ	**エネルギー協力・開発のための南アジア地域イニシアチブ** 本組織はもう1つの援助機関主導のイニシアチブである。1999年12月、カトマンズで開始した地域協力にアメリカ国際開発局 (United States Agency for International Development：USAID) が資金提供を行った。パキスタンを除くSAARC諸国がエネルギーのための南アジアイニシアチブ (South Asia Regional Initiative for Energy：SARI/Energy) メンバーであ

	て最初に熱意を失い、ADBはインドが参加しないまま進めようとしていたが、インドはその後態度を変えている。ADBにとってSAGQは終焉しており、その実体はSASECによって引き継がれている[42]。協力には、貿易・投資、観光、エネルギー、環境、輸送、ICTの6つの部門がある。各作業部会は加盟国のうち1か国が統轄する。作業部会の会議の目的の1つは、友好的な経済関係に影を落とす誤解を解くことであるとADBは述べている。本プロジェクトでは、公共・民間部門への平等な参加と多国間による方式が要求されている。	る。南アジア諸国間の相互互恵的なエネルギー連関の促進を目的にしている。
3.	地域間・超地域イニシアチブ	
	アジア欧州会合（ASEM） アジア欧州会合（ASEM）はアジアとヨーロッパの指導者間の非公式会議としてシンガポールで構想され、これによりEUは広範囲な対話により力強いアジア経済に関わることが可能になった。ASEMが抱く戦略的理由には、3つの地域を近づけるという考え方、すなわち成長の3つの原動力であるアメリカ、ヨーロッパ、東アジアの間の関係の均衡を保ち、強力なつなが	**環インド洋連合（IORA）** 環インド洋地域協力連合（IOR-ARC）は、オーストラリアが議長を務めた2013年11月1日のパースでの閣僚評議会において改称され、環インド洋連合（IORA）となった。主権平等、領土保全、不干渉、平和共存、二国間・多国間協力の尊重、IOR-ARC協議における対立を生む問題の排除、政策決定過程でのコンセンサス方式の採用という原則に基づいて1997年に設立され

りを創出するという考え方がある。ASEM創立首脳会議が1996年に開催され、その目的は最も幅広い意味の言葉で表現された。このことは次のような議長声明に反映されていた。「会議では平和と安定の維持と拡大、ならびに経済的社会的発展に資する条件を生み出すという共通の目的のために努力する必要性を確認した。この目的に向けて、本会議ではさらに大きな成長を果たすための新たなアジア・ヨーロッパの包括的パートナーシップを築いた」

日中韓三国協力事務局

EASと同様に、中国・日本・韓国（CJK）の3カ国首脳会議、及び日中韓三国協力事務局（TS/TCS）がAPTから派生した。しかし、同じ派生といっても、北東アジアにおける組織的な空白地帯を満たすべく断片化（または準地域的な差異化）の過程により生じた。このような断片化はEASの拡大主義的な論理とは対照的である。中国、日本、韓国の間の3カ国の協力はASEAN+3（APT）会議の後援の下に、1999年に設立された。IORの経済貿易政策の方向を定め、「開かれた地域主義」の政策及び加盟国の協調性を再確認し、地域の経済的政治的集合体の拡大を図ることが計画されている。IORAは21の加盟国、そして5つの対話国及びオブザーバーからなる。閣僚会議はこれまでに、1997年にモーリシャス、1999年にモザンビーク、2001年にオマーンが主催して開かれた。IOR-ARC憲章では、貿易の自由化と商品の流通、サービス・人的資源、インフラ開発の促進を目的としている。IOR-ARCは協力に関する概念上の問題に直面し、加盟国の複雑性から生じる論争を扱うことは困難であると考えている。新規加盟国の受け入れに関する加盟国間の不一致は組織にとって深刻な問題である。同組織の本質は政府間協力である。

現在のIORAの優先事項は、海洋安全・安全保障、貿易投資促進、漁業管理、防災、学術・科学技術協力、観光・文化交流である。

バンコク協定の復活

バンコク協定は、約25年以上の

	当時の小渕恵三首相の提案により、3カ国の首脳がAPTに合わせて非公式の朝食会を開催した。 **昆明イニシアチブからBCIMまで** SASECとは異なり、昆明イニシアチブは1999年8月、中国、インド、バングラデシュ、ミャンマーによる地域経済の協力と開発に関する非政府国際会議として始まった。その後、BCIM（Bangladesh、India、China、Myanmar）会議として知られた。第2回、第3回、第4回の会議はインド（2000）、バングラデシュ（2002）、ミャンマー（2003）で開催された。 中国の雲南省社会科学院が、準地域の協力というこのような考え方を提起する際に貢献した。協力が提案されている対象地域は、雲南省全域、インドのビハール・西ベンガル・北東部諸州、ミャンマー全域、バングラデシュである。本イニシアチブはトラック2プロセスとして始まった。その後、BCIM経済回廊が、2013年に中国国家主席によって始められた中国の一帯一路（OBOR）構想の下、主要回廊の2つとして出現した。	停滞の後、2000年に中国の同協定への加盟によって活発化した。現在、世界最大の地域貿易協定となり、潜在市場として25億人以上の人口を有している[(43)]。

アジア諸国には、主に南アジア、東南アジア、東アジア、中東に多種多様な地域組織が存在している。地域間協力過程は、組織から組織、組織から国家、国家から組織の三段階で見られる。地域間協力過程の一例として、インドはその進む方向を南アジアから東南アジアやアジア環太平洋に移している。一九九一年以降、インドは東方政策を進め、東南アジア及び東アジアの諸国の連携を強めていた。インドは一九九六年にASEAN地域フォーラム（ARF）に加盟し、ASEANとAPECに加盟しようと試みている。同様に、パキスタンは南アジア・中央アジア・湾岸地域の間の戦略的な位置によって、南アジア超越的協力ネットワークの構築を主唱している。

第四の流れは二国間の特恵貿易協定（preferential trading arrangements：PTA）または自由貿易協定（地域）（free trade agreement/area：FTA）で近年増加している。アジア諸国は一九九〇年代前半以降、この傾向に影響を受けている。インド、中国、シンガポール、韓国、日本は域内及び域外のいくつかの二国間FTAに調印しているアジアの主要国である。アジアでの地域協力の五番目の要素は、市民社会組織、NGO、市民運動、研究機関、個人が先頭に立つ人と人との接触にある。アジアではCSO、NGO、社会運動が増加している。これらの社会的行動主体はアジアの地域主義に貢献しており、「下からの地域主義」と呼ぶことができる。地域統合を支える、そのような人々や組織の動学的役割は一九九〇年代前半以降顕著になっており、恐らく現代のグローバリゼーションの始まりと同時に生じたものである。CSOはアジアの人々の間の信頼と調和の関係構築に重要な役割を果たしている。誰もが知っているように、アジアは、国内及び国家間の紛争・暴力に関係する危機と不安定の発火点となっている。

5 日本と南アジアの地域協力

アジアの共同体構築を広範囲に進める地域主義は日本の発案によるもので、アジアの同胞より支持を得た。ある学者は、アジアの地域主義の歴史は一九〇五年の日露戦争における日本の勝利まで遡れると見ている。[44] アジア地域主義の重要なものの一つは汎アジア主義である。歴史的に、汎アジア主義はアジアの地域協力の進展に影響を与えた。南アジアの日本との遭遇は、日本が一九二〇年代後半から一九四〇年代半ばにかけて汎アジア主義を強化しようとする動きと密接に関連している。まだ英国統治による植民地であったにもかかわらず、英領インドの政治指導者らは、アジア全土の強力な連帯と統一を実現するために、日本の政界との関係を築いた。このことは日本が自らの主導によりアジア主義を構築しようとする考え方に収斂していった。

大アジアの連帯に着手した一九二六年の長崎会議には、力強いインド代表団が参加した。インドの国家主義者が汎アジア主義の大義の下に結集したと言われている。[45] 日本人の構想の可能性が高まるものとして、アーガー・ハーン（Aga Khan）は一九一八年にアジア連邦を提案した。その後これが長崎会議に至るまでインド国民会議の重要な要素になった。[46] 一九二八年にインド国民会議は、一九三〇年までにインドに最初の汎アジア連邦を設立する取り組みの一つとして、中国、日本、朝鮮などのアジア諸国との関係を築くために推進委員会を設置した。[47] 汎アジア主義の日本人による概念化の特徴は「アジア人のためのアジア」

という表現にみられ、これが大東亜共栄圏の構想につながった。[48]分析専門家の中には大東亜共栄圏のことで日本を非難する者もいるが、目的として東アジアの解放、ならびに地域の連帯と最終的な統一の促進が表明されていた。[49]

(1) 戦　後

第二次世界大戦直後、日本は経済復興と国家建設に従事した。その成功は目を見張るほどで、日本は復興を成し遂げて一九七〇年代には世界第二位の経済大国として台頭した。経済大国として認められ始めたのである。外交面では、国際的な平和と安全保障、ならびに世界の繁栄を維持するために、世界での多国間外交を強調していた。国際連合、世界銀行、国際通貨基金、アジア開発銀行などの国際機関に対する日本の支援は極めて重要になった。しだいに、多国間主義が日本の戦後外交の最も頑強な柱となり、冷戦期に日本の国際関係の強力な基準となったのである。しかし、冷戦後に日本は多国間主義に対する焦点を失い始めた。

(2) 多国間主義から地域主義へ

日本が二国間の自由貿易協定（ＦＴＡ）を地域的に実施していくことに関心を高めていったことは、過去半世紀の日本の貿易外交からの最も重大な逸脱の一つであることを示している。レイヴンヒル（Ravenhill）が論じているように、日本は以前多国間による非差別的な貿易体制を強力に支持していた。それはヨーロッパ共同市場の創設に関しても極めて重要であった。[50]日本が主にＡＳＥＡＮに関わりを持ち地域協力への取り組みを示したのは、恐らく冷戦の力関係が原因となっていた。[51]ポスト冷戦時代に日本は地域的取り組み

図1-3　日本の地域・地域間ネットワーク

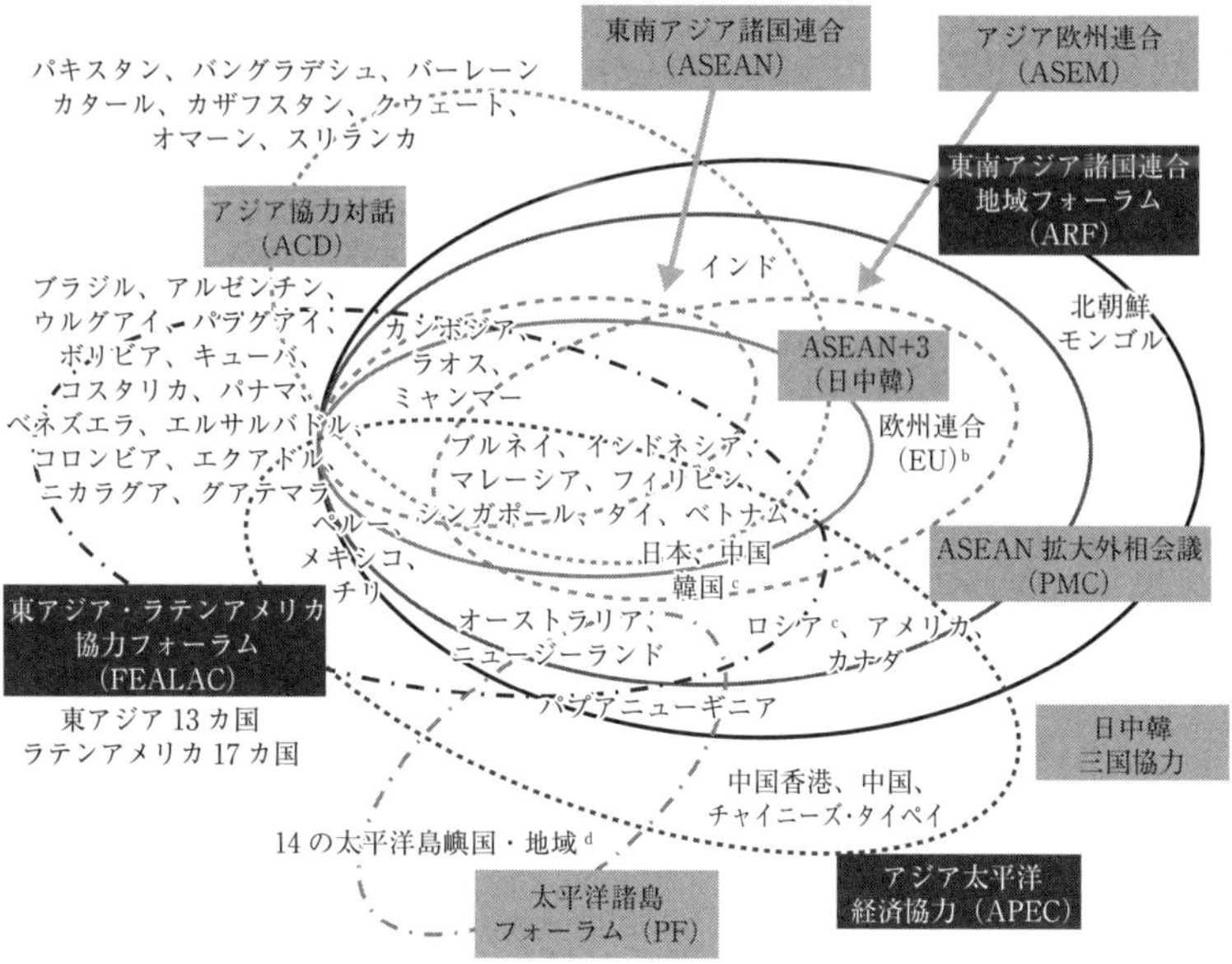

(a)　APECに関して、ＡＳＥＡＮ事務局と太平洋経済協力会議（PECC）とPIFがAPECにオブザーバーとして参加。
(b)　EUに関して、EUトロイカ協議（現議長国の外相と次期議長国の外相)、欧州共通外交・安全保障政策（CFSP）の上級代表、欧州委員会対外関係総局長がＡＳＥＡＮ PMCに参加。議長国はARFに参加。15のEU加盟国と欧州委員会がASEMに参加。
(c)　中国とロシアは1994年のARF第1回会議からメンバーである。両国は1996年以降PMCに参加している。
(d)　PIFのメンバーである太平洋島嶼国・地域には、パプアニューギニアの他、バヌアツ、キリバス、ソロモン諸島、ツバル、トンガ、ナウル、サモア、フィジー、マーシャル諸島、ミクロネシア、パラオの12カ国、ならびにクック諸島とニウエの2地域が含まれる。
(e)　ARFへのモンゴルの参加は1998年7月の第5回ARF外相級閣僚会合で承認された。
(f)　北朝鮮は2000年7月の第7回ARF外相級閣僚会合以来ARFに参加している。
出典：平成16年版外交青書、第4章、74頁。

について関心を広げ、ASEAN＋3の新たな枠組みによりASEANとの関係を強化した。二〇〇二年一月、日本はシンガポールと初めて二国間自由貿易協定を結んだことにより、その地域貿易関係が大きな節目を迎えることとなった。

図1-3で示されているように、日本はASEAN＋3、APEC、ARF、日中韓三国協力、アジア欧州会合（ASEM）、アジア協力対話（Asia Cooperation Dialogue：ACD）など、いくつかのイニシアチブに加盟している。多国間協力枠組みの構築のための南アジアでの日本の役割を想定する一方で、地域統合について日本が抱いている関心は分析の最も重要な対象である。

（3）SAARC・日本協力

日本は二〇〇六年以降、南アジア地域協力連合（SAARC）のオブザーバーである。SAARCと日本の協力の歴史は、一九八五年のSAARCの正式な発足以前に遡る。セングープタ（Sengupta）が指摘しているように、南アジアの協力についての日本人の捉え方は一九八四年以降依然として肯定的であった。[52]同年、安倍晋太郎外務大臣は南アジア地域協力機構（SARC）の設立を歓迎した。[53]SARCは翌年（一九八八年）SAARCに改められた。中曽根首相は第一回ダッカ首脳会議の開催に際し、バングラデシュのエルシャド大統領に温かい祝意のメッセージを送り、SAARCが地域協力の勢いを生み出してほしいとの切なる願いを表明した。三日後、日本の外務省はSAARCを歓迎する公式声明を発表し、SAARCが南アジアの加盟七か国間の協力を促進し、地域の平和と発展に貢献することを期待した。[54]一九八六年四月、日本の外務省アジア局南西アジア課長オノヤスキは、日本がSAARCに極めて肯定的な認識を持っているとと述べた。日本はＳＡＡＲＣの創設をその時期のアジアにおける最も建設的な進展であると考えていた。オノはさらに、機会があれば日本は技術研修の分野でＡＳＥＡＮに対してと同様にＳＡＡＲＣに対しても貢献したいと付け加えた[55]。これはＳＡＡＲＣと日本の協力の始まりであり、明らかに日本が南アジアの地域協力の進展に心から強い関心を抱いていることを示している。それ以降日本はＳＡＡＲＣの発展に十分な注意を払っている。小泉首相は二〇〇五年に開催された第一三回ダッカ首脳会議の折に祝意のメッセージを送った。

この方向での重要なイニシアチブが、一九九一年の日本・南アジア対話の開始にみられた。一九九一年、日本の外務省は最初の日本・南アジア対話を開催した。フォーラムの主要な目的は南アジアに関する日本の知識を深めること、また南アジアの指導者との関係を築くことであった[56]。会議が開催されたのは海部俊樹首相がその地域を訪問した一九カ月後であったが、そのときは日本の現職の首相による六年ぶりのインドとパキスタンへの訪問であり、独立後のバングラデシュへは初めて、スリランカへは三〇年ぶりの訪問であった。その後の会議は一九九二年六月、一九九三年二月、一九九五年二月に開催された。これに加え日本が一九九三年に対話パートナーとなったこともあり、日本とＳＡＡＲＣとの関係は強固になった。

日本はＳＡＡＲＣ支援の特別基金（一九九三年）を創設したＳＡＡＲＣ域外国では唯一の国であり、同基金は日本・ＳＡＡＲＣ特別基金として知られている。基金により日本政府はＳＡＡＲＣ地域に関連した活動・計画に資金提供を行うことに同意した。完全に日本政府の貢献により設立された同基金は二つのコンポーネントから構成されている。コンポーネントⅠによる割り当ては、加盟国による確認・管理が行われている計画・活動を選択して資金提供するために用いられる。コンポーネントⅡは日本政府による確認・管理が行われている計画・活動が対象となる[57]。事実、日本はＳＡＡＲＣ共同基金に日本ＯＤＡの二〇％を負担することに関心を示していた。[58] 森喜郎首相は二〇〇〇年の南アジア訪問の際に、SAARCは「南アジア地域における安定的開発の枠組みを提供できる」と述べた。[59] 日本は一九九九年以降オブザーバー参加を求めていた。最終的に日本は二〇〇五年にダッカで開催された第一三回SAARC首脳会議において、SAARCへのオブザーバー参加が承認された。日本は正式にSAARCへのオブザーバー参加を歓迎した。これにより、多国間協力での南アジアと日本の関係がさらに強化された。日本がSAARCの拡大を極めて重要と考えていたのは、地域間における協力の新たな方法が開始されるからである。

世界の中の南アジアの地域に日本が関わることは、日本が関心を抱いていたことであるだけでなく、南アジア諸国が強く望んだことでもある。日本にオブザーバー資格を与えたSAARC指導者らの決定に対し、人々の反応は非常に暖かく肯定的なものであった。交渉では別のオブザーバー資格として中国も焦点になっていたが、特にインドは日本の事案に賛成していたことは付記するに値するであろう。[60] 日本はOECDメンバーであり、またSAARCと良好なつながりを持っていることから、グローバリゼーションによる難題に対応するための金融の専門知識や技術的専門知識を用いて、他のどの国々よりも優れた支援が可能であろう。

二〇〇六年七月にダッカで開催された「日本・SAARC協力」と称する国際会議では、南アジアと日本の多国間協力枠組みにより三つの主要な分野が強調された。第一に、日本と南アジアは災害の影響緩和に対する取り組み・予防措置・対策促進が可能であり、これらは日本人が専門知識を持ち、人間の安全保障に実質的に貢献できる場合に、技術的支援・能力構築プログラム・プロジェクト開発を通じて、SAARC域内での災害予防・災害管理ならびに環境保護の両観点により行うものである。第二に、日本は、物品・サービス用のインフラ施設の拡大、及び企業、研究者、市民社会団体、マスメディアの間の境界を越えたコミュニケーションの促進を通じて域内の連結性を拡大する任務を負うことができる。第三に、日本と南アジアはともに、ＳＡＡＲＣ諸国の機関で能力構築強化のための協力関係を進展させ、教育科目、訓練施設、研修体制、協議会、支援ネットワークの構築をマスメディア・研究者・市民社会において提供し、日本・ＳＡＡＲＣ協力の支援と認知を広げることができる。

日本はＳＡＡＲＣのオブザーバーとして、ＯＤＡが主要な資金源となり得る場合に、さらに多くの地域プロジェクトに関与しうる。ＳＡＡＲＣは、南アジアでの貧困緩和・人材開発・人道上の緊急事態のための地域プロジェクトに着手するために、既にＳＡＡＲＣ開発基金（ＳＤＦ）と呼ばれる地域的な仕組みを開始している。日本のＯＤＡは二国間及び多国間の二つの仕組みによるチャンネルを通じて提供される。日本は、ＳＡＡＲＣ及び他の地域統合イニシアチブを支援するために両チャンネルを利用することができる。日本のＯＤＡが主に貢献する分野は貧困緩和である。

スリランカにおける二〇年近くにわたる内戦の終結のための交渉、及び戦後の再建計画における中心的存在として日本が現れたことは、南アジアと日本の関係の将来の方向性にとって極めて意義のあることである。日本は二〇〇三年六月に「スリランカ復興開発に関する東京会議」を開催し、会議には五一か国と二二の国際機関の代表が出席した。[61] 日本がこれまでに関わってきた典型的な平和構築の展開とは異なり、スリランカの場合は日本の政治的野心と安全保障上の強い欲求が示されている。この場合、明石日本政府代表が日本は「小切手外交」の範囲を超えなければならないと論じているように、日本は外交的役割を重視した。はっきり言えば、日本はそのような範囲として、伝統的な平和維持活動、人道的活動や選挙監視活動、または小切手外交ですら越え出ていた。このことは日本による新たな動きであり、南アジアとインド洋地域での役割を拡大しようという意図が示されている。

（４）日本とＢＩＧ－Ｂ

二〇一四年九月にバングラデシュのダッカで開催された安部・ハシナ（Hasina）首脳会議の間に、日本はバングラデシュとインドに焦点を合わせた、南アジアと東南アジアに対する横断的な地域開発のために、ベンガル湾産業成長ベルト（Bay of Bengal Industrial Growth-Belt：ＢＩＧ－Ｂ）の構想を提案した。さらに具体的に言えば、ＢＩＧ－Ｂはバングラデシュが国境を越えて当該地域経済の中心となり、また南アジアと東南アジアの両地域の通路として地域間関係をさらに密接なものにするために踏み出していくことを予見しており、それによって、バングラデシュが地域間のバリューチェーン及びグローバル・バリューチェーンに深く組み入れられた光輝ある貿易国として新生面を開くことができると見ている。

しかし、南アジアと日本のパートナーシップを強化する際に、二つの重要な制約条件が認められる。第一に、地域政治の動向が激しく変化するために、日本による当該地域での長期プロジェクト実施が妨げられる。カシミール問題に関するインド対パキスタンの二国間紛争、及び他のいくつかの両国間の対立は、地域の平和と安全保障に対する不断の脅威となっている。さらに、宗教的過激主義の増加、反乱活動、民族問題は地域の政治環境に悪影響を及ぼす。そのため、日本のような外部勢力が関与できる好ましい地域環境を得ることは重要である。

第二に、南アジアのビジネス環境の悪化を招くいくつかの障害は、南アジアを訪れる日本の企業投資家によって認められるものである。日本人投資家は南アジアの様々な国でのビジネスに存在する特有の問題を確認している。例えば、日本人投資家によると、インドでは次のような問題に直面するという。それは外国企業に対する小売業界への参入制限、時間がかかる投資承認手続き、不備のある労働関係法規、頻発

図1-4　BIG-Bイニシアチブ
（ベンガル湾産業成長ベルト）

ダッカ─マタバリベルトと周辺地帯での産業集積を加速化し南アジアと東南アジアのためのバリューチェーンのハブ形成を目的とする

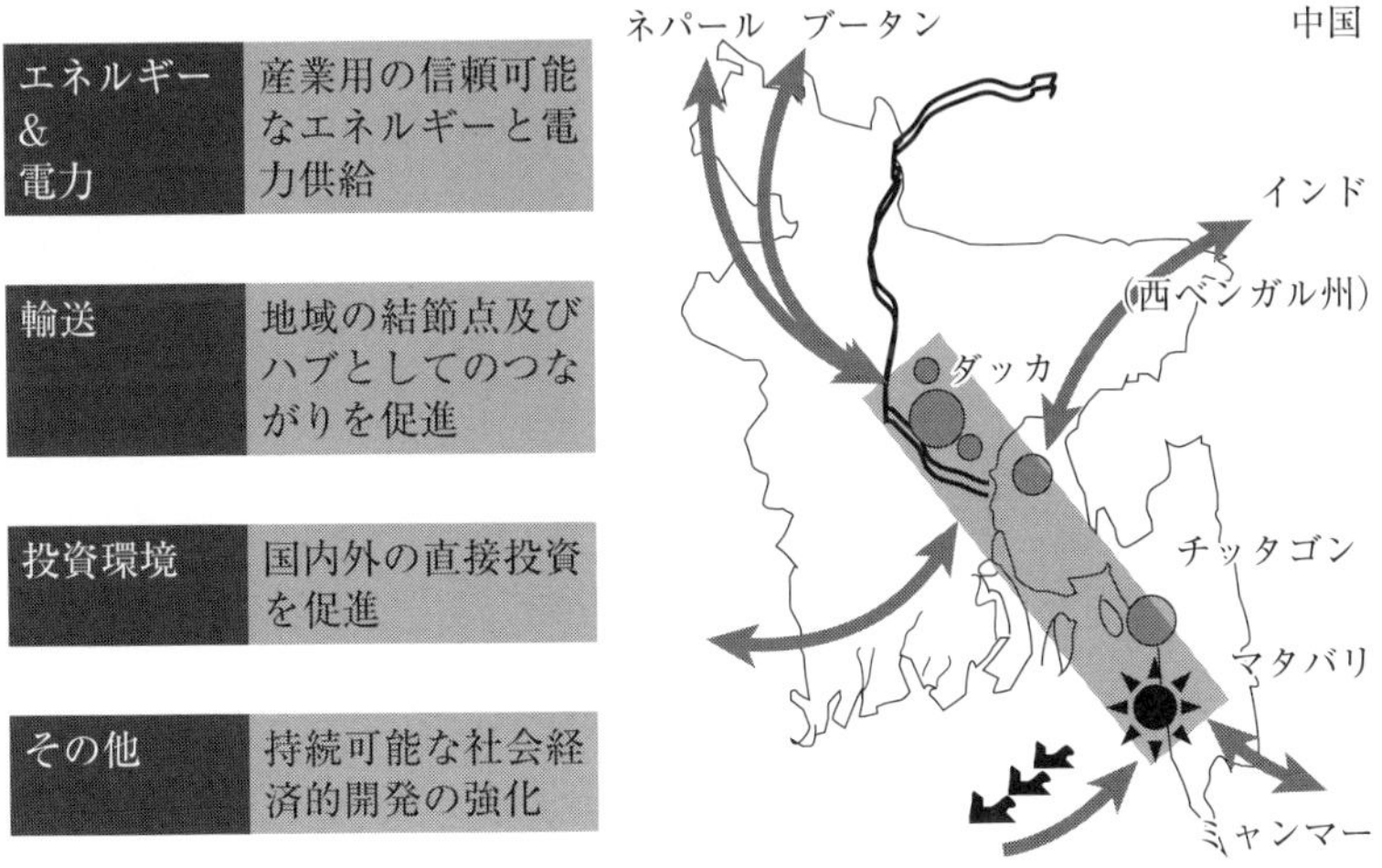

する労働争議、整備されていないインフラ、源泉徴収所得税の時間がかかる手続きなどである[62]。バングラデシュでの制約は、政策の継続性の欠如、労働争議、治安の悪化、腐敗、出荷前検査の存在、時間のかかる通関手続き、時間のかかる雇用ビザの発行、整備されていないインフラ、時間のかかるL／C決済などである。スリランカでの制約は、平和と安全の不確実さ、政策の継続性の欠如、長期にわたる紛争解決処理、非効率な税関、労働争議などである。最後に、日本は、ODAを非常に重視する、典型的な援助国的な見方をしているようにみえる。日本は東南アジアや東アジアから南アジアまで生産ネットワークを拡大することにあまり関心を持っていない。一方で、南アジア諸国も好ましい地域環境を創造せずに、支援・貿易・投資のことのみで頭がいっぱいである。このことは、政策立案者の思考パターンに柔軟性と多方面から捉える態度が欠如していることを示している。その

ため、世界の新たな政治・経済情勢に基づいた、南アジアと日本のパートナーシップをさらに強化するために、これらの制約を取り除くことが必要である。

6 アジアの地域主義の強化―課題と選択

アジアでの共同体に基づいた協力のための既存の機関の大部分は重複するところが多く、排他的ブロックとしてみられ、疑念を増大させる。そのような多数の機関は資源問題や非効率の問題のみならず、緊張関係を生み出す。ナショナリズムはアジアではまだ強力なイデオロギーであり、アジアは地域主義がナショナリズムに取って代わる段階には達していない。アジアは様々な地域で地域統合を促進することが問題となるとき、いくつかの難題に直面する。第一に、アジア諸国は典型的な方法で政治的対立対経済統合のジレンマに直面する。アジアの大国は集団の利益のために、政治対立を捨てて、さらに広範囲に及ぶ統合の進展を図ることにあまり興味を持っていないように思える。領土の対立や戦略的な対立、または歴史的な対立など、様々な形の政治的対立が、多くの場合その行動を規定している。中国、インド、日本、オーストラリアなどの大国は相互依存とグローバリゼーションの制約の中で、戦略的な力の政治に傾いていくことが、しだいに現実になりつつある。

第二に、デイビット・カングは、アジアには多様な歴史的伝統や多様な地理的政治的現実、また多様な文化的伝統があると論じる。アジアの国々は表面的には「ウェストファリアン的」である[63]。例えば、地理と人口から見ると、アジアには世界の他のどの地域よりも多様な国々がある。例として、東アジア地域には世界最大の国が二つある。人口一三億人、面積九六〇万平方キロメートルの中国と、人口二億三、一〇〇万人、面積二〇〇万平方キロメートルのインドネシアである。同時に世界最小の国々も存在し、ブルネイは人口四〇万人、面積三八万平方キロメートル、また、シンガポールは人口わずか五〇〇万人、面積は一、〇〇〇平方キロメートル未満である。同様に、南アジアでは、インドが人口一二億人、面積三二〇万平方キロメートルで、ブータンが人口六八万三、〇〇〇人、面積四万平方キロメートル未満である。

第三に、アジアに存在する様々な社会における社会構成・経済発展の水準・政治体制の種類が多様性であることも、アジアの地域主義に困難をもたらしている。多種多様な言語を話している多数の民族集団をまたいで様々な地域に存在する主要な宗教には、仏教、キリスト教、儒教、ヒンズー教、イスラム教、シーク教、道教などがある。アジアにはこのような分断に加えて、程度の異なる経済発展が見られる。例えば、シンガポールと日本の一人当たりの国内総生産（GDP）は極めて高く、一方、アフガニスタン、バングラデシュ、ビルマ（ミャンマー）、カンボジア、ラオス、ネパールの場合はかなり低い。アジアのこのような著しい社会的経済的ばらつきに加え、アジア諸国は政治経済学的に差がある。政治制度の違いは民主的または反民主的（柔らかな権威主義的）政体から権威主義的独裁まで、様々な資本主義経済から各種の共産主義体制まで広がっている。最後に、大きな困難がアジアの増大するナショナリズムから生じている。鉄のカーテンが二〇世紀後半を定義したように、ナショナリストの壁が二一世紀前半を定義している。危険は倍増している。というのも気候変化、核拡散、難民流出など世界で最も大きな問題はトライバリズム（tribalism）への後退によって解決されることは決してないからである。

アジアの国々や社会を特徴づける地理・社会構成・歴史・政治・経済によるこれほど大きな多様性から、

主権・領土保全・他国の問題への不干渉を守る責任、及び非公式に対立を回避する交渉方式が生まれる。[64]とりわけ第二次世界大戦後のアジアの大部分を特徴づける反植民地主義と反冷戦の感情に刺激されて、このようなアプローチはしだいに地域的及び国際的な事柄の遂行についての既存の見解に融合していった。[65]アジアの特徴である分割状態がさらに細分化していく傾向に歯止めをかけているのは、アジアの主要な地域に広まる強力な共同体主義的な張力である。[66]理性的なリベラリズムとそれに伴う個人主義思想は、西欧の植民地主義と近年のグローバリゼーションによってアジアに広がっているが、国家指導者らの共同体主義的な本能が、極めて特異な方法でアジアの社会や国々を分割する亀裂を克服しようとする特定の水準の協力形態を強化する傾向がある。

アジアが直面する難題を考慮すれば、一つか二つの既存の仕組みを確認して、あらゆる国に訴える要素を利用し、アジア主義の思想を推進することは賢明であろう。アジアの諸国家がさらに大きな国際システムに組み込まれ、これまでたどってきた歴史的経路は統一の出発点ともなる。[67]アジアにおける西欧の植民地主義の遺産はアジアの国家間の関係、及び西欧との関係に影響を及ぼし続ける。その遺産は、グローバリゼーションの時代にアジアの地域主義を促進する方法を見出す際に重要な部分である。これに関して、アジア諸国は地域協力に基づいたアジアの共同体構築の二つの側面を強調する必要がある。

(1) 地域間ネットワークの構築

歴史的には、南北協力、南南協力、多角的地域主義、組織間関係などの多種多様な方法で明らかにされている。このような特性の大部分は欧州連合（ＥＵ）やＡＳＥＡＮの発展に見られることが多い。ＡＳＥＡＮはＥＵ、日本、アメリカ、カナダ、オーストラリアとの接触によって大きな利益を得た。特に日本は

ＡＳＥＡＮの発展を促進する役割を担った。一九六〇年代から一九七〇年代にかけて、南アジアにとって地域統合の主要な目的は世界的な資本主義体制からのある程度の自律性の獲得と、それによる北への依存度を引き下げることであった。そのため南南協力がさらに重視された。歴史的に、南南協力によって開発途上国は注目されるようになるが、それは第三世界の連帯精神を反映していた。変化する世界の環境によって、新たな地域主義の多くの最も重要な事例の中心的な特徴は、先進国と開発途上国との間の分断の架け橋となることである。

新地域主義は過去と異なり、世界経済への継続的参加とその強化が有用であるという事実を前提にして現れ始めた。そのため南北地域主義は開発途上国にとって現実となっている。分析専門家は新地域主義的イニシアチブを検討するためにこのような要因を強調している。世界の現状では、アジア諸国はアジア域内でのパートナーシップ、及びお互い同士でだけではなく、世界の他の地域の先進国とのパートナーシップを求めている。このことは多くの地域貿易ブロックにおけるアジア諸国の多様なメンバー構成に明示されている。例えば、ＡＳＥＡＮ、ＳＡＡＲＣ、ＡＦＴＡ、ＡＰＥＣ、ＥＡＳ、ＡＳＥＭにはこのような特徴が見られる。特にＰＴＡの多くが裕福な国と貧しい国または準地域の分断をまたいで交渉が行われていることから、新地域主義の現れとしての「二国間」ＰＴＡの最近の傾向でさえそのような特徴を持っているのである。結果として、一方のアジアのある地域における地域主義組織のパターンともう一方の他の地域のそのような組織のパターンとの間の古い分断傾向は弱まってきている。事実、地域間ネットワークの構築はアジアの地域主義の最も革新的な特徴である。日本・中国・インドと東南アジア・東アジア諸経済との間の関係もこのようにして説明できる。

一部には上記の現象に関連して、多重的な地域主義の考え方はアジアの地域協力を理解するもう一つの重要な要素である。多重的な地域主義は、同一メンバーが様々な地域集団や組織に属していることを指す。ある国がいくつかの地域組織のメンバーになり得るということは、基本的にポスト冷戦時代に明らかになった新傾向である。これは開発途上国と先進国ともに見られる。ヘトネとソーダーバウム（Soderbaum）が論じているように、新地域主義は世界的構造変化とグローバリゼーションに密接に関連していることから、当該地域の観点からだけでは理解できない。[68] 例えば、ASEANのメンバーはAFTAとARFのメンバーであるだけでなく、その多くはAPECのメンバーでもあり、また、EASのメンバーでもある。同様に、SAARCのメンバーはSAFTAのメンバーであるだけでなく、一部はBIMSTEC、ARF、ECOのメンバーでもある。

（2）マクロ地域主義とミクロ地域主義との橋渡し

アジアでのマクロ地域主義とミクロ地域主義の進展に橋渡しをする必要がある。国際関係論・国際政治経済学（IR／IPE）及び国際経済学の分野の分析専門家は主にマクロ地域主義の大規模な過程に関心を持っている。それは第一に、ヨーロッパ、北米、アジア太平洋の三つの中核的地域内及びその地域間の地域主義であり、多くの場合、EU、北米自由貿易協定（NAFTA）、APECに焦点を当てるものであり、あるいは、ASEAN、南米南部共同市場（メルコスール：Mercosur）、南部アフリカ開発共同体（SADC）、西アフリカ諸国経済共同体（ECOWAS）などの他の地域組織に目を向ける場合もある。[69] フック（Hook）が概念化しているように、現在世界的政治経済の三つの主要地域のうちの二カ所で推進している地域主義プロジェクトは、地域秩序及び世界的秩序の三極化の一部であり、このことは世界の三極の経済的中核としてヨーロッパはドイツ、アメリカ大陸はアメリカ、東アジアは日本によって、グローバリゼーションの過程の拡大・深化とともに生じている。[70] これはマクロ地域主義の形を取っているが、準地域主義及びミクロ地域主義のいくつかのイニシアチブも近い将来に現れそうである。

冷戦終結以降、「ミクロ地域主義」と呼ばれる別の種類の地域主義が局地的に現れ始めた。それは地域的生産ネットワーク、民族ビジネス・ネットワーク、準地域的経済圏であり、これらは非公式ならびにミクロ地域主義・地域化の過程を構成する。ミッテルマンが認めているように、地域的展開は準地域的プロジェクトの形を取ることがあり、このプロジェクトは東アジアの「成長の三角地帯（growth triangle）」や「成長の多角形（polygon）」、南部アフリカの「越境公園（trans-frontier park）」など、新しい幾何学的形態の構想、メタファーや新しいカテゴリの創出を促すことになる。[71] そのようなイニシアチブは、国家が、資本蓄積を促進するべく競争的推進力を与えて刺激するにしても、国境を越え主権を侵害する。[72] ミクロ地域主義の具体例として準地域的特恵貿易協定のみ取り上げたがる者もいる。

このため、アジア域内での地域間ネットワークの構築及びマクロ地域主義とミクロ地域主義の橋渡しの強調は、世界の現状におけるアジアの連帯と凝縮力を強化する不可避の選択肢である。冷戦後の時代を通してヨーロッパが発展させたような広大な共同体をアジアが発展させることができないということを神話や理解できない考え方とみなすべきではない。それはむしろアジア共同体の将来を疑う人々に自信を与えるものである。

7 おわりに

アジアの地域主義を統御することは重要な問題である。いくつかの地域主義の過程は既に利用可能であることから、アジア諸国は、アジアの共同体構築という最終目的を達成するためにこれらのイニシアチブを調和させる必要があると強く感じている。リーダーシップが地域統合に極めて重要である。重大な問題がまだ残っている。すなわち、「アジアの経済共同体構築においてどの国、またはどの国々が指導者となる意志と能力を持ち、また支持されるのか」という問題である。指導力についての二つの選択肢はアジア共同体の構築過程を強化するために極めて優れている。特に、中国、日本、インドによる集団指導は最良の選択肢になり得る。アジアは、ヨーロッパ型の集団指導に範をとるのか、それとも国家主義的な志向に沿ってアジア主義という固有の思想を好むのかを検討すべきときである。例えば、関心を共有し、共通の解決を見いだす対話フォーラムのような緩やかな統合ネットワークである。緩やかなネットワークによって、交流のためのフォーラムが指導者に与えられ、懸案事項の理解が得られるだろう。アジアの地域統合がトップダウン式の地域政策イニシアチブによって生じることはないということを強調しなければならない。地域協力の広範囲かつオープンな場が、進展を妨げることの多い政治的に敏感な問題を発散させることにも役立つ可能性がある。アジアはアジア主義の概念を推進するために共同による領導が必要である。中国、インド、日本などのアジアの大国が役割を果たせるだけでなく、ビジネスリーダー、市民社会集団、市民・

学生もまた、国家主義の傾向との均衡を図るために新しい考え方を打ち出すことができる。地政学的利害関係の多様性と優位性から生じるこの対をなす難題は、創造的に扱う必要がある。アジアが再発見された繁栄と強さにより前進できるのは、変革的または共同のリーダーシップとボトムアップ式方式を通じてのみである。戦略的・地政学的に見た場合の競争と競合は、相互依存とグローバリゼーションと正義の間に埋め込んでおく必要がある。

注

（1）Blechinger, Verena and Talcott und Jochen Legewie, Facing Asia – Japan's Role in the Political and Economic Dynamism of Regional Cooperation（Germany: Institut fur Japanstudien, 2000）.

（2）Martin Wolf, "The Long and Painful Journey to World Disorder," Financial Times, https://www.ft.com/content/ef13e61a-ccec-11e6-b8ce- b9c03770f8b1（accessed on 12 June 2017）.

（3）David Kang, "Getting Asia Wrong:The Need for New Analytical Frameworks," International Security, 27: 4. 2003, pp. 57–85.

（4）Chen, Kuan-hsing, Asia as Method: Toward Deimperialization（Durham: Duke University Press, 2010）.

（5）John Miller, "Roots and Implications of East Asian Regionalism", 2004, http://www.dtic.mil/dtic/tr/fulltext/u2/a446098.pdf（accessed on 15 March 2017）.

（6）Ellen L. Frost, Asia's New Regionalism（New York: Lynne Rienner Publishers, 2008）.

（7）James H. Mittelman, The Globalization Syndrome: Transformation and Resistance（New Jersey: Princeton University Press, 2000）, p.111.

(8) Mansfield and Reinhardt, "Multilateral Determinants of Regionalism: The Effects of GATT/WTO on the Formation of Preferential Trading Arrangements," International Organization 57, (2003, Fall).

(9) Stefan A. Schirm, Globalization and the New Regionalism: Global Markets, Politics and Regional Cooperation (Cambridge: Polity, 2002).

(10) Richards E. Baldwin, "The Causes of Regionalism", The World Economy 20 (1997).

(11) Helge Hveem, "Explaining the Regional Phenomenon in the Era of Globalization," in Political Economy and the Changing Global Order, ed. Richard Stubbs and Geoffrey R. D. Underhill (London and New York: Oxford University Press, 2000), pp. 70–81.

(12) Hveem, 72.

(13) T.J. Pempel, "East Asian Regionalism", Paper presented at the Symposium on Korean Peninsula, Taiwan Strait and East Asia: Recent Developments and Prospects, held at the Institute of Oriental Culture, the University of Tokyo on March 29, 2004.

http://www.glocom.org/opinions/essays/20040405_pempel_east/index.html (accessed 9 April 2005).

(14) Bjorn Hettne, "The Regional Factor in the Formation of a New World Order," in Global Transformation: Challenges to the State System, ed. Sakamoto, Yoshikazu (Tokyo: United Nations University Press, 1994), 160.

(15) Glenn Hook, "Is Japan a 'Normal' Power? Japanese Leadership and Asian Regional Organizations," Seminar Transcript (London: The Daiwa Anglo- Japanese Foundation, 2002).

(16) Bjorn Hettne, "Globalization, The New Regionalism and East Asia", in Globalism and Regionalism, ed. T. Tanaka and T. Inoguchi (Tokyo, 1996) ; Selected Papers Delivered at the United Nations 24 University Global

Seminar 1996 Shonan Session, 2-6 September 1996, Hayama, Japan.

(17) Bjorn Hettne, and Fredrik Soderbaum, "Theorizing the Rise of Regionness", New Political Economy, Vol. 5, Issue 3 (2000).

(18) Andrew I Yeo, "Overlapping Regionalism in East Asia: Determinants and Potential Effects," International Relations of the Asia-Pacific, Volume 18, Issue 2 (2018), pp. 161–191.

(19) Ataur Rahman, "Globalization, Regionalism and Governance: A Comparative Perspective of South and Southeast Asia", Lecture Series 2. Japan Study Circle, University of Dhaka (1998) : 6.

(20) Daniel Drache, (2000) "Trade Blocs: The Beauty or the Beast in the Theory?", in Political Economy and the Changing Global Order, ed. Richard Stubbs and Geoffrey R. D. Underhill (London and New York: Oxford University Press, 2000), pp. 116–125.

(21) Hettne and Soderbaum, 2000.

(22) Mittelman, 2000 and Hettne, 1996.

(23) L. Fawcett and A. Hurrell, eds. Regionalism in World Politics: Regional Organization and International Order, (Oxford: Oxford University Press, 1995), p. 3.

(24) G. Rozman, Northeast Asia's Stunted Regionalism: Bilateral Distrust in the Shadow of Globalization (Cambridge: Cambridge University Press, 2004) ; D. Shambaugh, ed. China and Asia's New Dynamics, Berkeley (CA: University of California Press, 2005) ; R. Sutter, China's Rise in Asia: Promises and Perils (Lanham, MD: Rowman & Littlefield, 2005).

(25) J. Pollack, ed. Korea: The East Asian Pivot (Newport, RI: Naval War College Press, 2004) ; C. Armstrong et al.

eds. Korea at the Center: Dynamics of Regionalism in Northeast Asia, (Armonk, NY: M.E. Sharpe, 2006).

(26) Gilbert Rozman, "East Asian Regionalism", in Mark Beeson and Richard Stubbs (eds.) Routledge Handbook of Asian Regionalism, London:Routledge, 2012.

(27) オーストラリアのラッド首相、http://www.eastasiaforum.org/2009/05/31/rudd-in-singapore-on-the-asia-pacific-community-idea/

(28) Mark Beeson and Richard Stubbs (eds.) Routledge Handbook of Asian Regionalism, London:Routledge, 2012.

(29) Mark Beeson and Richard Stubbs (eds.), Ibid.

(30) Rajendra K. Jain, "From Idealism to Pragmatism: India and Asian Regional Integration", Japanese Journal of Political Science, Vol. 12, No. 2 (2011), p. 213.

(31) Ibid.

(32) David Kang, 2003, p. 84.

(33) Andrew I. Yeo (2018).

(34) Andrew I. Yeo, 2018; Hanoi Declaration of the Sixth ASEAN Summit, December 16, 1998, http://www.ASEAN.org/news/item/ha-noi- declaration-of-1998-16- december-1998 (accessed on 22 August 2016).二〇一六年八月二二日閲覧。

(35) The ASEAN Secretariat, 2002.

(36) Ibid.

(37) Saman Kelegama, South Asian Journal, Issue # 4, 2004.

(38) Ibid.

(39) Clarita R. Carlos, "Towards a Regional Rapid Response Cooperation Group", in Regional Integration in the Asia Pacific: Issues and Prospects, ed. OECD, (Australia: University of South Australia, 2005), pp. 11–15.

(40) Stephen Grenville, "Think Global, Act Regional", in Regional Integration in the Asia Pacific: Issues and Prospects, ed. OECD, (Australia: University of South Australia, 2005), pp. 43-47.

(41) The SAARC Secretariat, 2002.

(42) IDE-Jetro Report, "Sub-Regional Relations in the Eastern South Asia: With Special Focus on Bhutan and Bangladesh," (2004), http://www.ide.go.jp/English/Publish/Download/Jrp/132.html (accessed on 15 June 2017).

(43) Ibid.

(44) Indra Mohan Jha, SAARC: The Road Ahead (New Delhi: National Book Organization, 2004).

(45) Darryl C. Thomas, The Theory and Practice of Third World Solidarity (Westport: Paeger Publishers, 2001), p. 42.

(46) Ibid.

(47) Ibid.

(48) Ibid.

(49) W.G. Beasley, Japan Encounters the Barbarians: Japanese Travellers in America and Europe (London: Yale University Press, 1995).

(50) Johan Ravenhill, "Is Japan a 'Normal' Power? Japanese Leadership and Asian Regional Organizations," Seminar Transcript (London: The Daiwa Anglo-Japanese Foundation, 2002).

(51) Sueo Sudo, The International Relations of Japan and Southeast Asia: Forging a New Regionalism (London and

New York: Routledge, 2002).
(52) Bhabani Sengupta, South Asian Perspectives: Seven Nations in Conflict and Cooperation (Delhi: B.R. Publishing Corporation, 1988).
(53) Ibid.
(54) Ibid.
(55) Ibid.
(56) Navnita Chadha Behera, Paul M. Evans and Gowher Rizvi, Beyond Boundaries: A Report on the State of Non-Official Dialogues on Peace, Security and Cooperation in South Asia (Toronto: University of Toronto, 1997).
(57) 例えば、国際開発センター（ＩＤＣＪ）は、この基金のもとで、南アジアにおける経済成長を促進するための地域経済協力スキーム：一九九六年の日本の役割を南アジア研究機関の参加により報告した。
(58) Dilip K. Das, Regional Trading Arrangements and Global Economy: An Asia- Pacific Perspective (Cambridge: Center for Harvard University, 2001).
(59) Yoshiro Mori, "SAARC Framework for Stable South Asia Development", 2000, http://www.nepalnews.com.np/contents/archive/mainnews/arc128.htm (accessed on 21 December 2005).
(60) Daily Times 14 November 2005.
(61) JICA Annual Report 2003, https://www.jica.go.jp/english/publications/reports/annual/2003/summary.html (accessed on 29 April 2016).
(62) Masahiko Ebashi, Deepening BIMSTEC-Japan Economic Relations: Tasks Ahead (Kolkata: Centre for Studies in International Relations and Development, 2006).

（63）David Kang, 2003.

（64）Mark Beeson and Richard Stubbs, eds.Routledge Handbook of Asian Regionalism, London and New York: Routledge, 2012.

（65）Amitav Acharya, Whose Ideas Matter? Agency and Power in Asian Regionalism（Cornell: Cornell University Press, 2009）.

（66）Chu, Y. Diamond, L., Nathan, A. J. and Shin, D. C. "Asia's Challenged Democracies", Washington Quarterly 32, 1（2009）: pp. 143-157.

（67）David Kang, 2003.

（68）Hettne and Soderbaum, 2000.

（69）Ibid.

（70）Hook, 2001.

（71）James H. Mittelman, The Globalization Syndrome: Transformation and Resistance（New Jersey: Princeton University Press, 2000）, p. 227.

（72）Ibid.

デルワール・フセイン

（大岩隆明監訳）

第2章　国際公共管理理論から見たアジア共同体の可能性

――アジア共同体のガバナンスと能力に関する一考察

1　はじめに

今回の連続講義のテーマは「アジア共同体の可能性」というものであった。このテーマに対して筆者は「アジア諸国が直面する開発課題を解決するために、アジア共同体が有効なものであるか？」という問いを提起した。この問いに対して、国際機関や地域共同体と関わってきた筆者の実践経験と研究領域である国際公共管理論の視点を通して、アジア共同体のガバナンス及び能力を分析し、それがより有効なInstitution（組織・機構）になるための日本の協力のあり方を検討することとした。

二〇一五年に国連はＭＤＧｓ（ミレニアム開発目標）を継承するものとしてＳＤＧｓ（持続的開発目標）を制定した。近年アジア諸国は顕著な発展を遂げているが、いまだに貧困と格差、紛争と難民、そして環境の悪化といったグローバルな課題を抱えている。これらの課題を解決し、域内に暮らす人々に安全で快適な生活を保障するために、アジア共同体は有効にその役割を担うことが出来るのだろうか。

答えはYes（出来る）であり、同時にhowever（しかしながら）である。

2 国際公共管理論から見た地域共同体

2・1 国際公共管理論とは何か

国際公共管理論は、一国で扱うには限界がある国際的な課題の解決について、国際機関、地域共同体及び加盟国の政府、市民、NGOと民間企業等が協働で対処する方法を明らかにしようとする学問である。その中では、国際機関・地域共同体と国内行政の関係、国際機関・地域共同体のガバナンス、国際公共政策の形成と実施のプロセス等が研究対象となっている[1]。

2・2 国際公共管理論から見た地域共同体

標題にある「国際公共管理論から見た」とは、それが研究対象としている「国際公共財」あるいは「地球公共財」を「地域共同体」が域内住民に対して有効に提供出来ているかという点について、「ガバナンス」と「能力」に着目して検討するという意味を持たせている。

国際公共財には地球規模あるいは域内全体での社会・経済・政治的な発展、環境保全や防災・減災、貧困削減と格差の是正、伝染病予防と公衆衛生の充実、金融市場の安定化、紛争解決と難民保護を含む「人間の安全保障」等が含まれる。

2・3 地域共同体の有効性

地域共同体はグローバルな課題を解決するために有効な存在であろうか。ここで「地域共同体」とは、国境を越えた一定の文化、言語、宗教、歴史、価値観、社会・経済・政治的な活動等について共有・協働する諸国等の集まりを言う。

地域共同体の有効性を検討する上で、その一つの発展型と見なされているEUについて考えてみたい。現在、EUは地域共同体の中で高度に統合が進んでいる。しかし、その歴史を振り返ると、戦争と紛争に明け暮れた欧州において、二度と戦争を繰り返さないという誓いの下、一九五二年の欧州石炭共同体、一九五八年の欧州経済共同体等を経て今日に至っている。EUは経済連携のみならず政治、外交、司法、通貨・金融、人の移動までも共同で扱う連合体に発展し、加盟国は東欧諸国及びバルカン諸国の一部を含む二八カ国に拡大した。しかし、最近ではEUが加盟国内の統治に介入することで英国が離反する等、「国際公共益」の追求と「国益」とが相対立することも露呈した。

他方で、EUの発展過程を振り返ると、地域共同体が地域の安定と発展に貢献し、加盟国の政策立案や行政能力の強化あるいは他の地域の政策形成にも影響を与えていることが観察できる。

一例として、筆者が二〇〇〇年以降、EUとの関わりの中で注目したEUファーレ（Phare）という組織を紹介したい。一九八九年にEUの一機関として設立され、正式な名称は"The Poland and Hungary: Assistance for Restructuring their Economies (Phare) Program"と称している。その目的はEUの拡大を目指し、EU加盟を希望する国に対し、加盟条件を満たすために、国内の諸改革と行政能力の強化に協力し、更にEU域内諸国の社会・経済的な政策の一貫性を推進する活動を行ってきた。EUファーレ等の活動を通じて、EUは域内諸国の行政改革と政策立案能力の向上に協力し、その結果として東欧諸国やクロアチア、スロベニア等がＥＵに加盟し、他のバルカン諸国もＥＵ加盟を目指している。

ＥＵファーレは二〇〇七年にＥＵへの加盟前支援を行う他の幾つかの機関と統合され、現在の名称は The Instrument for Pre-Accession Assistance（ＩＰＡ）と呼ばれている。(2)

筆者はＥＵファーレとの関わりの中で、地域共同体が域内後発国の行政能力を高め、社会経済発展をもたらす原動力となることを確認した。地域共同体は、一国では解決できない国際的な課題を解決する母体として有効なものになり得ると言えよう。

２・４　グローバルな開発目標及び地域共同体のガバナンスと能力

グローバルな開発目標の達成には、先進国と発展途上国のガバナンス向上と能力強化が必要であるという認識が、二〇〇〇年以降の国際的な首脳会合等で広まり、個々の発展途上国と地域全体の発展には地域共同体の役割が重要であるという認識も共有されている。

二〇〇〇年に制定されたＭＤＧｓの達成に向けては、援助効果向上のためにドナーとパートナー（途上国）間の議論が活発になり、筆者が継続して関与した二〇〇三年の援助「調和化に関するローマ宣言」、二〇〇五年の「援助効果に関するパリ宣言」、二〇〇八年の「アクラ行動計画」及び二〇一一年の「効果的な開発協力に関する釜山パートナーシップ文書」では、グローバルな開発目標達成のためにドナー間の協調とパートナー国のガバナンス向上及び能力強化の重要性が強調されている。

特に釜山ハイレベル会合（ＨＬＦ）では、「地域的ガバナンス」について初めて言及され、これまでの先進国と途上国の中央政府・地方自治体、公共セクター及び民間部門に加えて、地域共同体のガバナンス向上の必要性が認識された。

表2-1　援助効果向上と効果的な開発協力に関する首脳会合の成果文書

首脳会合名	開催年月日	成果文書名	主な成果、ガバナンス、能力、地域共同体への言及
ローマ第1回援助効果首脳会合(HLF)	2003年2月	調和化に関するローマ宣言	MDGs達成に向けた効果的な援助の調和化を提示。国際的・地域的な援助の調和化の重要性に言及。
パリ第2回援助効果HLF	2005年3月	援助効果に関するパリ宣言	援助効果5原則を提示。途上国のガバナンス向上と能力強化の重要性に言及。
アクラ第3回援助効果HLF	2008年9月	アクラ行動計画	パリ宣言の行動指針を提示。途上国のガバナンス向上と能力強化の重要性に言及。
釜山第4回援助効果HLF	2012年11月-12月	効果的開発協力に関する釜山パートナーシップ文書	援助効果から効果的開発協力への転換を提示。地域的なガバナンス・メカニズムの強化に言及。
メキシコ第1回効果的開発協力グローバル・パートナーシップ（GP）HLM	2014年4月	2015年以降の包摂的開発アジェンダの構築に向けて	ポストMDGsに向けたGP指針を提示。ガバナンスの強化と中央政府・地方自治体の徴税・統計・評価・情報分析能力、青年層の主導によるガバナンス強化に言及。越境課題解決に向けた南南協力・三角協力の重要性、地域共同体と中進国の役割に言及。
ケニア第2回効果的開発協力GPHLM	2016年12月	ナイロビ成果文書	SDGsの達成に向けたGP指針を提示。グローバル・地域公共財に言及。地域統合の促進と南南協力・三角協力の重要性に言及。

出典：OECD/DAC、UNDP等の報告書を元に筆者作成。

その後、ＳＤＧｓの制定に向けて二〇一四年にメキシコで開催された「効果的な開発協力に関するグローバル・パートナーシップ首脳会合」（ＧＰＨＬＭ）では、ガバナンス向上と能力強化の必要性が、それ以前の四会合の成果文書以上に数多く言及された。特に、カントリー・システム強化の文脈、すなわちドナー独自のシステムではなく、パートナー国の行政システムを活用し、援助を供与する過程で行政能力を向上させるという意味で、中央・地方自治体の徴税・統計・評価・情報収集・解析・提供能力等の個別の能力強化に言及すると共に、ＮＧＯ、民間企業等のガバナンスと能力強化、青年層の主導によるガバナンス強化等が言及された。

また、地域共同体との関連では、越境（Cross Border）課題の解決に向けた地域間協力と地域統合のイニシアチブを支援するための南南協力、三角協力及び中進国の役割が言及された。ここで南南協力とは、発展途上国同士の国際協力、三角協力とは南南協力に先進国が加わる形態の国際協力を言う。

また、ＳＤＧｓ制定後の二〇一六年にケニアで開催された第二回ＧＰＨＬＭの成果文書では、「グローバル及び地域公共財」という表現が初めて使用され、地域統合のイニシアチブに協力するため、南南協力、三角協力及び中進国の役割の重要性が言及された。

このようにＭＤＧｓ及びＳＤＧｓ等のグローバルな開発目標の達成に関連した援助効果向上やグローバル・パートナーシップの首脳会合では、ガバナンス向上と能力強化の必要性及び地域共同体の役割の重要性が数多く言及されている。

2・5　地域共同体のガバナンス向上と能力強化

国際協力の分野でガバナンスが議論され始めたのは一九九〇年代に入ってからである。特にＯＥＣＤ（経済開発協力機構）のDAC（開発支援委員会）の傘下にゴブネット（GovNet）という専門家グループの会合が一九九五年に組織された時期から、ガバナンスに関する議論が盛んになった[3]。

（1） ガバナンスの定義と指標

ゴブネットでは「ガバナンス」を「国家の事業を実施するために必要な政治的、経済的、行政的権威の執行」と定義し、「政策（政府の意志）が決定され、実施（ないし不実施）される過程であり、政府内部では公的機関が公共事業を実施し、公的資源を管理する過程である」と説明している[4]。

一方、世界銀行（以下「世銀」）も、世銀研究所のスタッフを中心として各国の「ガバナンス指標」を開発し、発展途上国への協力プログラムの形成に活用している。

世銀は「ガバナンス」を「伝統と制度によって構成され、それらによって一国の権威が執行されるもの」と定義し、「ガバナンス」の構成要素として以下の四点をあげている。

①政府が選出され監視され、置き換えられるプロセス。②適切な政策を効果的に形成し、実行する政府の能力。③市民が尊重され、配慮されること。④市民間での経済的・社会的な相互作用を統治する組織・制度のあり方。

ここでは政府の能力と、それを監視し、政策プロセス全体に参加する市民の役割が強調されている。その上で各国のガバナンス状況を計測する指標として以下の六項目をあげ、毎年具体的な数値を公表している。

①国民の声（発言力）と説明責任、②政治的安定性と暴力の不在、③政府の有効性、④規制の質、⑤法の支配、⑥汚職の抑制。

これらの各指標はマイナス二・五～プラス二・五の間で推定値として表示され、推定値が大きくなるほどガバナンスは良好と判断される。[5]この推定値を用いて各国の比較を行う場合には、百分率の順位で表示する。その他にもガバナンスを含めた公的機関の有効性に関する様々な指標が多くの機関から提案されているが、世銀の指標は世界各国を網羅し、時系列データが利用できる点で操作性が高いものと言える。[6]

（2）　能力の定義と指標

次に能力（Capacity）については、国際協力に携わる専門家がしばしば活用している国連開発計画（UNDP）の定義がある。

UNDPが二〇〇二年及び二〇〇三年に公表した報告書では、「能力」を「機能を遂行し、課題を解決し、目的を設定し、それらを達成することができること」と定義している。[7]

その上で以下の三つのレベルでの能力に注目している。

①個人レベルの能力（Individual Level Capacity）　特に公的部門（中央・地方自治体、立法部門、司法部門等）の構成員（行政官、議員、裁判官、弁護士等）の能力。

②組織・制度レベルの能力（Institutional Level Capacity）　構成員が所属する組織・制度・システム・慣習・伝統等に関連した能力。

③社会レベルの能力（Societal Level Capacity）　①と②を取り巻く社会面の能力。

この③の能力は社会を構成する市民・NGO等のステークホルダー（利害関係者）が公的部門を監視し、政策プロセスに積極的に参加できる能力、一国の政治・経済・社会・国際関係の安定性及びガバナンス等を含む概念である。社会レベルの能力は、一国の能力強化を「可能にする環境」（Enable Environment）

と言い換えることもできる。

同じＵＮＤＰが二〇一〇年六月に公表した報告書では、能力の再定義と共に能力の計測方法も提案している。[8]

そこでは「能力とは、個人、組織・制度及び社会が、持続的な仕方で、機能を遂行し、課題を解決し、目的を設定し、達成できること」と述べ、三つのレベルの能力に再び言及し、更に「持続的な仕方で」（a sustainable manner）という新たな用語を加えている。

その上で能力計測の方法として第二レベルの組織・制度（Institution）の能力に焦点を当てている。すなわち一国内の一つの組織・制度が外部変化やリスクに柔軟に対応し、目的達成のために活動し、持続的に成果を遂げ、その結果として地域住民の生活にどのような変化を生み出したかについて計測することを提案している。

具体的には一国内の特定分野（教育・医療・農業等）における開発プログラム・プロジェクトの投入（Input）、活動とプロセス（Activity/Process）、産出（Output）、成果（Result）、インパクト（Impact、ポジティブ・ネガティブな影響）の各段階での量的・質的変化について、効率性と有効性の両面を指標として能力を測定している。

（３）一国全体を視野に入れた能力指標

ＵＮＤＰが一国内の特定分野の組織・制度の能力測定に注目しているのに対し、一国全体の能力測定に着目した研究成果としては、国連大学世界開発経済研究所（ＵＮＵ－ＷＩＤＥＲ）の支援で公表された報告書がある。[9]

ここでは国連分類に基づく一〇二カ国の能力状況（二〇一二年現在）を、「大変弱い」（Very Weak）、「弱い」（Weak）、「中程度」（Middle）、及び「強い」（Strong）能力を持った国に分類している。同報告書は各国の能力を分析し、国際協力による伝統的な能力構築のための協力のあり方を批判している。その上で能力構築の処方箋としては「成功経験が能力を構築するのであり、その逆ではない」と述べ、課題解決に向けて試行錯誤を繰り返し、成功した経験を通して能力が自発的に構築されることを重視したＰＤＩＡ（Problem-Driven Iterative Adaptation）（課題主導・反復適応による能力構築）という方法を提案している。

（４）　ガバナンスと能力の関係

ガバナンス向上と能力強化は相互に依存する関係にあり、ガバナンス向上の過程で能力も強化される。一国全体、あるいは個々の組織・制度の「ガバナンス向上」には、組織・制度自体と、その構成員個人の能力強化が必要不可欠な前提条件であり、同時に組織・制度を取り巻く市民、ＮＧＯ等が積極的に監視し、参加する能力の強化も必要である。

これらの条件が相互に作用しあう中で、一国全体のガバナンスが向上し、ガバナンスの環境が整うことで、社会、組織・制度及び個人の能力が強化される。

発展途上国のガバナンス向上と能力強化の主体は、組織・制度を担う公的機関、すなわち行政府（中央・地方自治体）であり、その点ではＯＥＣＤ／ＤＡＣ、国連、世銀等の見解がほぼ一致している。ただし、ガバナンス指標に比べて能力指標は未だ開発途上と言わざるを得ない。そこで本稿では、世銀のガバナンス構成要素の②、すなわち「適切な政策を効果的に形成・実行する政府の能力」に着目し、ガバナンスと能力を総合的に表すものとしてガバナンス指標の③、すなわち「政府の有効性」の指標を活用し、地域共同体のガバナンスと能力の検討を進めることとする。

(5) 地域共同体の課題解決能力

国際公共管理論では、EUのような「超国家的機関」は、政策決定や行政の機能を含めて加盟国の国内行政からは切り離された独自の「ガバナンス構造」と能力を有すると見なしている。[10] ここで「ガバナンス構造」とは、制度・組織を通じて意思決定がなされ、実行され、結果を監理する全過程をなす組織形態と権限・責任の配分・序列等を意味している。

しかし、EU以外の地域共同体においては、統合の深度や行政組織の細分化がさほど進んではおらず、事務局も加盟国間の調整機能を有しているにすぎない。こうした段階では地域共同体のガバナンスと能力は、加盟国の政府及び代表部等のガバナンスと、地域共同体の会議等に参画する閣僚及び専門家の能力に依存しており、加盟国の総合的なガバナンスと能力が地域共同体のガバナンスと能力を代表するものと考えられる。

次に地域共同体のガバナンスと能力を、課題解決能力との関連で考えてみたい。地域共同体に期待される課題解決能力には以下の点があげられる。

①地域共同体の目的を効率的・効果的に達成できること。
②域内の課題を正しく把握・分析できること。
③適切な課題解決方法を見出し、政策・計画の立案、実施と評価ができること。
④課題解決に向けて域内諸国のステークホルダー間の合意形成ができること。

⑤域外諸国、国際機関、その他のステークホルダーと連携・協力ができること。

これらの地域共同体の課題解決能力を具体的に計測する指標としては以下の項目が考えられる。

①域内の課題分析能力と研究者・人材の育成・能力強化（地域大学・研究調査機関の設置と正確な統計に基づく課題分析・研究成果の公表等）。

②課題解決に向けた域内・域外との合意形成能力（国際会議の成果文書、協定・議定書・宣言の締結、貿易・関税引き下げ交渉、域内基準、開発基金・銀行の設立・運営等）。

③課題解決方法の政策・計画立案・実施・評価能力（優良なプログラム・プロジェクトの実施と成果，課題別の実施機関の設立と運営等）。

こうした分析枠組みを用いて、次にアジア地域共同体の開発課題解決に対するガバナンスと能力を検討したい。

3　アジア地域共同体の開発課題及びガバナンスと能力

これまでのガバナンスと能力の計測指標に関する研究と実践成果は、一国あるいは一国内の特定分野、組織・制度の段階に留まり、地域共同体のガバナンスと能力には言及したものは少ないが、二〇一三年にアジア開発銀行研究所（ＡＤＢＩ）が、ＥＵとＡＳＥＡＮのガバナンスの比較研究を行った成果が注目さ

れる。(11)

そこでは、一九九九年から二〇〇九年までの世銀のガバナンス指標を活用し、ASEAN、ASEAN＋3（中国、韓国、日本）、ASEAN＋6（豪州、中国、日本、インド、韓国、ニュージーランド）と、EU15（初期加盟国）及びEU27（新規加盟国を含む）を比較した上で、ASEANのガバナンスが相対的に低く、加盟国のガバナンスの向上が必要であり、更にASEANの統合を進めるためには、より野心的な政策アジェンダ（物理的・社会的相互連結性の強化、市場アクセスの向上、共通の工業標準・認証手続き等）が必要であり、EU等の先進的地域共同体からの協力の重要性を説いている。

同報告書の中で、筆者が特に注目するのは、ASEANのガバナンス構造の中で、特に事務局の機能と能力強化が必要であるとしている点である。

EUに比較して、緩やかな結束と合意形成を目指すASEANが効果的な共同体になるためには、「ASEANの機構、特に事務局が活用できる資源を増やし、国際公共政策のアジェンダ設定と決定権を加盟国が徐々にASEANに委譲すること。加盟国のガバナンスを強化することが地域共同体の政策優先事項であること。加盟国は組織・制度の成果向上のための専門性と資源が少ないため、多くの資源を地域共同体あるいは他のドナーから提供し、国家のガバナンス成果向上に向けること」等の提言は傾聴に値する。

3・1　アジア共同体のガバナンスと能力

地域共同体のガバナンスと能力は、これまで検討してきた一国内のガバナンスと能力を、地域共同体のレベルまで押し広げた概念と言える。

そこで、地域共同体のガバナンスと能力を発揮する主体であるが、それは各地域共同体の組織・機構、具体的には、首脳会合、大臣会合、専門家会合及びそれらを組織する事務局と、加盟各国の代表部、国内関係省庁等の行政機関、更にはステークホルダーとしてのNGO、市民、民間企業等が含まれる。これらを総称して「地域共同体のガバナンス構造」（Governance Structure of Regional Community）と言い換えることができる。

3・2　ASEANとSAARCの比較

そこでASEANとSAARCを比較しながら、それら地域共同体の開発課題と、課題解決に向けたガバナンスと能力を検討する。なお参考のためにEUについても比較表に含めた。

EUとASEANを比較した場合、包含する地域面積と人口規模は近いが、名目GDPはEUがASEANの六倍ほどである。また、ASEANは加盟国間のコンセンサスによる意思決定方法を取り、内政には不干渉の立場を維持しているが、EUは加盟国の主権の一部をEUに譲渡し、あるいは制限する形で統合が進められている。

一方、ASEANとSAARCを比較してみると、両者の名目GDPは、ほぼ同様の規模（ASEANが約二・五兆ドル、SAARCが約二・九兆ドル）であるが、SAARCの総人口は約一七億人（内、インドが約一二億人）と、ASEANの総人口（約六・四億人）の約二・七倍強となっており、一人当たりGDPはASEANの約四一％程度である。また、貿易（輸出＋輸入）額もASEANはSAARCの約二・八倍の規模である。

両者の共通点は、内政不干渉と加盟国の平等の地位、コンセンサスによる意思決定を重視している事であり、EUのように議会や裁判所、中央銀行等は今のところ存在しない。

表2-2　EUとASEANの比較

	ASEAN	EU
加盟国数、本部（事務局）所在国	10カ国、インドネシア	28カ国、ベルギー
人　口	約6億4,018万人（2016年）	約5億1,150万人（2016年）
GDP（名目） 一人当たりGDP（名目）	約2兆5,450億ドル（2016年） 3,975米ドル（2016年）	約16兆3,980億ドル（2016年） 32,059米ドル（2016年）
貿易（輸出＋輸入）	約2兆2,555億ドル（2016年）	約10兆6,292億ドル（2016年）
事務局の規模（予算、人員）	約1,900万ドル（2015年、約23億円） 事務総長及び事務次長4名の下に298名の職員（内シニアスタッフ86名）（2015年9月現在）	約68億ユーロ（2014年） 約33,000人

出典：ASEAN事務局HP、EU・HP、世銀統計を元に筆者作成。

表2-3　SAARCの概要

	ASEAN
加盟国数、本部（事務局）所在国	8カ国、ネパール
設立年	1985年12月8日
人　口	約17億6,598万人（2016年）
GDP（名目） 一人当たりGDP（名目）	約2兆8,924億ドル（2016年） 1,638ドル（2016年）
貿易（輸出＋輸入）	約8,146億ドル（2016年） （輸出：約3,277億ドル、輸入：約4,869億ドル）
事務局人員数	61名（2017年）

出典：SAARC事務局HP、世銀統計を元に筆者作成。

3・3　ASEANとSAARCのガバナンス構造

次にASEANとSAARCのガバナンス構造を見ると、双方とも最高の意思決定機関として首脳会議(Summit)を設置しており、ASEANは毎年議長国を定めて春頃にASEANのみの首脳会議と外相会議を開催している。一方、SAARCではほぼ隔年毎に開催されることになっている。

首脳会議を支える組織として、ASEANではASEAN調整理事会(The ASEAN Coordinating Council：ACC)が置かれ、首脳会議の準備と政治安全保障、経済、社会文化の三分野の調整等を行い、ACCの下に三分野の共同体理事会(The ASEAN Community Councils)と、分野別の閣僚会議が設置され、各分野の実質的な議論がなされる場を提供している。毎年夏頃にASEAN関連の外相会議として、ASEANのみの外相会議、ASEAN＋1(日本等)、ASEAN＋3(日・中・韓)、ASEAN地域フォーラム(ASEAN Regional Forum：ARF)、EAS(East Asia Summit)外相会議が開催される。

さらに、ASEAN関連首脳会議としては、毎年二回のASEANのみの首脳会議と、毎年一回のASEAN＋1(日本等)、ASEAN＋3(日・中・韓)、EASが開催される。

また、ASEAN全体の行政実務を執行する機関としてASEAN事務局がインドネシアのジャカルタに置かれ、事務総長はASEAN首脳会議で任命される。ASEAN事務局は各国の常駐代表によって構成される常駐代表委員会(Committee of Permanent Representatives：CPR)との連絡を行う他、ASEAN全体の業務を担当するが、各局・部・課の機能は細分化し、事務局の専門化がかなり進んでいる。

一方、SAARCでは、首脳会議を支える閣僚理事会(外相会合)と大臣特別会合が設置され、閣僚理事会は最低年一回開催されることとなっている。その下部機構として、外務次官級による常任委員会と、外務省局長級のプログラム委員会が設置され、常任委員会は最低年一回、プログラム委員会は最低年二回

表2-4　ASEANのガバナンス構造

• ASEAN首脳会議（Summit、最高政策決定機関）政策の方向性の提示、重要事項の決定　→（任命）ASEAN事務総長
↓↑　連絡
↓
・　ASEAN調整理事会（ACC）三分野の調整　→（指示）常駐代表委員会（CPR）
↙（支援）
↓
・　ASEAN共同体理事会（ASEAN Community Councils）
①ASEAN政治安全保障共同体理事会
＜分野別閣僚会議＞外相会議、国防大臣会議等
②ASEAN経済共同体事理会
＜分野別閣僚会議＞経済大臣会議、財務大臣会議、農林大臣会議、情報通信技術大臣会議、運輸大臣会議等
③ASEAN社会文化共同体理事会
＜分野別閣僚会議＞教育大臣会議、環境大臣会議、保健大臣会議等
↓
各加盟国：政策・決定事項を実施

出典：ASEAN 事務局HP、ASEAN日本政府代表部等の資料を元に筆者作成。

程度開催されることとなっている。更に、常任委員会及びプログラム委員会での審議をサポートする機構として専門委員会、作業部会及び専門家グループが組織されている。

これらSAARC全体の機構を支える行政実務機関として、SAARC事務局がネパールのカトマンズに設置されている。なお、SAARCには特別組織としてSAARC開発基金（ASEANにも基金があり、日本も出資している）、南アジア大学、南アジア地域標準機構、仲裁評議会が設置され、それぞれの行政実務を担当する事務局も個別に設置されているが、ASEAN事務局に比べて、SAARCの事務局機能は専門化が進んでおらず、職員数は六一名と極めて少数である。

表2-5　ＳＡＡＲＣのガバナンス構造

首脳会議（Summit、隔年開催）
↓
閣僚理事会（外相会合）（Council of Ministers、最低年１回開催）
↓
大臣特別会合（Specialized Ministerial Meetings）
↓
常任委員会（外務次官級）（Standing Committee、最低年１回開催）
↓
プログラム委員会（外務省局長級）（Programming Committee、最低年２回開催）
↓
専門委員会（Technical Committee）
　作業部会（Working Group）
　　専門家グループ（Expert Group）

出典：SAARC事務局HP、日本国外務省HP。

表2-6　SAARC事務局の組織図（2017年現在）

事務総長	人的資源・観光局長	事務職員	サポートスタッフ
事務総長室 事務職員 秘書官	環境・自然災害・バイオ技術局長	事務職員	
	農業・農村開発局長	事務職員	
	社会事業局長	事務職員	
	経済・貿易・財務局長	事務職員	
	エネルギー・運輸・科学・技術局長	事務職員	
	情報・貧困削減局長	事務職員	
	教育・安全保障・文化局長	事務職員	

事務総長1名、局長8名、事務職員13名、サポート・スタッフ39名（合計61名）
出典：SAARC事務局HPを元に筆者作成。

表2-7　地域共同体の政策形成・実施・成果のサイクル

プロセス	内　容	具体例、指標
インプット	グローバルな国際会議等での合意・決議・条約、加盟国政府からの発議、NGO・市民・企業等の運動・提案、域内の大学・研究機関等の研究成果・課題の提起等。	MDGs、SDGs パリ協定、WTO等。 研究報告書・提案等。
実施プロセス	専門家グループ・専門家委員会の検討・条約素案の作成、加盟国代表部・加盟国内での検討・フィードバック、大臣会合・閣僚理事会等での検討・条約案の作成、首脳会合での交渉・条約最終案の決定等。	地域開発政策・プログラム協議内容、貿易交渉内容、共同市場形成の交渉内容、条約・協定最終案等。
アウトプット	締結された条約・合意・決議等、それらを実施するための行動計画の決定等。（国際的なプログラム・プロジェクト計画案を含む。）	地域別MDGs、SDGs 関税削減条約、自由貿易圏協定、地域開発政策・計画等。
アウトカム	締結された条約・合意・決議等の加盟国内での批准 関係国内法令の改訂・整備。 条約・合意・決議等の目的達成に向けた国内プログラム・プロジェクトの計画・実施等。	国内関連法の改定・整備、インフラ・制度・人的・文化的連結プログラムの実施の結果と評価。
インパクト	域内貿易・投資の増加、地域連結性（Connectivity）の強化。 グローバルな開発目標の進捗（貧困削減、環境改善、経済成長等）、域内紛争の減少、難民の減少・帰還促進、治安の安定等、地域共同体の統合・深化。	地域連結性の強化、インフラの増加、域内貿易・投資の増加等。 MDGs、SDGsの進展。 地域連合の形成・発展。

（筆者作成）

３・４　アジア共同体の成果と開発課題

アジア共同体の成果を、ガバナンスと能力との関係で分析する視点としては、国際公共管理論でも取上げられる国際公共政策の形成過程に注目する事が重要であり、そこではインプット、実施プロセス、アウトプット、アウトカム、インパクトという政策形成・実施・成果監理のサイクルが理解の手助けとなる。

このプロセスの最終的な成果はインパクトの部分で、実際に条約・合意・決議等により、期待された目標が達成され、ネガティブな影響が最小限に抑制されたかということであり、このインパクトの部分を地域共同体が評価とモニタリングを行い、さらに必要な域内協力を提供することが期待される。

３・５　ASEAN、SAARCの主たる成果

前述の政策形成・実施・成果のサイクルに基づき、ASEANとSAARCの設立以来の主たる成果を見ると、まず、ASEANについては、一九六七年八月のバンコク宣言により、当初の加盟国は五カ国（インドネシア、タイ、マレーシア、シンガポール、フィリピン）で発足したが、一九八四年一月にブルネイ、一九九五年七月にベトナム、一九九七年七月にラオスとミャンマー、そして一九九九年四月にカンボジアが加盟し、現在までに一〇カ国によって構成されるアジアの主要な地域共同体となった。

その後、一九九三年にはASEAN自由貿易圏（AFTA）の創設が開始され、関税削減交渉は、二〇一八年までに全域内での関税撤廃目標に向けて継続されている。また、一九九五年にサービス貿易交渉が開始され、金融サービスの自由化についても二〇二〇年を目標に交渉が進められている。

ASEANの重要な成果は、二〇一五年末のASEAN共同体の創設であり、EUを一つのモデルとしながらも、ASEAN方式と称する加盟国間のコンセンサスを基本とした地域統合を進めている。

これらの成果もあり、ＡＳＥＡＮ加盟諸国の二〇一一年から二〇一五年までのＧＤＰ平均成長率は五・〇八％を達成し、域内貿易は、域内輸入が二二・一％、域内輸出が二四・〇％、域内直接投資が二五・二％となる等、一定の成果をおさめている。

一方、ＳＡＡＲＣの主たる成果を見ると、一九八五年五月のバングラデシュ・ダッカでの首脳会合（サミット）においてＳＡＡＲＣ憲章が署名され、同年一二月にＳＡＡＲＣが正式に設立された。その後、一九八六年から現在までの間に、一九八九年のスリランカ・サミットの中止を除き、ほぼ一～三年毎にサミットが開催されている。

その間に、一九九三年には南アジア特恵貿易協定（ＳＡＰＴＡ）の枠組み条約が合意され、二〇〇四年には南アジア自由貿易圏（ＳＡＦＴＡ）協定が署名された。

その後、二〇〇五年以降、関税に関する協定（二〇〇五年）、南アジア開発基金（ＳＤＦ）憲章（二〇〇八年）、南アジア地域標準機構（ＳＡＲＳＯ）設立協定（二〇〇八年）、サービス貿易協定（ＳＡＴＩＳ、二〇一〇年）等の成果が見られた。

それらの成果もあり、ＳＡＡＲＣ加盟国の二〇一一年から二〇一五年までのＧＤＰ平均成長率は、五・四二％を達成しているが、域内貿易は、輸出が六・九％、輸入が四・九％程度であり、域内の経済的統合はそれほど進んでいない。ちなみに、ＡＳＥＡＮとＳＡＡＲＣ間の貿易を見ると、ＡＳＥＡＮからＳＡＡＲＣへの輸入が一〇・九％、ＳＡＡＲＣからＡＳＥＡＮへの輸出が八・六％と、ＳＡＡＲＣ域内の貿易より、ＡＳＥＡＮとの結びつきが大きくなっている。

表2-8　ASEANとSAARCの経済指標

	ASEAN	SAARC
加盟国のGDP平均成長率（2011年－2015年）	5.08%	5.42%
全世界との貿易額に占める域内貿易額割合	域内輸入：22.1%（2016年） 域内輸出：24.0%（2016年）	域内輸入：4.9% 域内輸出：6.9%
ASEANとSAARC間の貿易	ASEANからSAARCへの輸入：10.9% SAARCからASEANへの輸出：8.6%	

出典：平均成長率：世銀統計、ASEAN/SAARC事務局HP統計を元に筆者作成。

3・6　アジア地域共同体の開発課題

次に、アジア地域共同体の開発課題について考えるために、二〇一五年に国連で採択されたSDGsに沿って、ASEANとSAARCの加盟諸国の開発課題を見る。更に双方の加盟各国の絶対貧困状況についても見ることにする。

表2-9はSDGs Index and Dashboards Reportの二〇一七年版をもとに作成したものである。同報告書に示されているSDGsの指数と順位は、SDGsの一七目標と九九の指標を総合的に算定したものであり、国連加盟の一九三カ国の内、一五七カ国をカバーしている。参考までにその他の諸国も含めた[12]。

SDGs指数の平均値を見ると、ASEANが六四・七に対して、SAARCは五八・五となっている。特にASEANで指数が六〇を下回っているのはミャンマーとラオスの二国のみであるが、SAARCでは、インド、バングラデシュ、パキスタン、アフガニスタンであり、四カ国はASEANの最下位にあるカンボジアの数値よりも低いものとなっている。二〇一七年の段階では、ASEANに比してSAARC諸国はSDGsの達成により多くの自助努力と国際協力が必要となっている。

次に表2-10によりASEANとSAARC加盟国の絶対貧困率を比較してみる。まず加盟国の貧困率の単純平均を見ると、ASEANでは

表2-9　ASEANとSAARC、その他諸国のSDGs指数と順位（2017年）

ASEAN		SAARC		その他	
マレーシア	69.7（54位）	スリランカ	5.9（81位）	日　本	80.2（11位）
タ　イ	69.5（55位）	ブータン	65.5（83位）	韓　国	75.5（31位）
シンガポール	69.0（61位）	ネパール	61.6（105位）	アメリカ	72.4（42位）
ベトナム	67.9（68位）	インド	58.1（116位）	中　国	67.1（71位）
フィリピン	64.3（93位）	バングラデシュ	56.2（120位）		
インドネシア	62.9（100位）	パキスタン	55.6（122位）		
ラオス	61.4（107位）	モルディブ	n/a		
コンゴ民主共和国	42.7（155位）	アフガニスタン	46.8（150位）		
ミャンマー	59.5（110位）			チャド	41.5（156位）
カンボジア	58.2（114位）			中央アフリカ	36.7（157位）
ブルネイ	n/a				
指数の平均	64.7		58.5		

出典：SDGs Index and Dashboards Report 2017を元に筆者作成。n/a：データなし。

表2-10　ASEANとSAARCの絶対貧困率

ASEAN		SAARC	
シンガポール	n/a	スリランカ	6.7%（2012年）
ブルネイ	n/a	ブータン	12%（2009年）
マレーシア	0.6%（2014年）	モルディブ	15.7%（2009年）
インドネシア	6.8%（2016年）	インド	21.2%（2011年）
フィリピン	8.3%（2015年）	バングラデシュ	24.3%（2016年）
タイ	10.5%（2014年）	ネパール	25.2%（2010年）
ベトナム	13.5%（2014年）	パキスタン	29.5%（2013年）
カンボジア	17.7%（2012年）	アフガニスタン	35.6%（2011年）
ミャンマー	19.5%（2015年）		
ラオス	22.7%（2012年）		
絶対貧困率の平均	12.45%		21.4%

出典：世銀、UNDP統計を元に筆者作成。n/a：データなし。

一二・四五%に対して、ＳＡＡＲＣが二一・四%となっている。また、加盟国の貧困率を個別に見ると、ＡＳＥＡＮでは二〇%を超えている国はラオスのみであるが、ＳＡＡＲＣではインド、バングラデシュ、ネパール、パキスタン、アフガニスタンの六カ国となっており、インドの貧困率がラオスのそれを僅かに下回っているが、他のＳＡＡＲＣ諸国はいまだに絶対的貧困率の状態は深刻である。

3・7　ＳＡＡＲＣとＡＳＥＡＮのガバナンスと能力

次に表2-11により、両者のガバナンスと能力に関す総合指標を見ると、ＡＳＥＡＮの平均値五六・四〇に対して、ＳＡＡＲＣのそれは三七・〇八となっている。なお、参考のためにその他の諸国も加えた。ＡＳＥＡＮでは、指数が五〇以下の国はラオス、カンボジア、ミャンマーの三カ国であるが、ＳＡＡＲＣではスリランカ、モルディブ、パキスタン、バングラデシュ、ネパール、アフガニスタンの六カ国であり、ＳＡＡＲＣのガバナンス，特に政府の有効性に関しては向上の余地が大きいことが分かる。

このガバナンスと能力の総合指標と前記のＳＤＧｓ指数及び絶対的貧困率の間には一定の相関関係があり、ＳＤＧｓ指標との相関係数は〇・七八であり、絶対的貧困率の相関係数は マイナス〇・八八と高い相関関係を示している。

この結果から、ガバナンスと能力の総合指標の改善とＳＤＧｓ指標の向上、あるいは絶対的貧困率の削減には一定の因果関係が想定される。

表2-11　SAARC、ASEAN諸国他のガバナンスと能力総合指標（政府の有効性指標）

SAARC		ASEAN		その他	
ブータン	70.19	シンガポール	100.00	ノルウエー	98.56
インド	57.21	ブルネイ	81.25	フィンランド	96.63
スリランカ	44.71	マレーシア	75.96	日　本	95.67
モルディブ	40.87	タ　イ	66.35	スウェーデン	94.71
パキスタン	28.85	インドネシア	53.37	ドイツ	94.23
バングラデシュ	25.48	ベトナム	52.88	英　国	92.79
ネパール	19.71	フィリピン	51.92	アメリカ	91.35
アフガニスタン	9.62	ラオス	39.42	フランス	89.90
		カンボジア	24.52	韓　国	80.88
		ミャンマー	18.35	中　国	67.79
指標の平均	37.08		56.40		

出典：世界銀行ガバナンス指標、Worldwide Governance Indicator,WGI,2016を元に筆者作成。

4　アジア共同体への協力のあり方

これまでアジア共同体の開発課題とガバナンス及び能力の関係を見てきた。一つの結論として、ASEANについては二〇一五年に共同体を発足させ、域内の統合と連結性は進みつつあるが、SDGs及び絶対貧困の状況から見て解決すべき開発課題は多く、それに対処するためにガバナンス向上と能力強化に更に取り組む必要がある。

一方、SAARCはASEANに比しても、開発課題の状況は更に深刻であり、地域共同体としてのガバナンス向上と能力強化に一層努力しなければならない。開発課題の状況と、ガバナンス及び能力の状況には強い相関関係があり、課題解決に向けて加盟国（特に中央政府・地方自治体等）と地域共同体双方のガバナンス向上と能力強化を目指した自助努力と諸外国からの国際協力が必要である。

そうした観点から、今後の日本のアジア共同体に対する協力のあり方、特にSAARCに対する協力のあり方について以下の提言をしたい。

第一に、国際公共管理論の視点から、開発課題の解決に向けて、SAARCの組織・機構を強化することが最も重要である。特に首脳・閣僚・大臣特別会合の政策決定能力の強化、常任委員会、プログラム委員会、専門委員会の合意形成能力の強化、作業部会及び専門家グループの課題設定、分析能力、条約・協定書等の素案作成能力、SAARC開発基金事務局、南アジア大学等特別組織の強化及びSAARC事務局の人員、体制の強化と予算の拡充が必要である。

第二に、そのために日本の従来のバイ（二国間）の協力に加えて、地域共同体と日本とのリージョナル・マルチラテラル（Regional Multilateral）方式の国際協力を提案したい。これを実現するには、共同体加盟国との個別の交渉に加えて、SAARC事務局を中心としたSAARCの組織・機構全体との交渉が必要である。現在、日本は同様な交渉をASEANとも継続中であることから、SAARCはやや先の話にはなると思われるが、その間に事務総長を含めたSAARC事務局スタッフの特別研修を日本及び近隣国で実施し、リージョナル・マルチラテラルの協力の重要性を共有することが必要である。

第三に、SAARC加盟国の中で地域共同体をリードするインド、パキスタン、バングラデシュ、ネパール等の加盟国のSAARC代表部、外務省等関係省庁のSAARC担当職員等の研修を実施し、加盟国側から地域共同体と協力するガバナンス向上と能力強化を図ることも重要である（なお、ASEANに対しては、CLMVの外交官・行政官のASEAN事務局での研修及びASEAN事務局職員の研修を日本の支援で実施している）。

第四に、地域共同体の開発課題解決に向けては、国際公共管理論で注目されている国際公共政策の立案・実施・成果監理のプロセスを強化することが重要である。特に、政策課題の抽出と分析の前提となる調査・

研究能力の向上が不可欠であり、それを担うべき大学・研究機関、SAARCの場合は南アジア大学及び加盟国の大学・研究機関の人材育成・研究能力強化が重要であり、日本の大学・研究機関とSAARC域内の大学・研究機関の連携・協力を更に強化すべきである。この点で、わが国の大学は、優秀な留学生・研究者の確保を主眼とした大学間連携・協力を目指すとともに、よりグローバルな視点から国際的な開発目標（SDGs等）の達成に向けた研究協力・人材育成も展開・強化する時期にある（なお、ASEANに対しては、東アジア経済統合推進のため、政策研究・提言を行う国際的機関として東アジアASEAN経済研究センターが、日本の支援で二〇〇八年に設立され、地域共同体が取組むべき実践的政策の提言を行っている）。

第五に、上記の諸項目を実施するためには、日本に研修員・研究者を招聘することと併せて、南南協力（域内の中進国を含む）及び三角協力を推進する必要がある。2・4で述べたとおり、二〇一四年のメキシコ、二〇一六年のケニアにおけるGPHLMの成果文書に盛り込まれた、越境（Cross Border）課題解決への地域内協力と地域統合に向けたイニシアチブを協力するために、南南協力（域内の中進国を含む）及び三角協力の重要性が共有されているが、これを積極的に推進しているドナーはそれほど多くはない。日本は第二次世界大戦後、間もない頃から、アメリカ等の支援を受けてアジア諸国に協力を開始した経験を有し、南南協力、三角協力をリードすべき立場にあることを再認識する必要がある。

注

(1) 本章を執筆するにあたり、筆者は、福田耕治『国際行政学―国際公益と国際公共政策』〔新版〕有斐閣ブックス、二〇一二年を参照した。同書はいまのところ日本で唯一の教科書的存在と言える。

（2）ＩＰＡについては、以下のサイトを参照のこと。https://ec.EUropa.EU/neighbourhood-enlargement/policy/glossary/terms/ipa_en

（3）国際協力とガバナンスについて理解しやすく整理された文献として以下を参照のこと。①ＪＩＣＡ社会開発部第一グループ　ガバナンス・ジェンダーチーム「ＪＩＣＡにおけるガバナンス支援—民主的な制度づくり、行政機能の向上、法整備支援」調査研究報告書、二〇〇四年一一月。②ＪＩＣＡ「ガバナンス指標の見方」
https://www.jica.go.jp/jica-ri/IFIC_and_JBICI-Studies/jica-ri/publication/archives/jica/field/pdf/200803_aid02_04.pdf
http://gwweb.jica.go.jp/km/FSubject0401.nsf/3b8a2d403517ae4549256f2d002e1dcc/1a7980f7a0459fe2492570f4003fd863/$FILE/表紙%20その他1165KB.pdf

（4）ＯＥＣＤ／ＤＡＣ傘下のGovNetについては、（http://www.oecd.org/dac/accountable-effective-institutions/about-govnet.htm）及び"Accountability and Democratic Governance, Orientations and Principles for Development", OECD/DAC, 2014を参照のこと。

（5）世界銀行のガバナンス指標については次のＨＰを参照。http://info.worldbank.org/governance/wgi/#home

（6）Govnetと関係の深い組織であるThe Effective Institutions Platform, EIPが公的機関の有効性に関する指標を公募したところ、九〇以上の提案があり、その内の三つを推奨している。ＥＩＰについてはHPhttp://www.effectiveinstitutions.org/en/及びhttp://www.effectiveinstitutions.org/en/pillars/4を参照のこと。

（7）Edited by Stephen Browne, UNDP, "Developing Capacity through Technical Cooperation, Country Experiences", Earthscan Publications Ltd., 2002, p.2. 及びCarlos Lopes and Thomas Theisohn, UNDP, "Ownership, Leadership and Transformation, Can we do better for Capacity Development?", Earthscan Publications Ltd., 2003, p.22-p.24.

（8） UNDP, "Capacity Development: Measuring Capacity", 2010, p.2.

（9） Matt Andrews, Lant Pritchett, Michael Woolcock, "Building State Capability, Evidnece, Analysis, Action", Oxford University Press, 2017.

（10） 福田、前掲書、六八頁。

（11） Robert F. Owen, "Governance and Economic Integration: Stakes for Asia", Working Paper Series, No.425, Asian Development Bank Institute, May 2013.

（12） Sustainable Development Solutions Network, "SDGs Index and Dashboards Report 2017, Global Responsibilities, International spillovers in achieving the goals", 2017, http://www.sdgindex.org.

富本幾文

第3章　多地域の世界とインド太平洋（一）
——政策単位としての地域を考える

1　はじめに

インド太平洋という地域概念は、主として安全保障の分野で近年浮上してきたものであるが、トランプ米大統領が二〇一七年一一月に来日の際に、安倍首相の提唱する「自由で開かれたインド太平洋戦略」の実現に協力することで一致したことから、にわかに国際的な脚光を浴びることになった。インド洋と太平洋を結びつける捉え方に政治指導者として初めて言及したのは、二〇〇七年インド国会における安倍首相の「二つの海の交わり」と題する演説であるとされる。[1]そこにおいて、安倍首相は、「太平洋とインド洋は、今や自由の海、繁栄の海として、一つのダイナミックな結合をもたらしてい」るとし、この「拡大アジア」は、「開かれて透明な、ヒトとモノ、資本と知恵が自在に行き来するネットワーク」となると展望している。[2]そこには、安全保障だけではない、経済的、社会文化的な連携が見込まれている。

しかし、そうはいっても、インド洋と太平洋、それぞれの海洋面積は七〇・六〇〇〇万平方キロと一六一・

八〇〇万平方キロ、合わせれば世界の海洋面積の六四・二％を占める広大な海域であり[3]、それぞれの周囲に、定義にもよるが、五二カ国と四八カ国という多数の国が立地し[4]、その人口は世界の人口の七二％を超える。このような広大な領域を、はたして政策的に有意な地域と呼べるのであろうか。また、この全域をカバーするのであろうか。

インド太平洋の地域としての政策的妥当性を検討するにあたっては、政策単位として地域を検討する意義を明確にし、その上でインド太平洋に関わる諸地域における各地域をめぐる政策の展開を把握し、その上でインド太平洋地域の広域地域としての政策的妥当性を検討する必要がある。このため第3章、第4章において、以下の問題を検討する[5]。まず、本章では、こうした地域を理論的に検討する視点として、国際関係論、特に、経済統合や地域協力を政治経済論的に検討するリベラリズムによる地域主義、地域安全保障を検討するイングリッシュ・スクールの議論にまずは注目する。また、近接性の経済的意義についても補足的に考察の対象とする。さらには、国際公共財の提供単位としての地域の視点も必要に応じて言及することになる。

次に第4章では、地域という捉え方についての政策的展開を検討するために、域内主要国として日本、インド、中国を取り上げ、各々がそれぞれどのような視点から外交上近隣地域を見なしてきたかを検討する。各々の国が自らの属する地域を検討する際の基礎として近隣諸国の存在があるからである。その上で、地域安全保障複合体論の視点からアジアを中心とする地域における地域展開を概観する。さらに、地域主義の展開を三つの地域、すなわち、環太平洋、東アジア、インド洋地域について、地域主義の展開を概観するが、次章では、前者二地域までを検討の対象とする。

2　地域への注目

地域への注目は、東西冷戦の終結によって、世界がイデオロギーによって編成される時代を終えた末に現れた。すなわち、諸国家が地域を超えた東西の二極、あるいはそれに非同盟を加えた枠組みに結集した時代が終結したためである。その結果諸国家は、改めて自らの近傍に目を向けることになり、地域が政策単位としてより重要性を増すことになったと考えられる。[6]また、経済の分野では、この時期以降地域協力・統合化の動きが加速する。これは、東西の冷戦終結が、政治経済両面において、地域への注目に大きな影響を与えた結果と考えられる。代表的な例が、ＥＵの東方拡大・統合深化である。また、この時期以降世界貿易機関（ＷＴＯ）に報告された地域貿易協定（Regional Trade Agreement：ＲＴＡ）締結数が著増する。

さらに、ポスト東西冷戦の時代は、急激にグローバリゼーションが進展する世界でもあった。その結果、国境の障壁は次第に低下し、また、一国だけでは対処困難な課題が増大することによって国を超えた取り組みの必要性が高まったのである。すなわち、グローバリゼーションによってもたらされる急激な変動、そしてますます透過性の高まる国境への対処として、その上位の地域、下位の地方の機能を強化することが求められたのである。[7]その一つの方法が、地域統合化であり、地方分権化である。地域統合は、地域的な人や物、資本の移動の自由化であると同時に、対外的にはグローバルな変動への加盟諸国による共同対

図3-1　著増する発効済み地域貿易協定数（WTOへの通報数）

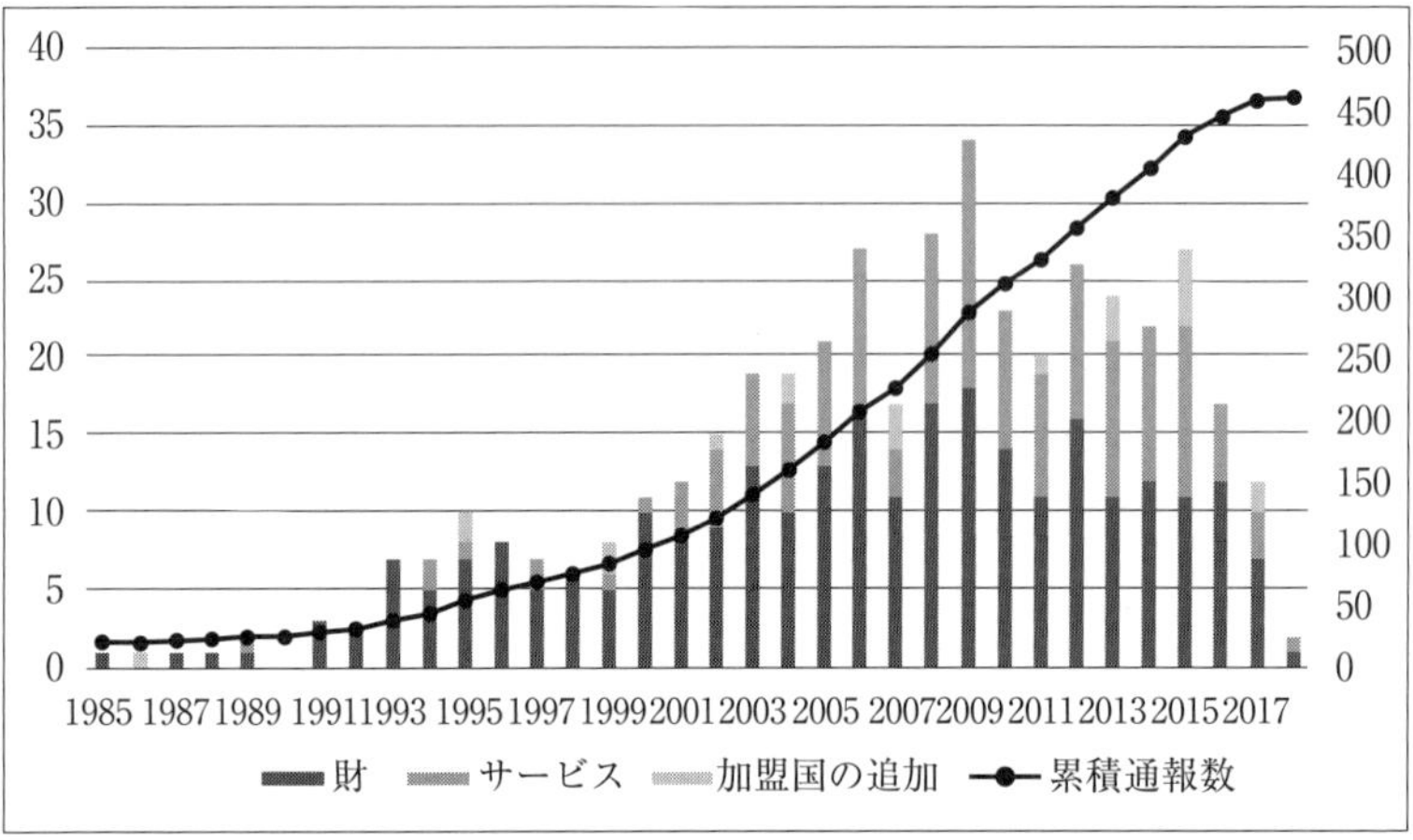

出典：WTOデータベースから筆者作成。

処の側面を有する。[8] 地方分権化は、国境の防護壁機能が低下するのであれば、地方の機能を強化することによって地方は自らを守る強さが求められることによる。また、例えば、公共財がある。公共財は、そのサービスの及ぶ範囲によって、グローバル公共財、地域公共財、国内・国民公共財、地方公共財と区分されうる。国境を超えた課題への対処、それが環境問題であれば、地球温暖化は負のグローバル公共財への対処、東北アジアにおける国境を超えた酸性雨対策であれば負の地域公共財への対処であり、海洋における航海の自由通行がグローバル公共財の確保問題であるとすれば、ソマリア沖の海賊対策はかなり広域ではあるが負の地域公共財への対処と考えられる。地域統合によって、これらのうち、非伝統的安全保障上の諸問題を含む地域公共財への対応が強化されうるのである。

3 地域とは何か

それでは、このように注目されるようになった地域とは何か。こうした地域の定義に関しては、主として国際関係論、中でもリベラリズムの立場から検討がなされているが、例えば、Penpelは、「諸地域とは、物理的、心理的、行動上の特性の流動的、複雑な混合であり、継続的な過程によって再創造、再定義されるもの」[9]、Katzensteinも同様に「政治的な実践によって形成され、また、再形成されるもの」[10]としている。また、Hettneは、「地理的な関係及び相互依存の程度によって結び付けられた限られた数の諸国家」また「全ての地域は、社会的に構築され、政治的に競合するもの」とも述べる[11]。他方、イングリッシュ・スクールのBuzanは「安全保障上の用語としての地域とは、一組の諸国家の間に存在する、安全保障上の関係の特有でかつ重大な（国際システムの）サブシステムであり、それらの国家の運命はお互いの地理的な近接性によって固定されている」とする[12]。

ここでは、地域を検討するために、リベラリズムに代表される地域を地理的・物理的な制約はあるものの可塑性のある、そして競合して地図を描くことが可能なものとして捉える立場とイングリッシュ・スクールのBuzanに代表されるように分析の単位として一定程度固定的と捉える立場の双方を概観するが、それは、一方の観点からだけでは地域の現状を捉えられないと考えるからである。

4 地域主義論の展開

4・1 可塑的な地域

まず、Pempelらに代表される可塑的に捉える立場[13]に注目する。地域が継続的な過程によって再創造、再定義されるものとした場合、その再創造・再定義は、主として地域主義（regionalism）、及び、地域化（regionalization）の過程を通じて行われるとする。Ravenhillは、「地域主義とは、二カ国以上の国家の間の国家間協力の公的な過程」、「地域化とは、所与の地理的な範囲の中で経済的な相互依存が増大すること」とする。[14] Pempelは、地域主義とは、「少なくとも三つの主要な要素からなり、それは、トップダウンのプロセス、公的（通常政府間の）合意を重視、政府間あるいはその代表者による半永久的な構造を含む」。地域化とは、「社会が主導する過程を通じてボトムアップで形成される」、とする。[15] また、Börzel and Risseは、地域主義とは、「少なくとも三カ国間で公的な地域制度・組織を構築し、維持する主として国家主導の過程」、地域化とは、「地理的、あるいは文化的に隣接する諸国家や諸社会の間で経済、政治、社会、あるいは文化の相互作用が増大する過程」とする。[16] 他方、Hurrellは、地域主義は五つのサブカテゴリーに分類されうるとする。その一つとして「地域化」をあげており、地域化を地域主義の一つとする点でユニークであるが、地域化については、「地域内における社会統合の増大及びしばしば方向性の定まらない社会的・経済的相互作用の過程」としており、定義自体は、他の論者とそれほど違いがあるわけではないが、こうした過程によって、国家の枠を超えたアイデンティティーが形成されるとしており、この含意が地域主義に該当すると捉えているものと思われる[17]。

地域主義については、このように国際関係論の分野でこれまでずいぶん検討されてきており、第二次世界大戦後の地域主義の動向を時系列的に旧地域主義（old regionalism）と新地域主義（new regionalism）に区分するのが大宗である。さらに、最近の傾向を新地域主義に続く比較地域主義（comparative regionalism）として区分するようになってきている[18]。これを、Söderbaum（2015）に沿って見てみよう[19]。

4・2　旧地域主義、新地域主義、比較地域主義

旧地域主義は、一九四〇年台後半に西ヨーロッパに出現し、その後開発途上地域に広がったが、欧州では一九七〇年代初頭に、そして次第に開発途上地域でもそのダイナミズムの多くを失っていったとする。欧州では、第二次世界大戦の経験から、国民国家は問題の解決ではなく、問題そのものであるとされ、欧州の平和と安定を目的として地域統合が志向された。地域統合は、政治的アクターが次第にその忠誠心や期待、政治諸活動をこれまでの国民国家の枠を超えた新しい中央に移していく過程とみなされた。しかしながら、一九六〇年代後半から七〇年台前半にかけて、このような考え方は、現実と乖離しているとみなされるようになり、地域統合は、国益と一致する限りにおいてのみ起こりうると指摘されるようになる。

他方、途上国においては、植民地から解放された新興独立国が国家主導の産業化、国づくりを行うために地域統合に注目したとする。例えば、ラテンアメリカでは、国内市場を使い果たした輸入代替工業化戦略を継続するために、拡大された経済空間の創出が求められたものとする。しかしながら、こうした試みは極めて限られた足跡しか残せなかった。アフリカにおいても同様である。こうした試みの根本的な問題

は、八〇年代を通じたネオリベラリズムの強化と途上国の経済政策の自由化を求める構造調整により、世界秩序の文脈においてこの時代の地域主義が政治的に妥当なものとはならなくなったことであるとする。アジアでは、ＡＳＥＡＮがその長期的な持続性から注目されるが、その試みは、国民国家を強固にし、国内の安定を強化するため、そして共産主義に対する安全保障の確保のための共通の試みと考えられる。しかし、そのＡＳＥＡＮも経済的な開発については、当時必ずしもうまくいっていたわけではない。[20]

他方、新地域主義は、一九八〇年代後半の冷戦終結の見通しと一九八五年の「域内市場と単一欧州議定書に関する白書」が欧州の地域統合過程に新しいダイナミズムをもたらしたことに端を発するとする。その上で、「新地域主義とは、……、対外志向でより保護主義的でないタイプの地域主義、スーパーパワーの管理下というよりも地域自身の域内から出現した反覇権主義的なタイプの地域主義、単に貿易や安全保障協力を中心とするものではない、より多面的、多元的、より多様な制度設計を持つ地域主義の出現、そして地域化によって企業や市民社会アクターの重要性が増大したものである」とする。また、こうした新しい地域主義の波は、米ソ二極体制の終結、グローバリゼーションの加速化といった冷戦終結後のグローバルシステム及びそれに関連する構造的な変化に結び付けられる必要があるとする。そしてこうした議論の結果として、本節冒頭で述べたのと同様に、「先験的な地域はなく、地域は、集合的な人的行為とアイデンティティーの形成によって、グローバルな変成過程を通じて、創出され、再創出され、解体されるもの」との考え方が提出される。

なお、Hurrellによれば、地域主義の再浮上、すなわち、新地域主義の最も有力な理論的立場（ネオリベラル制度主義者）によれば、相互依存の水準の高度化によって国際協力に対する増大する需要が生み出され、合理的な利己主義者としての国家は、こうした協力に乗り出すことを厭《いと》わなくなったとし、協力によるレジームは、諸国家が共通する問題を処理するのに有用であるがゆえに生み出されるのであって、国家を超える権威の創出を意図しているわけではないとする。[21]

また、多数の論者が指摘するように、この時期の地域主義は、開かれた地域主義（open regionalism）と特色づけられることも多い。[22] ＡＰＥＣの賢人会議は、開かれた地域主義を、「ＡＰＥＣのイニシアチブによる自由貿易・投資が、ＡＰＥＣ加盟国の地理的な境界を超えて広がること」[23]とし、Higgottはこれを「グローバリゼーションの時代におけるネオリベラル・ヘゲモニーのアジア太平洋への拡張」とする。しかし、アジア太平洋だけでなく、Fawnは、国連ラテンアメリカ経済委員会（ＥＣＬＡ）においても開かれた地域主義を新規に採用したとする。[24] また、Katzensteinは、必ずしも経済面だけを指しているわけではないが、このような状態を帝国アメリカの下での多孔性地域（porous region）と呼んだ。[25]

一方、比較地域主義は、二一世紀になってから、あるいは、二〇〇〇年代半ば以降の傾向であるとされ、新旧地域主義との対比によってその特色を述べれば、地域や地域主義の重要性に異議を唱えることはますます困難になっており、地域主義は、グローバル政治の構造的な構成要素、すなわち世界秩序を構成する要素となったとも言えるのではないかとする。そして、Fawnを引用して、「地域は、今や世界中のどこにもあり、貿易から紛争管理に至るまで世界情勢のすべての側面の機能にとって、ますます根本的なものとなってきている」と結論づける。[26] また、世界秩序の文脈の違いが、新地域主義と旧地域主義に違いをもたらしたように、比較地域主義と新地域主義の違いをも世界秩序の文脈において理解する必要があるとし、比較地域主義は、多様なかつ矛盾する傾向や過程によって特徴付けられる世界秩序によって形成されているとする。多極化、テロとの戦い、ＢＲＩＣＳやその他の新興国の出現、繰り返される金融危機、多層的な世界秩序などが前期との違いとして挙げられている。

4・3　グローバリズムから多地域の世界へ

Söderbaumは、比較地域主義の時期になると、地域主義の指し示すものがさらに多様化すると述べており、このため、こうした多様性を考慮して、この時期区分の世界秩序の特色を並列に述べるにとどめているように思われる。しかし、例えば、Riggirozzi and Tussieは、もっと直截的であり、「かつてのアメリカ主導の市場中心主義的な開かれた地域主義によって擁護されたものとは異なるルールに基づく地域合意をどのように理論化すればいいのか」と問う。さらに、「貿易がネオリベラルの原理を伝達するメカニズムであることを終えた時代の新しい地域ガバナンスを我々はどの程度識別できるのであろうか」とする。[27]

Acharyaは、これまでは地域統合を主眼とする地域主義であったが、それは優れて西欧の経験を重視するものであった。しかし、比較地域主義の時代は、それ以外の多くの地域の経験に依拠しており、地域統合というよりは地域協力という考え方を志向するとする。[28]

Riggirozzi and TussieやAcharyaがこのように述べるのは、彼らの抱く比較地域主義の背景にある世界秩序の文脈の変容に基づくものである。すなわち、ポスト・アメリカン・ヘゲモニーの時代は地域が主導する世界であるとする考え方である。Acharyaは、アメリカによる一極体制の終焉が始まっていることについては、もはやあまり論争は無いであろうとし、それが、世界秩序の移行を促す、そして移行後の世界を「regional worlds」[29]（多地域世界）とする。Acharyaによれば、地域世界とは安全保障を中核とする地域秩序、経済面を捉える地域化、政治面の地域主義の三つの次元からなる。なお、この地域世界という概念自体はより普遍的な概念であり、アメリカ覇権下においても存在したが、上記のいずれの次元ともヘゲモンであるアメリカによって形づけられていたものであり、また、地域の境界線自体もアメリカによって決められていたとする。そして、ポスト・アメリカン・ヘゲモニーの時代は、多極世界というよりは、地域極世界（regiopolarity）であるとする[30]。

Buzanは、アメリカのみならず、超大国自体がいなくなるであろうとし、その後の世界は、地域化された世界秩序（regionalized world order）になるとする。それは、物質的には、アメリカへの不自然な力の集中は次第に失われ、各国間の力の配分がより均質化するであろうこと、また、社会的には、極めて強い反覇権主義の存在によって力の分散が図られるであろうこと、さらには、グローバリゼーションからの部分的な後退が生ずる可能性が極めて強いことにより、政治的、経済的、そして文化的に適当な線に沿って地域化が起こる機が熟しているとする[31]。

同様にGゼロを唱えるBremmerも、Gゼロ後にくる世界で、最もありうるシナリオは、多地域の世界（world of regions）とする。なぜならば、その世界では、大国は相互に妥協する必要がなく、グローバルな問題解決の義務を負う必要もない。さらには、世界がすでにその方向に向かっているからであるとする[32]。

Katzensteinが二〇〇〇年代はじめにworld of regionsと地域の位置付けの重要性を訴えた際には、帝国アメリカの下での開かれた地域によるworld of regionsであったが、上記に示されているのは、超大国アメリカのいない、ネオリベラルな政治経済原理がもはや必ずしも信奉されない多地域による世界という考えである。

一方、Ikenberryは、リベラルな国際秩序自体は広範な支持があるのでこの秩序自体をめぐる争いの引き金は引かれていないとしつつも[33]、この地域（東アジア）は、ポストへゲモニーの秩序に動き始めており、次第に勢力均衡的な打算と論理によって規定されるようになってきている。さらには、もう一つの移行も進んでおり、地域的な同盟や大国政治のための地政学的な活動の場が拡大しているとする[34]。その上で、東アジアはもはや自立した地域ではなく、また、下位地域でもないとし、インド、オーストラリア、アメリ

カを含むアジアあるいはアジア太平洋が政治経済のための地理的な広がりであるとする。(35)

Ikenberryは、さらに、東アジアにおいては、二重のヒエラルキーが出現していると捉える。一つは、アメリカが支配的な安全保障上のヒエラルキー、他方、中国がアジアの経済的中心になったとする。こうした二重のヒエラルキーは、過去の地域さらには世界秩序において例がないとするのである。(36)

4・4 二つのアジアの問題

このように、東アジアに、「二重のヒエラルキー」が成立しているかどうかは、さらに検討の余地があると思われるが、東アジアが、安全保障面と経済面で異なった地域秩序に直面しているとする捉え方は、二つのアジアの問題としてこれまでも認識されてきた。Feigenbaum and Manningは、アジアには、経済のアジア（economic Asia）と安全保障のアジア（security Asia）があり、前者はダイナミックで統合されたアジアであるのに対して、後者は不信を抱く諸国による機能しない地域であるとする。すなわち、現在のアジアにおいては、経済と安全保障が、もはや全く同じ方向に働かず、ほぼ不一致であるとする。(37)白石は、これを海のアジアと陸のアジアの境界線が経済と安全保障で異なることによる地域システムの緊張と表現した。(38)すなわち、経済の海のアジアには中国、特に沿海部が不可欠の一部として含まれるが、安全保障の海のアジアの境界線はそうではない。これは、アジア特有の問題であり、例えば、ヨーロッパの場合、EUとNATOの境界線はほぼ重なり合う、また、北米も経済統合の境界線と安全保障に齟齬はない。これがゆえにAraseは、東アジアの地域機構制度は強固な基礎を築けていないとした。(39)

すなわち、地域経済統合などの現象を主対象とするリベラリズム、あるいは、政治経済論的な立場からの地域主義的な考え方だけでは、二つのアジアの問題を抱えるこの地域における地域とは何かをうまく説明できないように思われるのである。

リベラリズムが主対象とする地域統合・協力は、対象とする経済的相互依存が後述する生産・流通ネットワークを除いて地理的近接性に比較的拘泥されないので、どうしても地域の輪郭が曖昧になる。また、アジアでは未だナショナリズムが強く、Acharyaも指摘したように地域統合というよりは地域協力であろう。このため、地域主義として多数の地域枠組みについてのアイデアが並立、競合しうる。しかしながら、どの国が地域協力の対象に含まれるかどうかだけではなく、含まれない国を含めて安全保障化の対象となる重大な利害関係によって固定される地域という考え方に基づく検討があわせて必要と考えられるのである。以下に述べるBuzanの考え方が示唆的である。それは、安全保障面を考える安全保障複合体論と地域主義的な考え方と近接するアイデアである地域国際社会論の双方を合わせて考えることを提唱する。しかし、その考察の前に、国際関係論における地域主義との関係性が強い、経済的な地域主義についてまず検討し、その後にBuzanの考え方を検討する。

5　経済的地域主義

一般に、グローバリゼーションの大幅な進展によって、もはや「距離は死んだ」、「World is flat」などと言われるようになってきていることは、よく知られている。[40]

しかしながら、ほとんどの貿易財は、未だに距離によって大きな影響を受けており、様々な実証的研究によって、距離と貿易量は逆相関にあり、負の相関係数は最近になるほど小さくなってきているものの依然として距離が遠くなるほど貿易量は減ることが確かめられている。[41] また、知識の普及も距離に影響を受ける。Kellerは、ＯＥＣＤ諸国を対象とした分析において、主要諸国の研究開発費の他国の生産性改善への貢献は両国間の距離に反比例するとした。[42] また、Bravo-Ortega等は、同じ地域内（世銀の地域分類での）の特許の蓄積は域内国の特許の蓄積に正の効果があるのに対し、残りの世界からのスピルオーバーは負となりうることを示した。[43]

さらに、Bown等は、ある国の長期の成長率は、取り囲む近隣諸国の成長率と強い正の相関があり、また、当該国の成長は、近隣諸国の規模と一人当たり所得と正の相関関係にあることを示した。また、同じ著者らは、距離が近くなるほど、二つの国のビジネスサイクルが同じ局面を経験する可能性が高くなることも示している。さらに、ある国の一人当たりＧＤＰ成長の変動を説明する要因としては、地域要因の方がグローバルな要因より大きく、かつ、その重要性は近年さらに拡大しているとする。[44]

他方、Chauvet等は、失敗国家[45]が近隣にあった場合の効果を試算し、失敗国家の直近の近隣国はその成長率を〇・六％減少させ、直近の近隣国に接する国は〇・二％の損失、さらにその近隣国は〇・一％減少するとした。[46] また、MurdochとSandlerは、ある国における内戦の近隣国の成長に及ぼす負の影響は八〇〇キロメートル圏にある近隣国にまで及ぶとしている。[47]

このように近隣国あるいは自らの所属する地域は、当該国の経済にとって大きな影響を及ぼす。さらに、Baldwinは、二〇世紀の地域主義と二一世紀の地域主義を区別し、二一世紀の地域主義はより深い域内連携を必要とするとする。[48]

ここでいう二〇世紀の地域主義、すなわち、二〇世紀の地域貿易協定（ＲＴＡｓ）は、国境での貿易障壁、特に、特恵関税及び関連諸規則（原産地規制等）に関するもの。他方、二一世紀の地域主義は、深化したＲＴＡｓのみならず、先進国からの投資を引きつけようとする二国間投資協定、工場の移転を引きつけようとする途上国の自主的政策改革からなる。

Baldwinは、この区別は、グローバリゼーションの二つの「分離化（unbundling）」によるとする。[49]第一の「分離化」は、鉄道と蒸気機関が輸送費用を急激に引き下げたことによって、生産と消費が地理的に「分離化」可能となったことによる。いわばこれによって、産業間分業が国際的に可能になったのである。しかしながら、八〇年代半ば以降になると通信費用の低下と確実性の増加、インターネットや光ファイバー網の発達により長距離情報共有が革命的に発達し、一国の一地方内での集約化を必要とした生産過程間の調整は、国際的に展開することが可能となり、グローバリゼーションの第二の「分離化」が可能になったとする。

すなわち、それまでは国内で集約化されていた生産過程が国際的に分散可能となることによる国際的な生産工程間分業である。このように部品やコンポーネントが頻繁に国境を越えてやりとりされるようになると国際通商はより複雑化する。このため、内国規定に踏み込んだ改革が必要となる。こうした第二の「分離化」は、まずは先進国間で生じたが、次第に途上国をも巻き込むようになり、二〇〇〇年までに途上国東アジア諸国間の中間財貿易が顕著な現象となったとし、東アジアにおいてもより深化したＲＴＡｓが締結されるようになったとする。

このように第二の「分離化」は、第一の「分離化」の中心であった双方の市場アクセスに関わる関税などの関連規則制度だけでなく、より踏み込んだ内国規制改革が必要となり、知的所有権や競争政策、投資保証など加盟国間でより質の高い規則が共有されることを求めることになる。

第二の「分離化」によって、部品やパーツなどの中間財は、生産過程において頻繁に国境を超えてやり取りされることになるが、こうした部品やパーツの国境を超えた頻繁な移動は、輸送諸費用に敏感であることが示されている[(50)]。このことは、国際的に分散可能であるとしても、工程間分業のサプライ・チェーンは、距離的に一定程度近接することが求められることを意味しよう。すなわち、工程間分業のための産業立地の検討に際しては、地理的近接性にある国がまずは候補地となると考えられる。

木村等は、この第二の「分離化」後の分業の形を国際的生産・流通ネットワークとし[(51)]、部品、コンポーネント数が極めて多く、これ等が域内で頻繁に取引される機械産業（電気機器や輸送機械など）が主導する東アジアの生産・流通ネットワークが世界で最も先進的であるとする[(52)]。すなわち、部品やパーツのやりとりが頻繁な生産・流通ネットワークは、東アジアという限られた地域に凝縮して形成されており、最終財の貿易を中心とする場合と比べて地理的凝縮力が高いものと考えられるのである。

一九八五年のプラザ合意以降の日本の東アジアへの直接投資、一九九〇年代のアジアＮＩＥＳによる直接投資、これ等と華僑の地域ネットワークなどが相まって、まずは地域化として知られる過程によって形成された企業主導による地域ネットワークは、次第により高度なネットワークとなるために国家が主導する21世紀の地域主義を必要とするようになったのである。すなわち、経済的にみれば、貿易一般の必要性のみならず、地理的近接性を必要とする生産・流通ネットワークに所属する諸国が相互に内的規制などを引き下げ、地域として発展することを指向する状態が東アジアにおける経済面での地域主義と考えられるのである。

6 地域安全保障と地域国際社会—イングリッシュ・スクールの立場から

次に、地域を安全保障上の重要な相互関係から一定程度メンバーが固定されると捉えるBuzanらを考察するが、Buzanは、現代の地域を考えるにあたっては、地域安全保障論のみならず二つの理論的視点をブレンドさせて考えることを提唱する。それは、地域形成の戦略的な側面を主要な対象とする地域安全保障複合体理論と社会政治的な側面を主対象とする国際社会論の地域への適用である[53]。地域安全保障複合体は、「安全保障化[54]、脱安全保障化、あるいはその双方の主要な過程が極めて密接に結びついているため、お互いを抜きにしては安全保障問題が、合理的に分析され、解決されえないひと組みの諸単位」とされ、この場合の諸単位とは、主として国家であるが、非国家アクターも含みうるとする、また、対象とするセクターも軍事だけでなく、そのセクター（経済、環境等）が当該国にとって実存的な脅威の対象と見なされるのであれば、対象となる[55]。

次に、Buzanの言う国際社会とは、「国家間の共有された利益とアイデンティティーの制度化及び当該諸国間で共有された規範、ルール、制度の創出と維持」と定義され[56]、相互作用を仲介するルールや制度がある点で国際システムの発展系であるとされる[57]。そして、Buzanは、地域安全保障複合体の境界線は、いくらか正確に地図に落とし込めるが、地域国際社会（regional international society）の境界線は、より曖昧であり、多義的であるとする[58]。地域国際社会論は、政治経済を含む社会を対象とする点でより包括的であるが、地域主義やレジーム論に近接する概念であると考えられる。[59]

Buzanの言う安全保障複合体論による地域は、上記のとおり、一定程度地理的に固定された地域であるが、地域の境界については、「地域間の境界は、ほとんどの場合、相互関係が弱まる地帯、それは、両地域に面し、この困難な位置付けの責務を負うが、二つの世界を統合するに十分な強さを持たない絶縁体の存在によって地理的に決定される。」[60]とする。しかし、同時に、一旦地域ごとに形成された地域安全保障複合体も、その発展形態として、現状維持、対内的変容、対外的変容がありうるとし、対外的な変容として、対外境界の縮小・拡大、複数のRSC（地域安全保障複合体：Regional Security Complex）の統合もありうるとする。[61]すなわち、それまで独立したRSCであった東北アジアと東南アジアが東アジアとして統合されるのは、一九九四年のASEAN地域フォーラム（ARF）の開始、一九九五年のベトナムのASEAN加盟によってであるとする。[62]一九九一年のカンボジア合意後に国際社会に復帰したベトナムが東アジアを結合する際の絶縁体であったとみなす。

そして、RSC自体の基本的な構造として、四つの構成要素をあげる。地域の境界、独立した諸単位（国家）からなるアナーキーな構造、諸単位間の力の分配を表す極性（一極なのか多極なのか）、そして、諸単位間の友好と敵対のパターンによって示される（地域の）社会的な構造、である。[63]このうち、地域の境界を所与とし、さらには、現代の地域は基本的に主権国家によって構成されていることからアナーキー（超国家は存在しない）であることを所与とすれば、RSCのタイプの違いは、極性の違いとして一極なのか多極なのかの状態、そして、友好と敵対のパターンの違いとしてのconflict formation（対立形態）、security regime（安全保障レジーム）、security community（安全保障共同体）のいずれに分類されるかによって区分することができるとする。[64]なお、この後者の友好と敵対のパターンは、必ずしも力の配分からだけでは導き得ない、歴史やイデオロギー、民族関係などから生ずるものとし、一度人々の間で歴史的な性質を帯びると極めて永続性のあるものになるとする[65]。

そして、conflict formationとは、「敵対関係が支配的な状態」、security regimeは、「一群の諸国が安全保障ディレンマの抑制を追求することによってお互いの論争を管理し、戦争を防ぐために協力する」こと、security communityとは、「すべてのメンバーの論争は、恐怖や政治的な襲撃や軍事的な攻撃無しに解決される」とする[66]。

他方、国際社会論アプローチは、諸国家が一定程度の（国家間の）社会秩序を創出することへの関心に関するものであり、国際社会を形成するインセンティブは、無制約の紛争の恐怖からか、あるいは、そうでない場合には、一定程度の国際社会秩序を要するその他の活動、例えば、貿易の課題を達成しようとする欲求からのものであるとする[67]。

地域安全保障複合体論では、その敵対と友好のパターンから三つのタイプを区分したが、地域国際社会論では、地域国際社会のあるなし、ある場合には、社会としての統合度に応じて四つのタイプを区分する[68]。

power political（力による政治）：主として敵対的な国際社会であり、価値観は必ずしも共有されず、地域の多国間制度は最低限であり、主に戦争、認知、外交に関する諸ルールに限られる。

coexistence（共存）：近代ヨーロッパのウェストファリア・システム類似の社会であり、核となる地域制度は、勢力均衡、主権、領土性、外交、大国管理、戦争及び国際法となる。

co-operative（協力的）：coexistenceと次のconvergenceの中間の形態。coexistenceよりは十分に統合度が増大するがその形態はどのタイプの価値観がどのように共有されるかによって多様であるとする。

convergence（収斂）：本質的に十分な価値の共有が行われており、類似の政治的、法的、経済的な体制が域内国家において採用されている。

このように考えれば、安全保障上の三分類、経済を含む社会論の観点から四分類で三掛ける四のマトリックスで安全保障と経済の両面を考えて地域を位置付けられることとなる。ちなみに、Buzanは、東アジアについては、地域安全保障複合体論の観点からは、conflict formationからsecurity regimeに移行しつつある、地域国際社会論の観点からは、coexistenceとco-operativeの混在した状態との認識を示しているが、二つのアジアの問題が存在する以上この評価は妥当とされるであろう。ただし、地域のこうした捉え方は、研究の途上であり、未だ十分に詳細を示すことはできないとしている。(69)

注

（1）Chacko, Priya (2016), "Introduction," in Chacko, Priya ed. (2016), "New Regional Geopolitics in the Indo-Pacific: Drivers, Dynamics and Consequences," Routledge Contemporary Asia Series, Routledge.

（2）安倍晋三「二つの海の交わり」インド国会における安倍総理大臣演説、二〇〇七年八月二二日。

（3）National Centers for Environmental Information of USA, "Volumes of the World's Oceans from ETOPO1,"

（4）インド洋地域の定義については後継書拙稿を参照。

（5）本章は、もともと三部作として執筆された論考の第一部をなす。そして、次章がその第二部にあたる。しかし、第三部については、紙幅の関係で本書の後継書に掲載されることになった。第三部は、「多地域の世界とインド太平洋　新たな地図はどう描かれるのか」であり、この第三部においては、第二部でのインド太平洋における地域形成の系譜として環太平洋と東アジアの地域主義の考察を行ったことに引き続き、インド洋地域主義の可能性を検討し、その上でインド太平洋の地域としての政策的妥当性を考察する。そして、結論を導いているのである。このため、本書での考察は、インド太平洋を地域として考える前段階の議論を主といて展開しているため、懸案のインド太平洋については間接的にしか触れていない。伏してご容赦を願うところである。このため、少しでも読者の便宜を図るため、次章の最後に「おわりに」の項を設け、第三部での論考の概要を示すことにする。

（6）Katzenstein, Peter J.（2005）, "A World of Regions Asia and Europe in the American Imperium," Cornel University Press、Buzan, Barry and Ole Wæver（2003）, "Regions and Powers The Structure of International Security," Cambridge University Press.

（7）ここでは、複数の国にまたがる領域を地域と呼び、国内の一部分の領域を地方と呼ぶ。

（8）例えば、Hettne は、地域統合は、グローバリゼーションの促進要因であると同時にそうした過程への政治的な反作用でもあるとする。Hettne, Bjorn（2005）, "Beyond the 'New' Regionalism," New Political Economy, Vol. 10, No. 4

（9）Pempel, T. J.（2005）, "Introduction: Emerging Webs of Regional Connectedness," in Pempel（ed.）Remapping east Asia The construction of a region, Cornel University Press.

（10）Katzenstein（2005）.

（11）Hettne（2005）.

（12）Buzan, Barry（1991）, "People, states & fear an agenda for international security studies in the post-cold war era," Harvester Wheatsheaf. ただし、カッコ内は筆者による付加。

（13）それまでの議論が地理的に固定された領域を所与として立論されていたのに対し、一九八〇年代後半以降の新地域主義論では能動的な過程として捉えられるようになったとされる。Hettne（2005）、Söderbaum, Fredrik（2015）,

"Early, Old, New and Comparative Regionalism: The Scholarly Development of the Field," KFG Working Paper No. 64.

（14） Ravenhill, John (2014), "Regional Trade Agreements," chapter 6 in Ravenhill ed. Global Political Economy 4th edition, Oxford University Press.

（15） Pempel (2005).

（16） Börzel, Tanja A. and Thomas Risse (2016), "Introduction," in Börzel and Risse eds. The Oxford Handbook of Comparative Regionalism, OUP Oxford.

（17） Hurrell, Andrew (1995), "Regionalism in Theoretical Perspective," chapter 3 in Fawcett, Louise and Hurrell eds. Regionalism in World Politics, Oxford University Press.

（18） Söderbaum (2015)、Hettne (2015)、Riggirozzi, Pía and Diana Tussie (2012), "The Rise of Post-Hegemonic Regionalism in Latin America," chapter 1 in P. Riggirozzi, D. Tussie (eds.), The Rise of Post-hegemonic Regionalism, United Nations University Series on Regionalism 4, Springerなど参照。

（19） 以下の項の三つの地域主義の説明については、他の引用先を示さない限りSöderbaum (2015) の要約である。

（20） ＡＳＥＡＮは、一九七〇年代後半から八〇年代前半にかけて国連の提言をもとに「集団的輸入代替重化学工業化戦略」を採用したが、域内諸国の利害対立などにより挫折に終わっている。清水一史「世界経済の構造変化とＡＳＥＡＮ」『経済学研究』58-3、北海道大学、二〇〇八年など参照。

（21） Hurrell (1995).

（22） Hurrell (1995)、Fawn, Rick (2009), "'Regions' and Their Study: Wherefrom, What For and Where to?," Review of International Studies 35/S1, 5-34、Higgott, Richard (1997), "De Facto and De Jure Regionalism: The Double

"Discourse of Regionalism in the Asia Pacific," Global Society Vol. 11, No. 2など参照。

（23）APEC (1994), "Achieving the APEC Vision: Free and Open Trade in the Asia Pacific," Second Report of the Eminent Persons Group.

（24）Fawn（2009）、ECLAC（Economic Commission for Latin America and the Caribbean）（1994), "Open Regionalism in Latin America and the Caribbean: Economic Integration as a Contribution to Changing Production Patterns with Social Equity," United Nations, ECLAC.

（25）Katzenstein（2005).

（26）Fawn（2009).

（27）Riggirozzi and Tussie（2012).

（28）Acharya, Amitav（2013), "Comparative regionalism: A field Whose Time Has Come?," chapter 1 in Lorenzo Fioramonti (ed), Regionalism in a Changing World, Routledge. なお、同論文でAcharyaは、統合は、主権の損失を含意するが、協力はそうではないとする。

（29）下線による強調は筆者。

（30）Acharya, Amitav（2008), "Regional Worlds in a Post-Hegemonic Era," Keynote Speech, 3rd GARNET Annual Conference.

（31）Buzan, Barry（2011 B), "The Inaugural Kenneth N. Waltz Annual Lecture A World Order Without Superpowers: Decentred Globalism," International Relations 25: 3.

（32）Bremmer, Ian（2012), "Every nation for itself: winners and losers in a G-zero world," Portfolio Penguin.

（33）Ikenberry, G. John（2015), "The Future of Liberal World Order," Japanese Journal of Political Science 16 (3),

450–455.

（34） Ikenberry, G. John (2014), “From Hegemony to the Balance of Power: The Rise of China and American Grand Strategy in East Asia,” International Journal of Korean Unification Studies Vol. 23, No. 2, 2014, 41–63. ただし、括弧内は筆者注。

（35） Ikenberry (2014).

（36） Ikenberry, G. John (2016), “Between the Eagle and the Dragon: America, China, and Middle State Strategies in East Asia,” POLITICAL SCIENCE QUARTERLY Volume 131 Number 1 2016.

（37） Feigenbaum, Evan A. and Robert A. Manning(2012), “A Tale of Two Asias In the battle for Asia's soul, which side will win -- security or economics,” October 31, Foreign Policy.

（38） 白石隆『海洋アジア vs.大陸アジア 日本の国家戦略を考える』ミネルヴァ書房、二〇一六年。

（39） Arase, David (2013), “East Asian Regionalism at a Crossroads,”『国際基督教大学学報 社会科学ジャーナル75』。

（40） Bown, Chad P., Daniel Lederman, Samuel Pienknagura, and Raymond Robertson (2017),“Better Neighbors-Toward a Renewal of Economic Integration in Latin America.” The World Bank.

（41） Kimura, Fukunari (2006), “International Production and Distribution Networks in East Asia: Eighteen Facts, Mechanics, and Policy Implications,” Asian Economic Policy Review (2006) 1, World Bank (2009), “World Development Report 2009 Reshaping Economic Geography,” Athukorala, Prema-chandra (2010), “Production Networks and Trade Patterns in East Asia: Regionalization or Globalization?,” Working Paper Series on Regional Economic Integration No. 56, August 2010, Asian Development Bank など。

（42） Keller, Wolfgang (2002), “Geographic Localization of International Technology Diffusion,” The American

Economic Review, Vol. 92, No. 1 (Mar., 2002).

（43）Bravo-Ortega, Claudio, Ana P. Cusolito and Daniel Lederman（2016）, "Faraway or Nearby? Domestic and International Spillovers in Patenting and Product Innovation," Policy Research Working Paper 7828, The World Bank.

（44）Bown等（2017）.

（45）Chauvet等によれば、平均すると近隣国の三三%は、失敗国家であり、そのうち、二六%は戦争中ではない失敗国家、七%は戦争中の失敗国家であるとする。Chauvet, Lisa, Paul Collier, and Anke Hoeffler（2007）, "The Cost of Failing States and the Limits to Sovereignty," Research Paper No. 2007/30, UNU-WIDER.

（46）Chauvet, Collier and Hoeffler（2007）.

（47）Murdoch, J. C., and T. Sandler（2004）. 'Civil Wars and Economic Growth: Spatial Dispersion'. American Journal of Political Science, 48（1）.

（48）Baldwin, Richard（2014）, "MULTILATERALISING 21ST CENTURY REGIONALISM," GLOBAL FORUM ON TRADE RECONCILING REGIONALISM AND MULTILATERALISM IN A POST-BALI WORLD, OECD CONFERENCE CENTRE, PARIS 11-12（a.m.）February, 2014, OECD.

（49）Baldwin, Richard（2011）, "21st century regionalism: Filling the gap between 21st century trade and 20th century trade rules," WTO Staff Working Paper, No. ERSD-2011-08.

（50）World Bank（2009）, Athukorala（2010）.

（51）木村等は、国際的生産・流通ネットワークとは、「生産過程・タスク単位の国際分業」であると位置付けている。木村福成、大久保敏弘、安藤光代、松浦寿幸、早川和伸『東アジア生産ネットワークと経済統合』慶應義塾大学出版会、二〇一六年。

（52）木村福成他、二〇一六年。

（53）Buzan, Barry（2012 A), "How regions were made, and the legacies for world politics: an English school reconnaissance," Chapter 2 in T.V. Paul（ed.）International Relation Theory and Regional Transformation, Cambridge University Press.

（54）安全保障化（securitization）とは、「実存的な脅威、すなわち、緊急の方策を必要とし、通常の一連の政治的な手続き外の行動を正当化するものとして当該課題が提起されること」Buzan, Barry, Ole Wæver and Jaap de Wilde（1998), "Security A New Framwork for Analysis," Lynne Rienner Publishers.

（55）Buzan and Wæver（2003).

（56）Buzan（2012).

（57）Glossary, Buzan, Barry and Yongjin Zhang（eds.）Contesting International Society in East Asia, 2014, Cambridge University Press.

（58）Buzan（2012). Buzan and Wæver（2003）では、「近接性が安全保障上の相互作用を増加させるが、経済部門においては必ずしも整合的でない」としており、経済の方が距離の制約を受けにくい点を念頭に置いているものと思われる。

（59）Yoshimatsu, Hidetaka（1998), "Regime, International Society, and Regional Cooperation in East Asia," Pacific Focus, Vol.XIII,No.2（Fall 1998),103-124, Buzan, Barry（1993), "From International System to International Society: Structural Realism and Regime Theory Meet the English School," International Organization, Vol. 47, No. 3（Summer, 1993), Yongjin Zhang and Federico Merke, Regions in International Society The English School at the Sub-Global Level, 2014, Masaryk University.

(60) Buzan and Wæver (2003).

(61) Buzan and Wæver (2003).

(62) Buzan (2003).

(63) Buzan and Wæver (2003).

(64) Buzan and Wæver (2003).

(65) Buzan, Barry (1991), "People, states & fear an agenda for international security studies in the post-cold war era," Harvester Wheatsheaf. そして永続性の例として、日韓や、ギリシャとトルコ、ポーランドとロシアなどの関係を例にあげる。

(66) Buzan (1991) なお、この文献では、Buzan and Wæver (2003) では言及していないが、この三つのパターンの他に、敵対の最たるものとして、カオスを上げ、このパターンの元では、すべての相互関係が敵対的であるとしている。

(67) Buzan (2012).

(68) Buzan (2012) 及び Glossary, in Buzan and Zhang (2014).

(69) Buzan (2012).

大岩隆明

第4章　多地域の世界とインド太平洋（二）
——インド太平洋における地域形成の系譜

1　はじめに

本章では、前章での地域に関する理論的な展開を念頭に置きつつ、より具体的にアジア太平洋ないしはインド太平洋を中心とする地域において、地域という考え方を巡って、どのような具体的な展開があったのか、その系譜を域内主要国による地域・近隣への認識の展開、安全保障複合体論の観点から見た地域の展開、地域主義論的視点による地域形成と展開を順次検討する。

2 日印中における近隣国認識の展開

2・1　外交上の近隣国の位置付け

まず、主要国の地域認識を取り上げるわけであるが、安全保障化を発動するのはこれら諸国家であり、言わずもがなであるが、近隣国は、地理的に直近にあるために、政治、経済、社会、文化、環境、安全保障上直接的に多大な影響を相互に及ぼすことになるため、その関係は重要とならざるを得ない。しかしながら、必ずしも、近隣国が各国の政策対応の常に上位にあったわけではない。ここでは、域内の大国とも目される日本、インド、中国に注目し、各国が外交上近隣国・地域をどのように捉えられてきたのか、見て行くことにする。

まずは、日本であるが、日本については、外務省『外交青書』（各年版）に現れる近隣諸国をめぐる言説に主として注目する。

2・2　日本における近隣認識の展開

（1）　交差するアジアとアジア太平洋

『外交青書』はその第一号が一九五七年に発刊されているが、同号においては、外交活動の三原則として、「国際連合中心」、「自由主義諸国との協調」及び「アジアの一員としての立場の堅持」の三大原則が提示されている。また、当面の重要課題として、「アジア諸国との善隣友好、経済外交、対米関係調整の三問題」を挙げ、「アジア諸国との関係については、わが国が地理的に同じ地域に属するというだけではなく、人種的、文化的親近感につながる強い心理的紐帯があるのであって、前述の「アジアの一員」との原則もここに出ずるものでありわが国としてこれら諸国との善隣友好関係を進めることが当面の第一の重要課題」と言及しており、日本の近隣とはアジアであるとの認識が見られ、さらにはこの近隣国問題が第一の重要課題と位置付けられているのである。しかし、一九五九年版以降外交の三原則は明示されない、ただし、アジアに位置する、あるいはアジアの一員との立場は以降随時各号に見られる。

また、『外交青書』各号は、基本的に、その前年の国際情勢と外交の展開を概観し、今後の外交の基本方針を述べる部分と地域別国別の外交関係を詳述する部分からなるが、一九六三年版では、この地域別国別の部分に大洋州の項が新設され、大洋州地域がアジアと北米の間に挿入されるようになった[1]。また、一九六八年版はこの地域別国別の部分に「アジア・太平洋」の項が新設され、その後に「アジア地域」、「大洋州地域」との記載が見られる。しかし、翌年版では再び、アジア・太平洋の項がなくなり、アジア地域、大洋州地域のみの記載に戻る。

次に、一九七五年版では、「わが外交の基本的課題」と題する章において、「まず第一に、……北米、西欧及び大洋州諸地域の西側諸国との伝統的友好協力関係を維持発展させることが基本的に重要」、「次に，近隣のアジアの諸国との間に存在する伝統的友好協力関係を一層進めることが重要である。わが国の安全と円滑な海外活動の展開のためには身近な東アジアの諸国との関係をわが国は特に重視」[2]とあり、近隣国よりも西側との結束を重視する見解が見られる。また、近隣をアジア、直近の近隣を東アジアとみなすかのような表現となっている。

近隣の範囲に変更が見られたのが、一九七六年版である。同号の第一部第3章「わが外交の基本的課題」「アジア・太平洋地域の安定と発展への貢献」の項で初めて、アジアに代わり、「アジア・太平洋地域の一員」という記載がなされており、この部分では、「わが国と地理的に至近の関係にある東アジア地域は，わが国の安全にとつて最大の重要性を有し」とされ、東アジアの特別の重要性に言及のほか、ソ連との関係、さらには、「同じ太平洋に位置する先進民主主義国である米、加、豪、ニュージーランドとの緊密な協力が重要」との指摘、さらには、「インド亜大陸の諸国はわが国にとって同じアジアの友邦」とも言及し、このアジア・太平洋地域が、従来の地理的区分にこだわらず環太平洋と南アジアを含む、わが国にとって安全保障上、経済上重要な範囲を特別に指し示すべく設定したことがうかがわれる。しかしながら、地域別国別の部分では以前と同様、アジア地域、大洋州地域と区別して記載されている。一九六〇年代後半のアジア・太平洋、太平洋圏構想に続く、アジア太平洋圏構想の次の画期は、一九八〇年の大平首相による「環太平洋連帯構想」とされるが、以上のような一九七六年におけるアジア・太平洋への言及は、一九八〇年以前にその方向に向けた胎動があったものとも考えられる。

なお、この時点ではまだアジア・太平洋という地域概念が青書上定着したわけではなく、一九七八年版では、第2章で、「平和と繁栄を分かち合う隣人関係にあるアジア諸国」と再びアジアを近隣とみなす。この後、一九八〇年版から八二年版までアジアとアジア・太平洋が交互に現れるが、一九八三年版では、第1章において、わが国の基本的な立場として、「「西側の一員」としての外交」、「アジア・太平洋地域を基盤とする外交」、「幅広く多面的な外交」の三つの項を立てるようになり、一九八四年以降は、わが国の基本的な立場として、「自由民主主義諸国の一員としての外交」、「アジア・太平洋地域の国としての外交」の二本柱が立てられるようになる（各年版「第1章　わが外交の基本課題」あるいはそれに相当する章あるいは節)。さらに、一九八八年版では、地域別詳細を記載する「第3章　各地域情勢及びわが国との関係」において、これまで別項建てであったアジア地域と大洋州を合わせたアジア・大洋州地域の項が創設され、アジアと大洋州をより一体的に捉えようとする考え方がみられる。[3] 一九九一年版では、ソ連崩壊を受け、これまでの二本柱のうち西側の一員という考え方が意味をなさなくなりつつあるとの時代認識を示すも、アジア・太平洋については、引き続き重視する意思を表明している。さらに、一九九三年版では、アジア太平洋経済協力（APEC）への注目が集まっていることに触れつつ「アジア・太平洋」から「アジア太平洋」とこれらの地域をより一体的にとらえた言葉遣いに変わっている。

以降も引き続きアジア太平洋という地域区分が使われ続けるが、[4] 二〇〇〇年版では、これと並んで第1章に「アメリカ及び近隣諸国との関係」と題する節が設けられ、ここで記述されているのは、日米、日韓、日中、日・ASEAN関係及び東アジアにおける地域協力、日露と基本的に二国間関係を中心に記述されている。また、二〇〇三年版では、「第1章概観」ではアジア太平洋という言葉の言及はなく、「日本が位置するアジア地域」、「アジアにおける安定的な秩序の構築に向けた取組」と記載。アジア太平洋外交については、第3章の地域別の外交でのみ触れられている。[5] 二〇〇四年版も同様にアジアとして記載。ところが、二〇〇五年版になると一転して、第1章の「日本外交の基本方針」の節で、「日本は、外交政策の推進にあたって日米同盟と国際協調を外交の基本として位置づけ、アジア太平洋地域の平和と繁栄を目指す」とする。さらに、同じ第1章の第2節で、「日本の周辺諸国・地域との関係」と「アジア太平洋地域の発展と繁栄」を並列して記載、前者では、中韓及び北朝鮮に言及。二〇〇六年版では、総論として「アジア太平洋地域の諸国との関係を一貫して重視」（第1章第1節）と述べつつも、続く第2節では、「アジア近隣諸国との関係は極めて重要」とし、アジア地域の見出しのもとで概観を述べ、東アジア諸国とインドについて記載。二〇〇一年から二〇〇六年は小泉政権下であり、東アジア共同体構想を打ち出した小泉首相のイニシアチブによるものかアジアの一員とのニュアンスがより色濃く現れている。

二〇〇七年版では、麻生外務大臣の打ち出した「自由と繁栄の弧」を第1章概観において日本外交の新機軸として記載。「北欧諸国から始まって、バルト諸国、中・東欧、中央アジア・コーカサス、中東、インド亜大陸、さらに東南アジアを通って北東アジアにつながる地域において、普遍的価値を基礎とする豊かで安定した地域、すなわち「自由と繁栄の弧」を形成していくことをその内容とするもの」とし、自由、民主主義、基本的人権、法の支配、市場経済といった「普遍的価値」を共有する欧州から北東アジアまでの国々と協力するとした。

これ以降二〇一二年一二月の第二次安倍内閣成立まで首相の頻繁な交代、さらには政権交代も加わって、『外交青書』の記載も明確な基本方針を打ち出すことが困難となり、基本的に地域別分野別記載に終始しているものと観察される。しかしながら、そのような中でも例えば二〇一一年版では、第1章概観第2節「日本の国益の追求と積極的な外交の展開」において「日米同盟の深化とアジア太平洋諸国とのネットワークの強化」の見出しのもと「豊かで安定し、開かれたアジア太平洋地域を実現するために、既に成熟した民主主義などの基本的価値を共有する韓国、オーストラリアのみならず、東南アジア諸国連合（ＡＳＥＡＮ）諸国、インドといったアジア太平洋諸国とのネットワークを強化」という方針を打ち出している。二〇一二年版ではこのネットワークについてさらに言及し、「開放的で多層的なネットワーク」を構築し、「民主主義的な価値に支えられた豊かで安定した秩序を構築するための外交を推進していく」とした[6]。

第二次安倍内閣成立以降の二〇一三年版では、前年同様高まるアジア太平洋地域の重要性を謳う一方、日本外交の三本柱として「日米同盟の強化、近隣諸国との協力関係の重視、日本経済再生に資する経済外交の強化」を掲げ、近隣諸国としてインド、ロシアを含むアジア太平洋諸国と明記。これ以降の『外交青書』では、多少文言の変更はあるものの、基本的に同じ外交の三本柱を掲げるようになっている。

最新の二〇一七年版でもこの外交の三本柱は踏襲される。ただし、二〇一四年版からこの三本柱を述べる前に、「『積極的平和主義』と地球儀を俯瞰する外交」の項が新設されており、おそらくは、大国たる日本として、近隣地域を超えた国際政治に積極的に関与する意思を表明する意図であろう。その項の二〇一七年版では、安倍首相が二〇一六年に開催された第六回アフリカ開発会議（TICAD VI）の基調講演において「『自由で開かれたインド太平洋戦略』を発表し」「アジアとアフリカの繁栄の実現に取り組んでいく」と述べたことが紹介され、さらに付属の特集記事として、それが初の対外公表であること、また、「アジアの成功を『自由で開かれたインド太平洋』を通じて中東やアフリカに広げてその潜在力を引き出す、すなわち、アジアと中東・アフリカの『連結性』を向上させることで、地域全体の安定と繁栄を促進していく」とする方針が紹介されている。しかしながら、この「自由で開かれたインド太平洋戦略」と外交の三本柱との関係、特に、近隣諸国重視とこのアジア太平洋との関係が明確にされたわけではない。

(2) 並存する地域認識

日本の先進国化の契機をOECD加盟と考えるならば、それは、一九六四年のこととなる。アジア・太平洋圏構想が提起されるのは主としてそれ以降となるが、このアジア・太平洋という捉え方が象徴的である。日本は長く、はたして日本はアジアの一員であるのか、日米同盟を中心とする太平洋先進諸国あるいは西側先進国の一員であるのか、両属の問題に悩んできた。それを象徴するのがこの表現である。APECあるいはTPP（環太平洋パートナーシップ協定）なのかはたまた東アジア共同体なのか、「日本とアジア」なのか「アジアの中の日本」なのか今でも問われ続けている。

それが、『外交青書』においてアジア太平洋となったのが、一九九三年版である。一九八九年に設立されたAPECは、一九九三年になると首脳会議が開催されるようになる。また、アジア太平洋の政治・安全保障問題の対話を行うASEAN地域フォーラム（ARF）が設立されるのが一九九四年であり、この頃までに政治安全保障・経済的にアジア太平洋を一つの地域として捉え、それが日本の属する地域との考え方が確立していったものと考えられる。また、東アジア、この場合の東アジアが東北アジアのみを指すのか東南アジアをも含むのか必ずしも明確ではないが、をより近接した地域とのニュアンスで述べる場合も散見され、直近の近隣とアジア太平洋というより包括的な近隣を区分する萌芽も見られるが、後で述べるインドのように直近の近隣と拡張された近隣、さらにそれ以外の地域とを外交政策上明確に区分するものではない。また、このアジア太平洋という地域全体として何を実現するのか、二〇〇三年版（脚注8参照）及び二〇〇七年版の「自由と繁栄の弧」、二〇一一年のネットワーク化を除き、近年必ずしも明確にされていない。

第二次安倍政権で確立した外交の三本柱で述べられる近隣諸国との関係は、基本的に各二国間関係の動向・方針の記載に終始しており、日本が属する特別の地域としての対地域方針そして何を実現しようとするのかは明確ではない。また、第二部あるいは第2章として記載される地域別国別記載は未だアジア・大洋州のカテゴリーの中で地域全般及び各国間関係を記載しており、そうした意味では、『外交青書』上日本の近隣として、アジア太平洋、東アジア、アジア・大洋州といった三つの地域概念がその相互の位置付けが明確に規定されることなく未だに並存している。そして、二〇一七年版では、新たにインド太平洋という「地域」が登場する。前にも述べたように、はたしてこれが近隣地域を対象とする政策なのか、あるいは、それが登場する項からして、対アフリカ、中近東政策なのか、あるいは、地域をまたぐ政策なのか判然としない。

最後に二〇一三年一二月に第一回会合が開催された国家安全保障会議の各回の議題について確認すると[7]、北朝鮮や南スーダン、日米などの個別の国を取り上げられる場合を除くと、地域情勢として取り上げられるのはほぼ近隣地域関連にあたり、東アジア情勢とアジア太平洋情勢が最も多く、次にアジア情勢、南アジア情勢が複数回、ユーラシアが一回、さらには、二〇一七年四月三日に初めてインド太平洋情勢が議題にあげられており、二〇一八年七月三日開催分までで四回取り上げられている。なお、インド太平洋出現以来アジア太平洋が議題となることはなくなり、地域的には、インド太平洋か東アジアが中心となっている。

また、二〇一三年一二月一七日付で同会議及び閣議決定された国家安全保障戦略[8]では、第2項第2節「我が国の国益と国家安全保障の目標」において「海洋国家として、特にアジア太平洋地域において、自由な交易と競争を通じて経済発展を実現する自由貿易体制を強化し、安定性及び透明性が高く、見通しがつきやすい国際環境を実現していくことが不可欠である」との言及があり、対地域目標として、自由貿易体制の強化、地域の安全保障上の安定の確保、法の支配や航行の自由等の基本的ルールに基づく海洋等地域秩序の強化を図っていくことを含意しているものと考えられる。しかし、これがインド太平洋にも踏襲されるのかどうかは不明であり、『外交青書』の第3章の「地域安全保障」の項は、最新号（二〇一七年版）においてもアジア太平洋と銘打っているのである。

2・3　インドにおける近隣認識の展開

（1）　九〇年代初頭の外交方針の転換

インドは、冷戦体制時非同盟運動の盟主を任じており、アジア・アフリカの連帯、アジアの同胞といったネルー主義に基づく理想主義的な外交方針の下戦略的自主性の確保を志向した。[9] ただし、一九六二年の中国との国境紛争の敗退、一九七一年のソ連との戦略的な同盟の構築などを通じて次第に現実主義的な立場への修正を図ってきた。[10] しかし、冷戦の終焉は、従来のインド外交に根本的な再検討を強いることとなった。[11] さらに、これまでの内向きの経済体制自体も、主要な貿易相手国であったソ連の崩壊とも密接に関連する一九九一年の国際収支危機、国際競争力の深刻な低下などから再検討を強いられることになった。[12] また、南アジア地域協力連合（ＳＡＡＲＣ）の貿易自由化交渉の期待はずれの進展、一九九〇年のイラクのクェート侵攻に伴う湾岸危機によるエネルギー供給源多様化の必要性への認識などもその後の外交方針の再検討に結びついたと考えられている。[13]

こうして打ち出されたのが一九九一年の経済自由化プログラムであり、外交面でもこれまでのソ連及び南アジアを中心とする外交からより外向きかつ経済に焦点を当てた外交が展開されるようになった。その具体的な展開の一つが同じく一九九一年に打ち出されたLook East 政策であった。[14] 当初のLook East 政策は、東南アジア諸国及び地域機構としてのＡＳＥＡＮを主対象に貿易投資関係を中心に関係性の強化を図っていくものであった。また、一九九〇年代末までには、アメリカとその同盟諸国との新しいパートナーシップを築く方向にインドの戦略思考は収束していったとされており、[15] 一九九七年にはＡＰＥＣへの加盟も申請している。

一九六〇年代までのネルー自身の国際主義の元では、必ずしも地域的に明確な区分があったわけではないが、それが、一九七〇年代になると自らの周辺地域として南アジアに焦点が当てられるようになり、それは八〇年代まで続いた。[16] Look East 政策の導入は、冷戦の終焉と経済自由化政策による外交方針の転換がインドの地域政策にも及んだことを意味し、それが一九九〇年代末になると拡張近隣国（extended neighbourhood）の概念に結実することになる。

（2） 拡張近隣概念の確立

パジパイ人民党（BJP）政権（一九九八〜二〇〇四年）のもとでの最初の外務省年次報告では、外交政策の実現すべき目的として六点をあげており、ここでの関心は最初の四点であり、それらは、（1）インドの国益について国際コミュニティの理解と支持を得る、（2）貿易、産業、投資等の機能的分野において包括的、相互利益、相乗的な協力の構造を発展させる、（3）特に、外交政策の優先順位と焦点は、南アジアの近隣諸国との友好と協力の強化、（4）同時に、我々の関心と相互作用は南アジアを超えており、その他の近隣、この地域のすぐ外側の国々、我々の拡張近隣国及び広く世界に向けられている、である。[17] ここに伺えるように、インドの外交方針として、経済優先、地域的には、南アジアが最優先だが、同時に拡張近隣諸国への関与を強める、との外交方針がうかがえる。

この後、南アジアを中心とする諸国を近隣国あるいは直近の近隣国（immediate neighbourhood）、そのすぐ外側の国々を拡張近隣国として、それ以外の諸国と区別するようになったが、この方針は、その後政権を超えたインドの共通の外交方針として定着していく。[18] 同年年次報告では、拡張近隣国として、ASEANと大洋州、中央アジア、ペルシャ湾岸、西アジアと北アフリカ及びインド洋沿岸の諸国が挙げられている。なお、外務省年次報告では、例年、第1章が近隣諸国、第2章が東南アジア及び太平洋、第3章が東アジアと続くのが慣例となっている。以下に同報告書及び政府高官のスピーチに現れる地域別政策動向の変遷をみる。

パジパイ政権下では、直近の近隣国として、第1章で取り上げられていたのは、アフガニスタン、イラン、パキスタン、バングラデシュ、スリランカ、モルディブ、ミャンマー、ネパール、ブータンであり、また、第3章で中国が近隣国として位置付けられている。その意味では基本的には、いわゆる南アジア諸国と直接国境を接する諸国としてミャンマー、中国[19]、しかしそれに加えてイランが含まれていることが特色となっている。イランのこの章への記載は二〇〇四～二〇〇五年報告まで継続するが、それ以降現在に至るまで拡張近隣地域である「湾岸、西アジア、北アフリカ」の章に含まれることになる。

二〇〇三年シンハ外相は、そのスピーチの中で、拡張近隣地域の範囲を「ホルムズ海峡（原文ではGulf of Hormuz）からマラッカ海峡まで、西・中央アジアから東南アジアそして東アジア」と言及、また、Look East政策は第二フェーズを迎えるとし、ＡＳＥＡＮを中核とするものの、東アジアから豪州までが対象と地理的範囲が拡張され、また、分野も貿易投資に限らずより広い経済と安全保障問題、シーレーンの保護とテロ対策活動にかかる共同の取り組みを含むものにシフトするとした[20]。翌年同シンハ外相は、拡張近隣国の範囲を「スエズ運河から南シナ海、そしてその中に西アジア、ペルシャ湾地域、中央アジア、東南アジア、東アジア、アジア太平洋及びインド洋地域」とし、一九九八～一九九九年年次報告で定義された拡張近隣国の範囲に、南シナ海、東アジア、アジア太平洋が新たに加わったことを示唆した[21]。二〇〇四～二〇〇五年報告では、第3章の東アジアに続く第4章の表題がこれまでの中央アジアからユーラシアに変更され、中央アジア諸国とロシア等独立国家共同体（ＣＩＳ）諸国を対象とするようになった。

（3） モディ政権下における展開

現モディ政権（二〇一四年〜）においては、二〇一四年のインドＡＳＥＡＮサミットの際に、モディ首相が、Look East政策はさらに進化し、Act East政策になると宣言。[22] Act East政策とは、外務大臣による国会答弁によると、「アジア太平洋地域における拡張近隣国に焦点を当てるもの。元来は、経済的なイニシアチブとして考えられたものであるが、対話と協力のための制度的な機構の創設を含む政治的、戦略的、文化的側面をも加えられる。」とする。[23] 二〇一五〜二〇一六年の外務省年次報告では、近隣諸国の章で、初めてインド洋地域の項が設けられ、ここには地理的には通常アフリカに分類されるモーリシャスとセイシェルが、初めてスリランカ、モルディブと並んで掲載された。また、これまで「東南アジア及び太平洋」であった章の題名が、「東南アジア及びアジア太平洋」と改題された。

さらに、二〇一七年初頭の包括的なスピーチ[24]で、モディ首相は、同政権の国際的なエンゲージメントの焦点は、大意、直近及び拡張近隣諸国との連結性の強化、インドの経済的優先事項に結び付けられた関係性の構築、インドの人的資源の国際的な活用、世界規模での途上国との開発パートナーシップの構築、国際機関制度の再構築、インドの文化的な資源をソフトパワーとして活用、の六点を提示。

また、地理的な関心については、近隣第一主義の対象としての南アジア、拡張近隣地域の各地域及び中国、世界的な大国としての米、露、日等、続いてアフリカに言及の上、我々は長い歴史において海洋国家であったとしてインド洋、さらには、インド太平洋に触れ、[25] 航行の自由の尊重と国際的な規範に忠実であることが広大な相互に連結した海洋地域であるインド・太平洋の平和と経済成長にとって本質的に重要であると信ずると言及。

インドにとってみれば、インド太平洋という地域概念は、それが、インドの設定する拡張近隣地域にほぼ重なることから、受け入れられやすい考え方でもあったと思われる。そして、二〇一七年のアフリカ開銀の年次サミットの機会に日印両国は、共同でアジア・アフリカ地域での経済連携を目的とするアジア・アフリカ成長回廊を打ち出すのである[26]。

以上のとおり、インドの近隣国外交の特色は、直近の近隣と拡張された近隣を規定し、それをそれ以外の地域と区分していることである。そして、政権を超えて、直近近隣、拡張近隣、大国外交、途上国外交の順で外交上の優先順位を設定しているものとみられる。

（4）直近近隣、拡張近隣設定の意義

直近近隣との関係は、どの国でもそうであるが、極めて複雑である。

特に、中国、パキスタンとの関係は、インドは双方の国と領土紛争を抱えており、かつ、中国・パキスタン関係が、中国側表現によれば、全天候型戦略的協力パートナーシップと位置付けられており、同盟的な関係に近い。また、それ以外の南アジア域内諸国もインドの地域覇権主義的な行動へのソフト・バランシングとして、中国との関係を強めており、それが、中国によるインド包囲網、いわゆる真珠の首飾り戦略とみなされる状況に至っている。

このような背景から、モディ首相は、近隣第一主義を掲げ、域内の友好強化を図るべく、就任式に域内諸国首脳を招くとともに、就任早々域内諸国を歴訪している。就任後の最初の訪問国として、ブータンを訪ね、続いてネパールを訪問したが、インド首相のネパール訪問は実におよそ二〇年ぶり、その後にインド洋諸国のセイシェル、モーリシャス、スリランカを訪れたが、スリランカ訪問は二八年ぶりとのことであり、これら諸国とのインドの関係がいかに片務的であったかがうかがえる[27]。

また、二〇一五～二〇一六年の外務省年次報告でモーリシャスとセイシェルが近隣国として規定されたが、これによって両国のインド外交における優先度が引き上げられることを意味するものと思われ、インド洋での存在感を増す中国をも意識したインド洋における海洋勢力としてのインドの戦略的な取り組みを反映したものとみられる。[28]

他方、拡張近隣国に対するインドの関心としては、Sccotによれば、地経学的、地政学的意義及びパキスタン・中国とのライバル関係にあるとする。[29]

このうち、地経学的な関心としては、南アジアだけではインドの経済空間としてあまりにも小さいことが挙げられるとする。事実、貿易関係を見ると、インドの輸出に占める南アジア諸国のシェアは、二〇一六年で六・五％、輸入は実に〇・八％を占めるに過ぎない。[30] さらにエネルギー安全保障の問題がある。インドはすでに世界第三位のエネルギー消費国であるが、エネルギー消費の成長率は、中国を含めた他の国々より格段に高く、[31] 石炭については二〇二〇年までに世界最大の輸入国、石油の輸入比率は二〇一四年の七〇％から二〇四〇年には九〇％まで高まるとされる。[32] このため、輸入先の多様化と、その輸入経路の安全の確保が急務となっており、輸入先として、また、その経由地としての拡張近隣国に焦点が当てられる。インドの石油投資権益はサハリン・東シベリアからベネズエラ、ブラジルなどにも及んでおり、海軍司令官が「戦略的拡大（greater）近隣国は、ベネズエラ、サハリンにまで拡大される」と述べたとされる。[33] これがために、アジア太平洋が拡張近隣と記載されたのかもしれない。

地政学的な関心については、安全保障・軍事的な関心が拡張近隣地域まで及ぶことが述べられるが、これに関し、Brewsterは、インドが東アジアへ関与する際の戦略主題の一つとして、「海洋勢力としてのインド」を挙げ、前の外務省次官の言葉として、インドが大国となることを望むのであれば、インドの戦略的影響力が広がりうる唯一の方向は、海を越えた先にある。その他のすべての方向は、手ごわい制約が存在する、と述べたと言及する。また、もう一つの主題として、「インドの影響圏」を挙げる。これは、モハンも指摘するように[34]、かつてイギリス領インド帝国がインド洋沿岸とそれを超えた地域の主要な平和維持装置であったように、自然の影響圏として拡張近隣地域をみなすとする[35]。

次に、パキスタン及び中国とのライバル関係については、パキスタンとの敵対的な関係が南アジアのみならず拡張近隣地域にまで及んでいるとする。また、中国に関してはパキスタン以上に拡張近隣地域において多面的に競合関係にあり、次の中国の項で説明するとおり、お互いがみなす影響圏が多くの部分で重なる。また、インドは、中国が二〇一七年に開催した一帯一路国際協力サミットに代表団をすら派遣していない。それは、一帯一路の主要プロジェクトとされる中国パキスタン回廊がインドが領有権を主張しパキスタンが実効支配する地域を通過することに反対するためである。

さらに、インドは、中国のイニシアチブで創設された上海協力機構に二〇一七年パキスタンとともに正式メンバーとして承認されたが、インドは北方の拡張近隣地域である中央アジアへの関心を隠していない。パキスタンと中国によって、中央アジアへの直接的な連絡を阻まれているインドは、イランと同国南部のChabahar港を共同開発することに合意しているが、そこを起点にアフガニスタンや中央アジア、ロシアにまで至る南北国際回廊が、主として、インド、イラン、ロシアの間で構想されているのである[36]。

2・4　中国における近隣認識

(1)　アジア・アフリカからアジア太平洋へ

中国の近隣外交（中国はこれを周辺外交と呼ぶ）は、一九九〇年代になるまでほとんど展開されることはなかったとされる[37]。

朝鮮戦争休戦後の一九五三年以降は、ソ連などの東側陣営とともに、アメリカの封じ込め政策を打破するためにアジア・アフリカの戦略的意義が注目されるようになった[38]。こうした注目は、近隣関係においては、一九六〇年台前半までにかけて国境を接する一二カ国（当時）のうち六カ国との国境協定の締結として具体化される[39]。

他方、一九六〇年代になると、ソ連との対立が表面化し、反米反ソの観点から[40]、一九六〇年代前半に「二つの中間地帯論」が提唱され、団結すべき第一中間地帯としての開発途上地域、また、第二中間地帯として、アメリカの周辺ではあるが、アメリカの支配を抜け出そうとする西欧及び加・豪などの資本主義諸国が米ソと区別された[41]。また、中間地帯の反米闘争は極力支持すべきとし、こうした認識のもと、タイ、フィリピン等近隣の親アメリカ国家に対しては、各国共産勢力などへの支援が行われ、一九六七年には、インド、ビルマ、カンボジアなどを含め十数カ国との関係が緊張したとされる[42]。こうした区分は、七〇年代になると、第三世界論に引き継がれ、アメリカとソ連が第一世界を構成し、アジア、アフリカ、ラテンアメリカは第三世界を構成する。その間の先進諸国が第二世界であり、中国を含む第三世界は第一世界に反対する主力と位置付けられた[43]。

その一方で、一九七〇年代になると米中国交正常化交渉が開始され、対ソ関係の思惑が一致し、七九年には外交関係が樹立される。また、周辺国との関係改善も図られ国交回復などが推進された。経済面では、一九七八年に改革開放政策が開始され、中国国内体制の改革及び対外開放政策が実施されるようになり、一九八〇年代になると西側主導の国際秩序に中国が参加するようになる[44]。さらに、一九八〇年に打ち出された大平首相の環太平洋構想にも対ソ連戦略の視点から積極的な内部評価が下されていたとのことであり、一九八四年に鄧小平が下した対外開放をより深化させる決定もあって、アジア太平洋地域への注目は一層高まった。このような中、一九八五年三月にバンコクで開かれた第41回UNESCAPにおいて中国政府は「アジア太平洋地域の一員として積極的に地域の経済協力を支持し、これに参加する」と表明するようになる。(45)いわば、アジア・アフリカからアジア太平洋の一員へと自己認識の転換が図られたと見られる。この傾向はその後も続き、一九九一年には、台湾（チャイニーズ・タイペイ）と香港とともにAPECへの同時加盟を果たしている。APECへの加盟、さらには一九九四年創設のARFへの中国の参加は、一九八九年の天安門事件後孤立していた中国に対して、日米が、枠外に置くのではなく、枠組みに取り入れてエンゲージする政策に転換したことをも意味する。(46)

中国の周辺外交は、一九九〇年代になるまでほとんど展開されていなかったことは、この項冒頭で述べたが、その始動は、一九八九年の天安門事件と冷戦の終結といった厳しい国際環境の中、孤立からの脱出のために周辺国の重要性を再認識したことによるとされる。(47)

（2）　周辺外交の始動

青山によれば、中国による地政学的な周辺は、国境を接する一四カ国からなる小周辺、ペルシャ湾から南太平洋にかけての地域を意味する大周辺、その中間で中国が直越接する四つの地域、北東アジア、東南アジア、南アジア、中央アジアからなるものがもう一つの周辺であるとする。(48)この意味では、一九九〇年代前半に展開された周辺外交は、小周辺を直接の対象にしたものであった。転機は、一九九六年からとなる。九〇年台前半の周辺外交が、小周辺を対象とした、あくまでも二国間の改善に重点を置いたものであったのに対し、(49)この頃からは、周辺各地域を対象とする多国間外交に積極的に取り組むようになったのである。その背景には、国際情勢に対する認識とこうした認識に基づき相互信頼、相互利益、平等、協力を中核とする「新安全保障観」が二〇〇二年に定式化され、打ち出されたことによることが指摘される。[50]

高木は、「新安全保障観」が打ち出された背景として、多国間の安全保障対話フォーラムであるARFに対する積極的な評価、好転する国際環境に自信を深め国際関係でイニシアチブを取ろうとする意欲の高まり、日米安全保障体制の強化による中国封じ込めへの対抗、ASEANなどで高まり始めた中国脅威論への対応をあげる。[51]「新安全保障観」を具体的に体現するのが一九九六年に第一回首脳会議が開かれた上海ファイブとその発展体である上海協力機構（SCO）とされる。また、二〇〇〇年の全国人民代表大会で「西部大開発」が正式に決定され、中央アジア諸国との関係はますます重要な政策課題となった。他方、青山が指摘するように一九九六年以降ベトナム、ラオス、ミャンマー、カンボジアが相次いでASEANに加盟し、ASEANが中国に直接接するようになったことも、周辺地域多国間外交を積極化する契機となったものと思われる。[52]そして、一九九七年ASEAN＋日中韓首脳会議の開催、二〇〇〇年の中国による中国ASEAN・FTAの提案と続くことになる。

アジアでは、[53]この他、東北アジアでは二〇〇三年から六者協議が開始され、二〇〇五年にはSAARCのオブザーバー・ステイタスが承認される。いわば、一九九〇年代前半の小周辺を対象とする二国間外交から、隣接する四地域を対象とする（小、大周辺との区分で言えば中周辺か）多国間外交に進展していったことがうかがえる。また、この間の二〇〇二年一一月に開かれた中国共産党第一六回全国代表大会（一六回党大会）では「周辺外交」が対外戦略の中で最重要の外交課題であることが唱われ、[54]また、同時に、海外直接投資を奨励・支援する「走出去」戦略が打ち出され、以後中国の対外直接投資は急増しているが、その投資先は大部分がアジア向けとなっている。[55]

二〇一三年になると、中国政府は周辺外交政策座談会を開催する。[56] Swaineは、これを二〇〇六年以来[57]報告された最初の主要な外交政策会合であり、一九四九年の中華人民共和国設立以来初めての周辺外交に特化したフォーラムであるとした。[58] そして、これを受けて、二〇一四年の政府活動報告では、周辺外交、発展途上国外交、先進国外交、多角外交の順で方針が報告されるようになった。[59]

（3）　アジア太平洋からアジアへ

二〇一三年に主席として初めての米中首脳会談に臨んだ習近平は「太平洋は米中二国を受け入れる十分な広さがある」と述べたとされ、また、同年九月と一〇月にシルクロード経済地帯、二一世紀の海のシルクロードを共に建設するイニシアチブ（いわゆる一帯一路構想[60]）を提唱する。さらに、二〇一四年には、習主席はアジア安全保障観を提唱し、アジアの安全保障はアジア人が担うべきであるとの考えを示した。[61]

このような周辺外交のさらなる強調、そして、その重点がアジア太平洋から大周辺たるアジアあるいはユーラシアに変更されているように思われることである。[62] このような中国の対応は、二〇一一年に打ち出されたオバマ政権のアメリカのアジアへのリバランシングの動き、海洋主権を巡りギクシャクする周辺諸国との関係が背景にあると考えられる。さらに、青山は、「パキスタンやロシアのような中国の「核心利益」を尊重する国々との「全天候型（いかなる国際情勢でも良好な関係が保てる）」パートナー関係あるいは「準同盟関係」が中国にとって重要になってきて」いるとする。[63]

一帯一路構想については、習主席自らが主導する、未だ構想中の中国外交を規定する長期基本戦略であると指摘するものもあるが[64]、その導入の理由は、概ね経済的なものと戦略的なものの双方にあると理解される。[65] 経済的な理由としては、中国経済の刺激策、過剰生産能力のはけ口・解消策、中国企業の海外進出奨励支援策である「走出去」二・〇、新たな「西部大開発」、人民元の国際化推進策などが共通してあげられる。また、戦略的な理由としては、開発の促進による国内安定の確保、エネルギー安全保障、周辺外交の強化策、アジアの安全保障協力の促進、アメリカのアジア・リバランスあるいは中国包囲網に対抗する西方旋回、などが指摘される。

また、Clarkeは、この二つに加えて第三の見方があるとし、アメリカのグローバルな覇権への代替的なリーダとして喧伝せしめ経済的戦略的影響力をさらに増大させる手段とする。[66] さらに、もともと超長期の大戦略であるとするものから、[67] 元々は国内の経済問題に対処する短期的な手段であったものが、次第にグローバル・ガバナンス[68]や安全保障問題[69]に結びついていったとする見方が並存しており、Ghiasy and Zhouは、未だ中国国内においても、一帯一路構想が、主として地政学的なものなのか、経済的なものなのか、国家開発戦略的なものなのか、依然としてコンセンサスはないとする。[70] また、Ekmanは、一帯一路構想が、公式には未だに明確な地理的範囲、実施期限、対象国を設定していないことを念頭に、一帯一路構想は柔軟なプロジェクトであるとし、このプロジェクトの範囲は、地理的にも含まれる分野についても拡張中であり、中国政府の外交にとって鍵となる概念や優先事項、すなわち、運命共同体、中国の偉大なる復興といったものとこのプロジェクトを結びつけようとしている状況を観察中であるとする。[71]

2・5　近隣政策の確立と勢力圏

以上のように見てくると、いずれの国も当初は不明確であった近隣への対応が、それぞれの国が大国化するに従い、次第に整備され、その影響力の及ぶ範囲に応じて、近隣をさらに、インドの場合には、直近近隣、拡張近隣、中国の場合には大中小周辺、日本の場合にも、いまだにおぼろげであるが、そのような区分が見受けられる。こういった動きには、冷戦後ほとんど触れられなくなった勢力圏的な発想が次第に広がりつつあるのではないかという指摘につながる。それは、また、大国政治のための地政学的な活動の場が拡大しているとするIkenberryの指摘にもつながるように思われる。

しかし、アジアの特徴は、その域内に複数の大国が共存しており、その設定する近隣の範囲が相互に重なり合うことである。こうした各国の近隣政策の動向をも踏まえて、次に安全保障複合体論から見た地域展開を見ていく。

3　地域安全保障複合体論から見た地域展開[72]

3・1　アジアにおける安全保障複合体の特色

アジアは、欧州などと比べて地理的なサイズの大きさ、地形上の障害、さらには多様性ゆえに、脱植民地化後三つの複合体、すなわち、Buzan等の定義による二つの大国[73]を含む安全保障複合体である東北アジア、標準的な安全保障複合体[74]である東南アジアと南アジアが形成された。この地域の特色は、そこに、自らの属する地域を超えて複数の地域に影響力を行使しうる二つの大国、日本と中国を含むことである。このため、隣接する地域と東北アジアとの間の相互関係、すなわち地域間レベルの安全保障ダイナミクスは標準的な安全保障複合体間と比べて相当密接なものとなる。また、一つの地域に二つ以上の大国が配列された地域は、この地域以外ではかつての欧州しかなく、アジアの地域安全保障ダイナミクスは、そこに複数の大国が存在するがゆえにグローバル・レベルとの間で双方向に強いリンクが発生し、欧州と並ぶ超大国の競合の主要な舞台となったのであり、このことがもう一つの特色をなす。[75]

この二つの特色のうち、前者の地域間レベルのダイナミクスに関しては、安全保障面における中国の南アジアや東南アジアとの間にある強い相互関係が挙げられる。パキスタンは、中華人民共和国を最初に承認した国の一つであり、以来、中国の孤立していた一九六〇年代、七〇年代を通じて確固たる同盟であったともされる。[76] また、インドとは、一九六一年の中印国境紛争以来国境紛争が続いている。また、前出のとおり、一九六〇年代にタイ、フィリピン等近隣の親米国家に対しては、各国共産勢力などへの支援が行われ、一九六七年には、インド、ビルマ、カンボジアなどを含め十数カ国との関係が緊張したとされる。さらに、Buzanは、より低い程度ではあるが、日本の帝国主義の歴史的な記憶の共有も地域間レベルでの一体化を基礎づけているとし、こうした強い地域間レベルのリンケージから、東北アジア、東南アジア、南アジアからなるアジアには、冷戦時代においても複数の安全保障複合体によって構成される超複合体が形成されていたとする。[77]

3・2　東アジア安全保障複合体の生成

次に、アジアにおけるグローバル・レベルとの強いリンクという特色に関しては、このため、冷戦の終結は、東アジアでは大きな出来事であったとし、超大国の撤退は、東北アジアにおいて中国により行動の自由をもたらすとともに、東南アジアはASEANベースの地域安全保障レジームに向けて動き出すこととなった。さらに、米ソの影響力の後退による中国と東南アジアとの軍事政治的な関係は冷戦時代よりもより重要となり、東北アジアと東南アジアの間の軍事的な安全保障ダイナミクスが発展することとなった。また、一九八〇年代の日本を中心とする東アジア大の経済的な相互依存の顕密化とその九〇年代を通じた安全保障化は東アジア全体の安全保障を経済面で密接化させた。このような展開を通じて東北アジアと東南アジアは、次第に一つの東アジア安全保障複合体になっていったとし、その具体的な時期を一九九四～一九九五年頃、すなわち一九九四年のＡＲＦ（ＡＳＥＡＮ地域フォーラム）の創設と一九九五年のベトナムのＡＳＥＡＮ加盟にその契機を求めている。

ベトナムは、冷戦時代から中国との競合を演じていたが、ソ連等外部からのサポートの消失によって中国との直接的な軍事的な対峙を諦め、ＡＳＥＡＮへの加盟にその居場所を求めることになった。そして、それは、戦略的な焦点をカンボジアと中越国境地域から遠ざけ、南シナ海や広く東アジア全体に向けさせることになったとする。

また、アジア太平洋の政治・安全保障の対話のためのフォーラムとして創設されたＡＲＦは、実際上中国へのエンゲージメントを意図するものであったが、同フォーラムは、日本と中国を地域の制度的枠組みに取り込み、日本にはその歴史上の問題、中国には近隣諸国の抱く脅威感に対処する余地を与えた。また、ＡＲＦは、本来大国間でマネージすべき地域安全保障問題を扱う組織が地域のマイナーパワー（この場合ＡＳＥＡＮ）によって創出され、運営されるという極めて奇妙な状況を作り出したとする。

このようにして出現した東アジア安全保障複合体は、三つの要因によって規定される。第一に、成長する中国のパワーの含意について東北及び東南アジアで共有される懸念。第二に、東北アジアと東南アジアを結びつける、脆弱ではあるが、制度的な安全保障制度の創出。第三に、この地域において、政治軍事的な安定と強く結びついていると広く想定されている東アジア地域経済の構築、である。

3・3　南アジア安全保障複合体

他方、南アジアについては、着実に強力となるインドが、どのようにしてその属する南アジア、さらには、出現しつつあるアジア超地域に自らを適合させるかが主要な注目点であるとする。地域レベルにおいては、この地域は、民族や宗教問題が国境を超えてスピルオーバーしており、内政不干渉の規範も欠如していることがまず指摘される。その上、南アジアの地域秩序は、アフリカや東南アジアといった他の途上国地域と比較しても相対的に脆弱である。また、東アジアとは対照的に、政治的戦略的な緊張を緩和する手段としての経済的相互依存の進捗にも失敗している。

南アジア安全保障複合体においては、かつてのインドとパキスタンによる二極体制から、次第にインド一極体制に内的変容を遂げつつある一方、地域大国であるインドは、地域におけるリーダーシップ、支配力を欠いている。これは部分的には、南アジア諸国は経済的な相互依存もインドへの依存もなく、また、インドは、近隣諸国との関係で支配の正当性を欠いているためでもある。このような状態のままでは、インドは、自らの地域の不安定な状況によって落ち着けず、邪魔される状況のままであり、外部者による介入に脆弱なままとなろう。これは、アジアさらにはグローバルなレベルでの幅広いエンゲージメントと大望を追求しようとするインドの潜在力を弱めている。

南アジアの地域間レベルにおいては、西側すなわち中近東地域との関係は変容をきたしておらず、アフガニスタンが絶縁体の役割を果たしている。その一方で、東と北へは、地域境界を超えたエンゲージメントが引き続き活発化している。南アジアと東アジアは超複合体を構成しているが、近年では、南アジアと東アジアの間で一層の関係の顕密化が進展しており、その一例としては、多様な地域国際機関への相互のメンバーシップの乗り入れが観察されることである。また、インドと中国の間で明確な戦略的な相互作用が築かれつつあることについては多数の証拠があるとする。また、かつては、ミャンマーが東アジアと南アジアの間の絶縁体の役割を果たしていたが、中国のミャンマーへの浸透の結果、中国とインドの間の戦略的焦点になってきたこと、さらには、ミャンマーのASEANへの加盟によって、絶縁体としての役割は、アジア超複合体のダイナミズムの前に機能しなくなりつつある。これらのことは、アジア超複合体が引き続き一定の意義を持って稼働中であることを示している。前にも述べたとおり、南アジアは経済的相互依存を進展させることに失敗しているが、南アジアと東アジアの密接な結びつきによって、東アジアの経済的相互依存が南アジアに波及した場合どのような展開がありうるかが注目されるとする。

3・4　中央アジアの位置付け

他方、アジアの一部とも考えられる中央アジアは、上述のとおり、アジア超複合体の一部として考えられていないが、Buzan and Wæverは、この地域をポスト・ソビエト大国地域安全保障複合体（post-Soviet great power Regional Security Complex）の下位複合体として位置付ける。しかし、下位複合体としても未だ形成中のものとし、かつ、未だロシアの影響力が強い地域であるとする(78)。その上で、それを取り巻く全ての国・地域と比べて中央アジアは極めて力が弱いため、それがゆえに、この地域で影響力が重なり合う諸大国間の関係においてどの大国も他国の干渉を招きこの地域を支配することを不可能とし、絶縁体としてその存在が認められているとする(79)。

4 地域主義論的観点から見た地域展開―アジア太平洋における展開[80]

近隣諸国の項で述べたように、戦後すぐにおいては、日本にしても、中国にしても、あるいはインドにしても、漠然とアジアあるいはアジア・アフリカを自らの属する地域と考えていた。それが、東アジアの国々にとって新地域主義に則った形で具体化されたのは、まずは、環太平洋、あるいはアジア太平洋であった。

具体的には、一九八九年創設のAPECそして一九九四年のARFである。双方とも同じくアジア太平洋を対象地域とうたっているのであるが、APECは、事実上太平洋沿岸諸国、すなわち環太平洋が対象地域となっている。インドは、一九九七年に加盟を申請したが同年APECは二〇一〇年まで新規加盟の一時停止(モラトリアム)を決定し、その期間が終わったのちも未だに加盟は実現していない、すなわち、すべてのAPEC加盟国は環太平洋諸国である。[81]その設立の狙いは、日豪中心のイニシアチブにより、米をアジアに引き止め、環太平洋先進諸国間協力と成長センターとしてのアジアの地域協力を進めることであった。[82]そして、中国の国際社会への取り込み、いわゆるエンゲージメントの舞台ともなったのである。

他方、ARFは、日本などがその設立に関与しつつ、ASEANが主催し、中国をも取り込み、加盟諸国間の政治・安全保障のダイアローグの促進、信頼醸成・予防外交に貢献しようとするものであるが、その加盟国には、主だった南アジア諸国[83]も含まれている。したがって、この場合のアジア太平洋はAPEC

の場合と比べればより文字どおりのアジアとなっている。これは、ＡＳＥＡＮが唯一、環太平洋、東アジア、インド洋地域すべてに直面している（少なくともいずれか過半数の加盟国がこれら地域に含まれる）ことにもよろう。

ＡＰＥＣは、一九九〇年代後半、貿易・投資の自由化の速度や分野をめぐって紛糾し地域機構としてのモメンタムが急激に低下していったが、その一方、初めて東北アジアと東南アジアを結びつけた東アジアとしての地域主義の枠組みが、アジアの通貨危機を契機に形成された。一九九七年に首脳会議が開催されて以降急速に各大臣会合などが制度化されたＡＳＥＡＮ＋日中韓（以後ＡＳＥＡＮ＋３）である。これは域内的には、ポスト・アジア通貨危機への対応としての通貨・金融面の協力の強化を中心に、食糧安全保障などの域内協力の強化が進められた。他方、対外的にはアジアの通貨危機を引き起こした一つの要因であるグローバリゼーション、唯一の超大国でありアジアの通貨危機の際に同国及び同国が強い影響力を有する国際機関を通じて各国の危機対策に甚大な影響力を及ぼした米に対する防波堤とも考えられる。[84]さらに、ＡＳＥＡＮ＋３は、東アジアの生産・流通ネットワークによって密接に結びつけられ、地域化が進んでいた地域でもある。したがって、ＡＳＥＡＮ＋３の形成、その後の地域統合化への動きは、経済面では、こうした地域化をさらに進め、Bawldwinの言う第二の「分離化」を可能とする政府主導による地域主義が惹起されることになったものと考えられる。

その後この地域では、ＡＳＥＡＮの外縁に積み重なる形で制度化が行われることになる。二〇〇〇年代になると一連のＡＳＥＡＮ＋１による自由貿易あるいは包括連携協定[85]の交渉が開始される。さらに、これらＡＳＥＡＮ＋１に関わる一六カ国（ＡＳＥＡＮ＋６（日中韓印豪ニュージーランド））により二〇〇五年から東アジアサミットが開催されることとなった。そしてそれは、二〇一一年に米露が加わり、一八カ国に拡大された。東アジアサミットの特色は、経済のみならず、政治・安全保障分野を含めて協議するサミットであることである。この点で同じくサミットが開催されるものの経済協力を目的とするＡＰＥＣとは異なる。[86]他方、地域統合化については、ＡＳＥＡＮ＋３で進めるのか、ＡＳＥＡＮ＋６で進めるのか、加盟国で意見が分かれることとなったが、[87]最終的にはＡＳＥＡＮ＋６を基本としつつ二〇一一年から東アジア地域包括的経済連携（ＲＣＥＰ）の締結に向けて協議が進められている。

ＡＳＥＡＮ＋３の形成については、域内的にはこれまでの民間主導の経済協力によって進められていた地域化への政府の関与の増大、域外的には唯一の超大国である米への共同対処として、地域主義論的な論理で説明可能であろう。しかし、その後のこの地域の重層的な地域形成は、国際政治学のリアリスト的なsoft balancing[88]あるいはhedging[89]という考え方の方がより説明的であるように思われる。ＡＳＥＡＮ＋３の形成についても、前述の設立の経緯にのっとり、それは、アメリカに対するsoft balancingとも考えられる。また、地域統合をめぐるＡＳＥＡＮ＋３では抑えきれないと考え、これを相殺するために印豪ニュージーランドを引き入れようとする日本及びインドネシア、シンガポール等の勢力均衡策とも考えられる。また、東アジアサミットに米露を招き入れたのも米中間のhedgingと考えられる。[90]

その後アメリカは、オバマ政権のもとアジアへのリバランシングを打ち出し、アジア重視の姿勢を示し、環太平洋パートナーシップ協定（ＴＰＰ）の原則合意まで至ったが、トランプ政権が離脱を表明し、アメリカを除く一一カ国で「環太平洋パートナーシップに関する包括的及び先進的な協定（ＣＰＴＰＰ）」が合意されるに至った。その後、トランプ政権は、安倍首相の打ち出した開かれたインド太平洋戦略に相乗することとなったのであるが、これについては、次の「おわりに」において概要を述べることとしたい。[91]

5 おわりに

本章では、地域主義の展開として環太平洋と東アジアについて概略検討を加えた。この後に続くのは、インド洋地域における地域主義の可能性についての検討であり、その上で、なぜ、インド太平洋地域という新たな地図が浮上してきたのかを検討することになる。

インド洋地域が戦略的な面で注目されるのは、インド洋が相対的に閉じた海域であり、少数のチョークポイント（海洋交通路上の狭隘な水路）を通じてのみ外海に出入りすることが可能であることである。チョークポイントがとりわけ注目されるのは、インド洋地域の豊富な戦略的天然資源の存在にある。中国にとっても、もちろん日本にとっても最も重要なシーレーンは、世界有数のチョークポイントとされるホルムズ海峡とマラッカ海峡を通過する。インド洋は、このように極めて重要なシーレーンの存在、そして、エネルギー安全保障上重要であるにも関わらず、最も危険な地域とも称されるように、その海洋安全保障ガバナンスの制度化が他の大洋地域と比べて遅れている。さらには、インドの興隆と中国のこの地域への関与の増大によって生起された米中印の大国間競争により既存の体制が動揺していることが指摘される。

インド洋地域については、海洋を中心として、伝統的安全保障、非伝統的安全保障、環境保全、資源管理とどの面を取っても、差し迫るガバナンスの強化の必要性を指摘することが可能である。また、長期を見据えれば、これらに加え、貿易投資についても同様であろう。その意味で、地域主義の潜在的な基盤はあると考えられ、その場合唯一の汎インド洋の地域機構であるＩＯＲＡ（環インド洋連合）がその地域主義の担い手として有力な選択肢となろう。が、ＩＯＲＡが再活性化されつつあるのは最近のことであり、当面はＩＯＲＡの制度化と並行して、各下位地域や下位地域間、機能主義的な協力などアジア太平洋と同様に錯綜した「地図」が描かれ続けるであろうものと見込まれる。

安全保障化の観点から東アジアと南アジアが一体化しつつあることはBuzanがアジア超地域複合体として示したのであるが、これが経済面でも一体化しつつあるとの指摘がなされるようになってきている。すなわち、継続的な高成長を遂げている東部南アジア（特にインド、バングラデシュ）への生産・流通ネットワークの延伸である。また、海路のみならず陸路で東アジア地域と結び付けようとする多数のイニシアチブがある。戦略面のみならず経済的相互依存の面でも一体化するのであれば、超地域複合体は、アジア安全保障複合体として、単一の複合体となるであろう。さらに、インド洋地域の重要性が増大していることにも目を向ける必要がある。インド太平洋という枠組みは、一体化するアジアを中心に太平洋地域、インド洋地域という二つの重なり合う地域のある種の融合と考えられよう。

しかし、何を持ってインド太平洋地域とするのか、未だ定まった定義があるわけではない。想定する地理的範囲も関係国によって異なる。また、その意図するところが、中国の封じ込めにあるのか否かが一つの焦点となろうが、地域安全保障複合体論でいうように、中国を含まない地域は考えられないであろう。他方、米の存在を抜きにしてインド太平洋を構想することも有意義とは思われない。インド太平洋は「超地域（super region）」として理解するのが最も分かりやすいとする指摘があるように[92]、アジア地域の複数の大国の影響力の行使は近隣地域にもスピルオーバーしており、近隣地域との境界は曖昧になる。さらには、唯一の超大国が介在することによって、さらには、その超大国にグローバルなレベルで挑戦しつつある中国の存在によって、グローバル・レベルとの境目も曖昧となる。これらが合わさって、超地域としてのインド太平洋地域があると考えられるのである。

一帯一路イニシアチブが対象とするユーラシアも超地域と考えられる。しかし、中国にとって、最も重要な正面はどこかといえばそれは、アメリカや日本に相対する太平洋である。そして、次にインドとインド洋であろう。ASEANは唯一、三つの地域のいずれにも過半数の加盟国が所属し、かつ、インド洋と太平洋の結節点にあたる。ASEANが一体性を維持し、インド太平洋についてもイニシアチブを発揮することが、陸のユーラシア対海のインド太平洋という対立の構図を現実化させない上でも重要である。アジア太平洋でもなく、東アジアでもなく、インド太平洋という枠組みが、今後の世界の趨勢を占う中心的な舞台として登場してきたのであり、それをどう具体的に構想するかは、この地域の主要な一員と考えられる我々の責務であろう。

注

(1) なお、この前年までは、豪州、ニュージーランドは、英連邦の項に含まれていた。

(2) 東アジアという地域分類は、二つの範囲を指し示している。一つは、東北アジア、極東とも呼称される地域であり、国連統計の地域分類ではeastern Asiaとされる。他方、世界銀行の地域分類や地域統合で良く用いられる東アジアは、東北アジアと東南アジアを合わせた地域となっている。ここでいう東アジアは、前者の範囲を指すとみられる。なお、本論考では、引用等を除いて、東アジアは、東北アジアと東南アジアを含めた地理的範囲を指し示すものとして用いる。

(3) ここでのアジア・大洋州は、東北アジア、東南アジア、南アジア、大洋州を合わせた地域。

（4）なお、一九九五年版から題目に変更はあるが、分野別の取り組みの章（通常は第3章がそれに当たる）が設けられるようになり、その安全保障の箇所に地域安全保障の項が設けられ、そこでは、最新号に至るまで一貫してアジア太平洋という地域設定がなされている。

（5）なお、同箇所では、アジア太平洋外交の基本方針として、「第一に、この地域に安定した国際関係を構築するため、不安定化の動きに対する抑止力を引き続き確保しつつ、対話を中心に問題の解決を図っていくこと、第二に、域内の諸国との間で、経済分野を始めとする様々な分野での地域協力を積極的に推進し、この地域全体の近代化を主導すること、第三に、こうした外交活動と並行して、必要に応じ、域外の主要国との間で対話・協力を継続し強化していくことである。」と記載。

（6）アメリカを中心とする日米同盟などの二国間同盟によって保たれるアジアの安全保障秩序をハブとスポークに例えるが、このネットワーク化は、安全保障面では、日本がスポークの先にある諸国とネットワーク化を図ることによって、ハブとスポークを補完するものであり、これはその後、日米印、日豪印などの枠組みとして具体化しており、日本のアジア太平洋（インド太平洋）外交の展開として注目される。

（7）国家安全保障会議ホームページ参照。

（8）国家安全保障会議「国家安全保障戦略について」、二〇一三年。

（9）Ministry of External Affairs of India（2003）, "Speech by External Affairs Minister Shri Yashwant Sinha at Harvard University," September 29, 2003.

（10）ただし、戦略的自主性の確保がインド外交の基本方針であることは以来現在においても同様である。

（11）Brewster, David（2011）, Indian strategic thinking about East Asia, Journal of Strategic Studies, Volume 34, Issue 6.

（12）Thongkhol Haokip（2011），"India's Look East Policy: Its Evolution and Approach," South Asian Survey 18(2).

（13）Thongkholal（2011）.

（14）Thongkholal（2011）によれば、Look East policy という用語は、一九九六年の外務省年次報告に初めて現れるが、この政策自体は、ナラシンハ・ラオ首相時代の一九九一年に立ち上げられたとする。

（15）Brewster（2011）.

（16）Chacko, Priya（2014），"The rise of the Indo-Pacific: understanding ideational change and continuity in India's foreign policy", Australian Journal of International Affairs, Volume 68 Issue 4.

（17）Ministry of External Affairs of India, Annual Report（1999）.

（18）Scott, David（2009），India's "Extended Neighborhood" Concept: Power Projection for a Rising Power, India Review, vol. 8, no. 2.

（19）アフガニスタンを南アジアに分類するかどうかは、分類方法によって異なる。しかし、アフガニスタンは、インドが領有を主張する北カシミール（パキスタンが実効支配）に直接接しており、その意味では何れにしても直近近隣国と言える。

（20）Ministry of External Affairs of India（2003），"Speech by External Affairs Minister Shri Yashwant Sinha at Harvard University," September 29, 2003.

（21）Ministry of External Affairs of India（2004），"Seventh Dinesh Singh Memorial Lecture by Shri Yashwant Sinha, External Affairs Minister on '12th SAARC Summit and Beyond'," February 03, 2004.

（22）Prime Minister's Office of India（2014），"English rendering of the PM's opening statement at the India-ASEAN Summit," 21 Nov. 2014.

(23) Press Information Bureau and Ministry of External Affairs of India (2015), "Act East Policy," 23 December 2015.

(24) Ministry of External Affairs of India (2017), "Inaugural Address by Prime Minister at Second Raisina Dialogue," New Delhi January 17, 2017.

(25) インド首相による最初の言及は、二〇一二年のインドＡＳＥＡＮ特別サミットにおけるシン首相のスピーチとみられる。

(26) RIS (India), ERIA, and IDE-JETRO (2017), "ASIA AFRICA GROWTH CORRIDOR Partnership for Sustainable and Innovative Development A Vision Document," African Development Bank Meeting Ahmedabad, India, 22-26 May 2017.

(27) Roy-Chaudhury, Rahul (2015), "India's Neighbourhood Policy in the First Year of the Modi Government," Text of Talk at IISS-U. S., Washington DC, 14 April 2015.

(28) 二〇一五年のモディ首相のセイシェル訪問の際に、同国にインド軍関連施設を設置することに合意していたが、最新の報道では暗礁に乗り上げていると伝えられている。「インド、軍事拠点探しで苦戦、インド洋の島国で」『日本経済新聞』二〇一八年六月二二日付。

(29) Scott (2009).

(30) IMFのDirection of Trade Statisticsデータベースより筆者算出。

(31) BP p.l.c. (2017), "BP Energy Outlook Country and regional insights-India."

(32) International Energy Agency (2015), "World Energy Outlook 2015."

(33) Kugelman, Michael (ed.) (2008), "Foreign Addiction: Assessing India's Energy Security Strategy," Asia

Program Special Report, WOODROW WILSON INTERNATIONAL CENTER FOR SCHOLARS.

（34）Mohan, C. R. (2010), "The Return of the Raj," The American Interest, May-June 2010.

（35）Brewster (2011). なお、Brewsterは、その他の戦略的テーマとして、インドの戦略的自主性と多極秩序の追求、アジアの勢力均衡、民主主義を中心とした価値外交を挙げている。

（36）Tabrizi, Aniseh Bassiri and Aaditya Dave (2017), "Chabahar: The key to a strategic partnership between India and Iran?," 9 March 2017, the interpreter, Lowy Institute. VOLKHONSKY, BORIS (2016), "North-South Transport Corridor begins functioning," Russia Beyond.

（37）青山瑠妙『中国のアジア外交』東京大学出版、二〇一三年。

（38）青山、二〇一三年。

（39）なお、青山（二〇一三年）によれば、この時期の国境交渉では、自国の安全保障を最優先して領土問題においては一貫して譲歩する姿勢を示したとされる。

（40）中間地帯論を反米、次の第三世界論になって反米反ソとする見解も見られる。

（41）青山、二〇一三年。

（42）青山、二〇一三年。

（43）有賀定彦「中国の『第三世界論』について」『研究年報』（20）長崎大学、一九七九年。なお、天児慧「中国外交戦略の系譜」第1章（天児慧・青山瑠妙『超大国・中国のゆくえ2　外交と国際秩序』東京大学出版会、二〇一五年）によれば、当時の中国外交の実態は、第三世界論というよりは、ソ連への対抗のために米や西側諸国とも連携する一条戦略路線であったとされる。

（44）青山、二〇一三年。

（45）青山、二〇一三年。
（46）高原明生「中国の台頭とその近隣外交―日本外交への示唆」RIETI Discussion Paper Series 09-J-012 独立行政法人経済産業研究所、二〇〇九年。
（47）青山瑠妙「中国の周辺外交」第4章、趙宏偉、青山瑠妙、益尾知佐子、三船恵美『中国外交の世界戦略』明石書店、二〇一一年。
（48）青山、二〇一三年。
（49）松本はる香「冷戦後における中国の多国間外交の展開」第6章『現代中国の政治的安定（現代中国分析シリーズ2）』アジ研選書、日本貿易振興機構（ジェトロ）アジア経済研究所、二〇〇九年。
（50）高木誠一郎「中国の「新安全保障観」」『防衛研究所紀要』防衛研究所創立五〇年記念特別号、二〇〇三年三月。高原（二〇〇九年）によれば、一九九六年に打ち出され始め、二〇〇二年に定式化され体系的に説明されるようになったとする。
（51）高木、二〇〇三年。
（52）青山、二〇一一年。
（53）青山瑠妙「グローバル大国に向けての対外戦略」第2章（天児慧・青山瑠妙『超大国・中国のゆくえ　2　外交と国際秩序』東京大学出版会、二〇一五年）では、他の地域でも中国によるマルチのフォーラムが次々と開催されるようになったことを指摘しつつも、アジア・アフリカでは、地域外交が一定の進展を見せているもののそれ以外の地域では必ずしもそうではないとしている。
（54）青山、二〇一一年。Swaine, Michael D. (2014), "Chinese Views and Commentary on Periphery Diplomacy," China Leadership Monitor, Summer 2014 Issue 44, July 28, 2014, Hoover Instituteによれば「大国はカナメ

(key)、周辺は最重要、発展途上国は基礎、多角外交は重要な舞台」と位置付けられたとする。
(55) みずほ総合研究所「中国企業の対外投資戦略」みずほレポート、二〇一〇年九月二七日。
(56) 人民網日本語版「二〇一四年政府活動報告」、二〇一四年。
(57) 二〇〇六年の八月に開催された中央外事工作会議において胡錦濤国家主席は「中国の外交は国家の主権、安全、発展利益の擁護のために役割を果たすべきだ」と発言し、これまでの経済発展に加えて国家の主権と安全が外交目標として追加され（青山、二〇一一年）、以後国境問題や安全保障問題について、周辺に対する中国の外交が強硬化する（川島真「日米中関係の行方（上）中国、周辺外交で強硬路線」『日本経済新聞』二〇一四年三月六日付）契機になったものと思われる。
(58) Swaine (2014).
(59) 人民網日本語版、二〇一四年。
(60) 中国政府は、二〇一五年九月にこの構想の英文名称をBelt and Road Initiative (B&R) とすることを正式決定した。これにちなみ、BRIと呼称することが多い。しかし、中文では未だ「一帯一路」としているようであるので、ここでは、一帯一路を用いる。
(61) Xi Jinping (2014), "New Asian Security Concept For New Progress in Security Cooperation," Remarks at the Fourth Summit of the Conference on Interaction and Confidence Building Measures in Asia, 21 May 2014.
(62) 青山、二〇一三年。
(63) 青山、二〇一三年。Rolland, Nadège (2017), "China's Eurasian Century? Political and Strategic Implications of the Belt and Road Initiative," The National Bureau of Asian Research.
(64) Rolland (2017).

(65) Nicolas, Françoise (2017), "The Economics of OBOR: Putting Chinese Interests First," Alice Ekman, Françoise Nicolas, John Seaman, et al., "Three Years of China's New Silk Roads: From Words to (Re) action?", Études de l'Ifri, Ifri, February 2017、Ghiasy, Richard and Jiayi Zhou (2017), THE SILK ROAD ECONOMIC BELT Considering security implications and EU-China cooperation prospects, 2017, STOCKHOLM INTERNATIONAL PEACE RESEARCH INSTITUTE、Rolland (2017).

(66) Clarke, Michael (2017), "The Belt and Road Initiative: China's New Grand Strategy?," Asia Policy, Number 24 (July 2017).

(67) Rolland (2017) は、このような見方を取るとともに、中国人民大学の資料を引用しつつ、二〇一三～二〇一六年が始動期、二〇一六～二〇二一年が計画期、二〇二一～二〇四九実施期と区分する。また、Ghiasy and Zhou (2017) も中国政府当局の説明として一帯一路が超長期のもので期限は設定してないとの見方に言及し、中国人民大学の王義桅教授の文献を引用して同様の時期区分を紹介している。

(68) Ekman, Alice (2017), "China's New Silk Roads: A Flexible Implementation Process," Ekman, et al., 2017 前掲書。

(69) Ghiasy and Zhou (2017).

(70) Ghiasy and Zhou (2017).

(71) Ekman (2017).

(72) この部分は、Buzan and Wæver (2003)、Buzan (1998)、Buzan (2003)、Buzan, Barry (2011 A), "The South Asian Security Complex in a Decentring World Order: Reconsidering Regions and Powers Ten Years On," International Studies 48 (1) 1-19及びBuzan (2012 B) に主として依拠している。

(73) 大国（great power）とは、Buzan and Wæver (2003) によれば、必ずしもすべての分野で多大な能力を保持している必要はないが、国際システム・レベルでの力の配分の計算に組み入れられており、通常一つ以上の地域に関与する政治軍事的、経済的能力を有する国とされ、地域内の極（polarity）構造にのみ影響を与える地域大国（regional power）、国際システムのほとんどの地域の安全保障化、脱安全保障化の過程に主要なアクターとならざるを得ない超大国と区別される。また、分析のレベルとして、グローバル・レベル（リアリストの言う国際システム・レベル）、地域間レベル、地域レベル、単位（国）レベルを区分する。なお、冷戦終了後は、1＋4構造とされ、一つの超大国（アメリカ）と四つの大国（日、中、EU、ロシア）構造とされる。なお、Buzanは、二〇〇〇年代まではインドを地域大国と位置付けていた。

(74) 大国・超大国を含まない複合体は標準的な複合体（standard security complex）とされ、大国を含むgreat power security complexと区別される。

(75) なお、Buzanは、冷戦時代、欧州では地域のダイナミクスがグローバル・レベルに従属した一方、アジアでは冷戦期間中も、超大国に浸透されつつも内生的な地域ダイナミクスが活発なままであったとする。

(76) Afridi, Jamal and Jayshree Bajoria (2010), "China-Pakistan Relations," Backgrounder, Council on Foreign Relations.

(77) 超複合体（supercomplex）とは、大国が近接する地域にスピルオーバーすることによって生ずる安全保障ダイナミクスが強く働く地域間レベルとされ、この地域間レベルのダイナミクスが、地域レベルを凌駕すると、スピルオーバーは、地域の安全保障ダイナミクスのパターンを副次的なものとするようになり、超複合体を構成する地域複合体は、変容をきたし新しくかつより大きな地域（安全保障）複合体に統合される。Buzan and Wæver (2003)

(78) Buzan and Wæver (2003)。なお、International Crisis Group (2017), "Central Asia's Silk Road Rivalries," Europe and Central Asia Report N°245もこの地域における中国の政治的影響力は、未だロシアに次ぐものとして

いる。他方、経済的には、貿易面では、すでに中国と中央アジア五カ国の貿易額は大幅にロシアとこれら諸国との貿易額を上回るようになっているが、海外への出稼ぎに頼るキルギスやタジキスタンでは、ロシアからの送金が、二〇一五年にそれぞれ、GDPの二五・七%、二八・八%を占めるなど、経済的に低迷しているロシアにも一定の経済的影響力が残されているように見える。Stronski, Paul (2018), "China and Russia's uneasy partnership in Central Asia," East Asia Forum.

(79) この地域の脆弱性については、多数の指摘がある。例えば、Economist Intelligence Unit Limited (2018), "Democracy Index 2017," Kaplan, Robert D. (2016), "Eurasia's Coming Anarchy The Risks of Chinese and Russian Weakness," Foreign Affairs, Volume 95 Number 2 Kaplan, Robert D. (2018), "The Return of Marco Polo's World," Random House, International Crisis Group (2013), "China's Central Asia Problem," Asia Report N°244も参照。Shapiro, Jacob L. (2017), "The Roots of Central Asian Rage No region is more vulnerable to the Islamic State than is Central Asia," Nov. 3, 2017. Geopolitical Futuresは、今後最もISISの脅威を受けるであろう地域の一つが中央アジアであるとしている。また、域内諸国間の関係もきわめて脆弱であり、この地域の希少資源である水利権をめぐる上流諸国（キルギスとタジキスタン）と下流域諸国（カザフスタン、ウズベキスタン、トルクメニスタン）の深刻な対立や、ウズベキスタン、キルギスタン、タジキスタンの三カ国にまたがるフェルガナ盆地をめぐる領土・民族問題などが指摘されている。Chugh, Nishtha (2017), "Will Central Asia Water Wars Derail China's Silk Road?." The Diplomatなど参照。

(80) アジア太平洋については、すでに多くの優れた著作があるので（例えば、大庭三枝『重層的な地域としてのアジア』有斐閣、二〇一四年、寺田貴『東アジアとアジア太平洋』東京大学出版、二〇一三年など）、ここでは概要を述べるに止める。

（81）Rudd, Kevin and Sunil Kant Munjal (2016), "Why APEC needs India," Straits Times, editorial, Nov. 21, 2015, The Straits Times、SINGH, HARSHA V. AND ANUBHAV GUPTA (2016), "India's Future in Asia: The APEC Opportunity," AN ASIA SOCIETY POLICY INSTITUTE REPORTなどによれば、ＡＰＥＣの加盟国の中には、インドの経済政策が閉鎖的であり、貿易や投資の自由化の水準が十分でなく、ＡＰＥＣの目指すＦＴＡＡＰなどの進捗の障害となることを懸念するとするものである。なお、日米などはインドの加盟を支持すると公式に述べている。

（82）アジア太平洋という枠組み自体は、アメリカが設定したものとされる。例えば、Chacko（2016）は、「アジアにおける共産主義に対抗する防波堤を確立しようとするアメリカの試み」とする。大庭、二〇一四年、寺田、二〇一三年。

（83）バングラデシュ、インド、パキスタン、スリランカがメンバー国。

（84）BEESON, MARK (2006), "American Hegemony and Regionalism: The Rise of East Asia and the End of the Asia-Pacific," Geopolitics, 11, 2006、Pempel, T. J. (2010), "Soft Balancing, Hedging, and Institutional Darwinism: The Economic-Security Nexus and East Asian Regionalism," Journal of East Asian Studies, 10 (2010).

（85）二〇〇二年に枠組み協定が合意されたＡＳＥＡＮ中国ＦＴＡ（二〇〇四年発効以下同）、二〇〇三年に枠組みが合意されたＡＳＥＡＮ日本ＦＴＡ（二〇〇八年）及びＡＳＥＡＮインドＦＴＡ（二〇一〇年）、二〇〇五年枠組み合意のＡＳＥＡＮ韓国ＦＴＡ（二〇〇七年）、二〇〇五年に交渉開始したＡＳＥＡＮ豪ニュージーランドＦＴＡ（二〇一〇年）である。

（86）一時ブッシュ政権がＡＰＥＣにおいてテロ対策などを討議する場として活用しようとしたが、必ずしも成功したとは言えない。

（87）中国はＡＳＥＡＮ＋3、日本及びＡＳＥＡＮの主要国はＡＳＥＡＮ＋6を主張し、折衷案として、ＡＳＥＡＮ＋6を主としつつもＡＳＥＡＮ＋3も潜在的に存続させることとなった。

（88）Pape（2010）によれば、soft balancingとは、直接的にアメリカの軍事的な覇権に挑戦するのではなく（唯一の超大国であるアメリカに直接的に軍事的な勢力均衡行動（hard balancing）を取るのではなく）、非軍事的な手段を用いてアメリカの一方的で攻撃的な軍事政策を遅滞させ、妨げ、侵食する行動であって、国際機関、経済政策、外交的対処などがその手段として用いられる。Paul, T. V.（2005）. "Soft Balancing in the Age of U. S. Primacy," International Security, Vol. 30, No. 1も参照。

（89）hedging は必ずしも確立された定義があるわけではないが、KOGA, KEI（2017）, "The Concept of "Hedging" Revisited: The Case of Japan's Foreign Policy Strategy in East Asia's Power Shift," International Studies Review（2017）0によれば、hedgingとは、軍事力の拡大によって外交・軍事的な対応を準備する一方経済協力を強化することによって、潜在的な敵性国家との直接的な対峙を時限的に避ける、国家が行う相殺政策。

（90）KOGA（2017）は、典型的なhedgingとして、軍事的な勢力均衡、経済的な相乗り（bandwagoning）をあげ、アメリカとの安全保障の確保、経済的には中国との経済利益の相乗りをあげる。

（91）第3章脚注（5）で述べたように、本章は三部作の第二部にあたる。第三部の詳細については、後継書に譲るが、次の「おわりに」にその概要を簡略に述べ、読者の御賢察を賜りたい。

（92）Medcalf, Rory（2016）, "Australia's new strategic geography Making and sustaining an Indo-Pacific defence policy,"（Chpter1, Chacko, Priya ed.（2016）前掲書）。

第5章　インドの経済開発とアジア共同体のゆくえ

1　はじめに

二〇一五年末にＡＳＥＡＮ経済共同体（ＡＥＣ）が発足し、アジアにおける地域経済統合は一層の深化が期待されている。ＡＳＥＡＮ＋１とも言われるＦＴＡ（自由貿易協定）締結が進み、ＡＳＥＡＮを中心としたアジアの地域経済統合が実際面での統合を支えているが、その視線の先にはＡＳＥＡＮ＋６（日・中・韓・豪・ＮＺ・印）をメンバーとして交渉中のＲＣＥＰ（東アジア地域包括的経済連携）や、アメリカが離脱した後に再度署名されたＴＰＰ11（環太平洋パートナーシップに関する包括的及び先進的な協定）など、アジアを巡る重層的な経済統合の将来像が見据えられている。二〇世紀末のアジア通貨金融危機以降、欧米中心に進む経済自由化―いわゆるワシントン・コンセンサス[1]を中心理念としたグローバリゼーション―に端を発する危機への対応として取り組まれてきた東アジアにおける地域主義は、その性格を変化させ、広大な地理的範囲に跨がり、かつ多様な経済社会構造を内包するアジアを一つの経済制度のもとに統合するという試みとして進められようとしている。[2]

以上のような展開を見せるアジアの地域統合において、南アジアに位置するインドはどのように関わり、またどのような関係を取り結ぼうとしているのだろうか。インドは、ＡＳＥＡＮや日本、中国、韓国などとは相当程度異なる経済的、社会的、文化的背景を持つ国である。しかし、そこで実行されている政策はしっかりと世界経済の成長の極である東アジアに狙いを定めている。以下、まずは地域化と地域主義の概念に触れ、アジアの地域主義の展開を整理する。そして、アジア地域の世界経済における位置とインドの経済開発を概観した後、アジアの経済統合にインドがいかに関わろうとしているかを紐解くことで、上述の問いに答えていくこととしたい。

なお、本章では、東アジアという呼称を用いる場合には日本、中国、韓国、台湾、ＡＳＥＡＮの各国・地域の全体を指すものとし、アジアという呼称を用いる場合にはこれにインドその他のアジア地域も含めた広い範囲を指すものとする。

2　アジアにおける地域化と地域主義の展開

東アジア経済はその域内での経済的リンケージを深化させることで、地域としての経済関係の強化を進めてきた。こうした企業による生産ネットワーク形成によって進む実体面での統合を「地域化（regionalization）」という。これは「下からの」経済統合とも言え、東アジアの域内協力はこの地域化に裏打ちされて進んできた。これに対して、「地域主義（regionalism）」は、自由貿易協定など政治主導によって「上から」形成される制度的な統合を指す。特に、政治的効果を狙って提案される場合も少なくない。東アジア地域の経済統合に見られる特徴は、地域化による実態としての統合が、地域主義による形式的な統合に先行していることである。

東アジアにおける経済発展と地域化は、まず一九七〇年代のアジアＮＩＥＳ（韓国、台湾、香港、シンガポール）による輸出主導型成長に始まった。そして、一九八五年ドル高是正へのプラザ合意以後急激に進む円高のなかで、日本企業またアジアＮＩＥＳがその生産拠点をＡＳＥＡＮ地域に移転することから急速に進行した。そして低賃金と勤勉な労働力を求めて進出した企業は、東アジア域内において中間財の取引関係を構築、深化させ、最終財を対欧米向けに輸出することによって成長を遂げたのである。やがて、この動きは「世界の工場」としての中国を取り込み、さらには「世界の消費市場」をも提供することによって、東アジアの経済関係を一層深化させている。平川は、この東アジアにおける経済関係の深化を、成長のトライアングルの「高度化」としている(3)。

こうした順調な経済発展は「東アジアの奇跡」とも呼ばれ、東アジアは高成長を謳歌する。しかし、一九九七年にタイ・バーツへの空売りに始まるアジア通貨金融危機が起きると、東アジア経済は大きく失速した。同年七月、タイ・バーツへの空売りを契機に為替投機が始まると、タイ中央銀行はこれに対してバーツの買い支えを行ったが、外貨準備が尽きるとともに変動相場制へ移行し、この結果バーツは大暴落する。この通貨投機は、マレーシア、インドネシア、韓国などへも波及し、世界的な危機を引き起こした。ここに至り、東アジア経済は一転して、その市場経済の未成熟さ、縁故主義（クローニズム）を非難されることとなった(4)。そしてこの危機に対応すべく、同年一二月にＡＳＥＡＮ＋３（日中韓）首脳会議において、制度的な経済統合の気運が盛り上がることとなったのである。

こうして、東アジア諸国は欧米主導のグローバリゼーションへの警戒感と対応から地域経済協力に乗り出すことになった。まずは、グローバルな金融危機への対応としてアジア通貨基金（ＡＭＦ）設立の計画が提出されたが（アジア通貨基金構想）、これはアメリカの強硬な反対に遭い頓挫する。しかし、一九九八年一〇月には日本による新宮沢構想が提出され、これによってインドネシア、韓国、マレーシア、フィリピン、タイ各国に対して実体経済回復のための中長期の資金支援として一五〇億ドル、経済改革過程の短期資金需要に備える短期の資金支援一五〇億ドル、合わせて三〇〇億ドルが準備され、これとは別に保証や利子補給などのための資金が三〇億ドル用意された。[5] 同時に、危機に対するＩＭＦの処方箋―ワシントン・コンセンサスに基づいた金融引き締めや財政支出削減などのマクロ経済安定化策―に対しても、危機の最中に構造改革を強いることによって一層の危機を招くものと批判され、マレーシアはＩＭＦの支援を受けることを拒否した。[6] さらに、危機時におけるアジア各国間での通貨スワップ協定として二〇〇〇年五月チェンマイ・イニシアチブが合意されるなどの成果をみた。[7] このように、東アジア諸国はこの危機に際して、アメリカ主導の新自由主義的グローバリゼーションが国際金融面での危機を引き起こしたという認識の下、このグローバル金融資本主義[8]に対するバッファが必要であると感じ、その役割を地域主義に求めたのである。

ところがこの後、ＡＳＥＡＮ＋３の枠組みは歴史問題に端を発する日中間の主導権争いの発生により混乱をきたすことになる。中国を牽制する日本は東アジアサミットに豪州、ニュージーランド、インドを加えることを主張し、ＡＳＥＡＮ＋６で東アジア包括的経済連携（Comprehensive Economic Partnership in East Asia：ＣＥＰＥＡ）を目指した。これに対して、中国はＡＳＥＡＮ＋３で東アジア自由貿易地域（East Asia Free Trade Area：ＥＡＦＴＡ）を目指すことを主張したのである。

こうした東アジアでの地域主義の動きに対して、世界経済の成長の極であるアジアに足がかりを築くことを目指して、アメリカが接近を試みる。二〇〇六年一一月ＡＰＥＣ（アジア太平洋経済協力会議）において、アメリカはＦＴＡＡＰ（Free Trade Area of the Asia-Pacific：アジア太平洋自由貿易圏）を提案する。さらに、二〇〇八年ブルネイ、チリ、シンガポール、ニュージーランドの四カ国で交渉されていたＰ４への参加を表明し、これがＴＰＰへと変化してゆく。

このアジアにおける地域主義の錯綜に対して、二〇一一年八月日中共同提案、さらに同年一一月にはＡＳＥＡＮによるＲＣＥＰ（Regional Comprehensive Economic Partnership: 東アジア地域包括的経済連携）が提案された。二〇一三年五月に第一回交渉会合が開催され、現在までのところ、計一二回の交渉会合が開催されている。[9]

3　データでみる世界経済の中のアジア地域とインド経済

ここでは、まずアジア地域の世界経済における位置付けを、ＡＤＢ／ＡＤＢＩ（二〇一四年）によるデータで確認しておこう（以下、表5-1参照）。

まず、人口についてみれば、二〇一〇年時点で世界人口の約半分がＡＳＥＡＮ、中国、インド、日本、韓国に住んでいる（アジア合計では五八・一％）。この人口シェアは二〇三〇年に向けて微減する見通しとなっているが、以前として約五六％の人口がアジアに存在する。いわゆる人口ボーナスとして大きな可能

表5-1　アジア地域の人口とGDP規模見通し

	2010年					2030年					2010～2030年
	人口（百万人）	シェア（%）	GDP（10億ドル）	シェア（%）	1人当たりGDP	人口（百万人）	シェア（%）	GDP（10億ドル）	シェア（%）	1人当たりGDP	GDP成長率
ACI	3,158	47.55	15,663	23.57	4,959	3,621	45.49	60,610	39.60	16,741	7.0
ASEAN	592	8.91	2,819	4.24	4,760	704	8.84	8,383	5.48	11,909	5.6
中国	1,341	20.19	9,122	13.72	6,801	1,393	17.50	35,966	23.50	25,818	7.1
インド	1,225	18.45	3,721	5.60	3,039	1,523	19.13	16,105	10.52	10,571	7.6
日本	127	1.91	3,947	5.94	31,189	120	1.51	4,912	3.21	40,858	1.1
韓国	48	0.72	1,323	1.99	27,455	50	0.63	2,532	1.65	50,311	3.3
台湾	23	0.35	702	1.06	30,507	23	0.29	1,425	0.93	62,013	3.6
その他アジア	503	7.57	1,574	2.37	3,126	653	8.20	5,544	3.62	8,487	6.5
アジア合計	3,859	58.11	23,209	34.92	6,014	4,467	56.12	75,023	49.02	16,795	-
アメリカ	310	4.67	13,017	19.58	41,938	362	4.55	20,513	13.40	56,715	2.3
EU	502	7.56	13,832	20.81	27,575	517	6.49	20,554	13.43	39,750	2.0
世界	6,641	100	66,466	100	10.008	7,960	100	153,049	100	19,334	4.3

注：GDPは2005年PPPドル表示。
出典：ADB/ADBI（2014），Table2.2, p.29より筆者作成。

性を持っている。また、GDPについては、二〇〇五年の購買力平価（PPP）ドル換算で、アジア合計は二〇一〇年には二三兆二、〇九〇億ドルであるものが、二〇三〇年には七五兆二三〇億ドルと三倍以上の増大となる見通しである。特に、今後のアジアにおける成長の極と期待される日本、ASEAN、中国、インド、韓国に注目すれば、二〇三〇年の世界経済に占めるGDP規模は四四・五％に上り、アメリカやEUを遥かに凌ぐ巨大な経済圏となることが予想される。さらに注目に値するのは、ASEAN、中国、インド（以下、ACIと表記）を合わせたGDPの伸びであり、二〇一〇年の一五兆六、六三〇億ドルから二〇三〇年の六〇兆六、一〇〇億ドルへと約四倍になる見通しとなっている。ADB／ADBI（二〇一四年）では、二〇一〇年を基準とする実質GDPの推計もされているが、この場合でも同様に、ACIのGDP規模は二〇一〇年の九兆四七五〇億ドルから二〇三〇年の三六兆六、六五〇億ドルへと約四倍の伸びが見込まれている。

多様な経済水準の国が含まれ、一人当たりGDPについても大きなばらつきがあるアジア地域ではあるが、二〇三〇年に向けてのGDP成長率では総じて高い成長率であることが予想されており、今後の成長可能性や潜在的な成長率も高いことが伺える。

次に、インド経済の現状をマクロ経済指標とともに概観しておこう（以下、表5-2を参照）。実質GDP成長率をみると、やはり近年の高い成長率が目を引く。直近の数値では六・五％という推定になっているが、七％台の高い成長率はまさに世界経済の中でトップといえる。総貯蓄率、粗資本形成ともに高く、内需を下とした経済成長であることを伺わせている。しかし、経常収支をみれば赤字が続いており、インドが長く苦しめられている国際収支の赤字体質は今なお改善されていない。財政赤字は、縮小傾向を見せているが、いまだ単年度の赤字は対GDP比で三％を超えている。

GDP構成では、サービス業が約六割を占めており、高い経済成長の牽引役となっている。その他、農林水産業一五・五％、工業二六・二％となっている[10]。

しかし、こうした高い成長にもかかわらず、雇用の増加率は低く一％程度に止まっていることが「雇用なき成長」ともいえるインド経済の重要な課題の一つである。このほかにも、いまだ絶対的貧困層が多く存在することも解決すべき現実である。また、インフレも重要な問題である。近年は消費者物価指数も低下してきており、安定しているようにみえるが、二〇一八年にはインド準備銀行はインフレを懸念して二会合連続で政策金利を引き上げるなど、インフレには慎重な対応を採っている。

インドの貿易については、二〇一七年には輸出相手国としてはアメリカがトップであり、以下アラブ首長国連邦、香港、中国、シンガポールの順で上位五カ国・地域となっている。同様に、輸入相手国としては中国、アメリカ、アラブ首長国連邦、サウジアラビア、スイスの順である（IMF, Directions of Trade Statisticsより）。インドの主要輸出品は、宝石・宝飾品、石油製品、輸送機器、医薬品などが上位を占め、

表5-2　インド経済基礎データ

経済指標	2014 －2015年	2015 －2016年	2016 －2017年	2017 －2018年
実質GDP成長率（%）	7.5	8.0	7.1[a]	6.5[a]
総貯蓄（%）	33.1	32.3	na	na
粗資本形成（%）	34.4	33.3	na	na
消費者物価指数（%）	5.9	4.9	4.5	3.3[b]
輸出成長率（%）	－1.3	－15.5	5.2	12.1[b]
輸入成長率（%）	－0.5	－15.0	0.9	21.8[b]
経常収支（%）	－1.3	－1.1	－0.7	－1.8[c]
外貨準備（億ドル）	341.6	360.2	370.0	409.4[d]
為替レート（平均、Rs/＄）	61.1	65.5	67.1	64.49[b]
財政赤字（%）	4.1	3.9	3.5	3.2[a]

注：naは利用可能なデータなし、(a)：推定値、(b)：2017年4月－12月、(c)：2017年4月－9月、(d)：2017年12月29日現在。
出典：GOI（2018），vol.2, p.2, Table0.1より筆者作成。

同じく主要輸入品は、原油・石油製品、電子機器、化学・化学関連品、金・銀、真珠・貴石である。インドの経常収支の構造的な特徴は、一方で財の貿易収支と投資収益などを含む所得収支において慢性的な赤字を計上し、他方ではソフトウェア輸出を含むサービス収支と在外インド人による本国への送金を柱とする移転収支で黒字を計上することである。二〇一七年度においてGDP比マイナス一・八％の経常赤字となることが見込まれている。為替レートは、二〇一六年度にはドル高の影響からルピー安となり、その後やや持ち直していたが、二〇一八年六月には米中貿易摩擦によるドル買いや原油高によるインドの経常収支悪化をうけて、一時一ドル＝六九・〇九五ルピーと過去最安値を更新した。

二〇一四年五月にモディ政権が発足し、その経済手腕が注目を集めている。グジャラート州首相としての実績を背景にインド首相に押し出されたモディの経済政策は、モディノミクスとも呼ばれる。直接投資をテコに、国際生産ネットワークをインドに取り込み、これによる成長と雇用創出、輸出の多様化を図ることがモディノミクスの狙いである。

これを端的に目指し、スローガンとされているのが「メイク・イン・インディア（Make in India）」構想である。国内外の企業によるインドへの投資促進策であり、とくに雇用を創出する労働集約型製造業を振興することを目的としている。具体的な手法としては、ビジネス環境の改善、エネルギー・輸送・通信などのインフラ整備が挙げられている。

このことから政権の急務となったのが、物品サービス税（GST）の導入と土地収用法の改正である。インドの間接税は国税や州税が複数存在し、税種により税率が異なるなど非常に複雑な体系であった。さらにこうした複雑さは、インド国内での物流に悪影響を及ぼし、たとえば州間での取引に課税されるため、各州に倉庫を保有することで在庫移動として課税を回避することも発生していた。こうしたことから、二〇一七年七月にGST導入を果たし、三体系の間接税に簡素化されることとなった。これによって、倉庫集約などによる物流の時間短縮など効率化が期待されている。[11] 土地収用法改正については、インフラ整備推進の上で重要なものであったが、野党などの反対が根強く、これは見送られている。

また、若者の雇用対策として、「スキル・インディア」が掲げられた。これは、二〇二二年までに四億人の若者に職業訓練を実施する計画であり、国を挙げての人材育成に注力するものである。[12] これらの改革スローガンが目指すのは、インドを国際的な生産ネットワークの中に位置づけるべくインドでのビジネス環境を改善し、直接投資をはじめとする企業誘致を通じた雇用増大、ひいては国内需要の拡大を図り、高い経済成長を維持することである。

さらに「TEC（Transform, Energise, Clean）インディア」を掲げて、ガバナンス強化、生活の質改善、若者や社会的弱者など多様な社会その活性化、汚職・ブラックマネーの撲滅を目指しているところである。特に、ブラックマネーの撲滅に関しては、二〇一六年一一月に発表された高額紙幣（五〇〇ルピー、

一、〇〇〇ルピー札）の廃止が驚きをもって注視された。一時は経済的な混乱に陥ったが、数カ月後には落ち着きを取り戻し、インド社会はこれを受け容れていったと言ってよい。

ここまで、アジア地域が世界経済の成長の極となっており、またその中でもインドが高い経済成長を遂げており、今後も有望視されることを確認してきた。また、東アジアの経済統合を巡る錯綜した動きの中で、インドが注目されてきたのであった。それでは、今後も高成長を維持すると見られるインドは、東アジア経済に対してどのような視線を向け、どのような関係を取り結ぼうとしているのだろうか。この点を次節において確認しよう。

4 インドの経済発展と東アジアとの経済関係

インドが東アジアに注目したのは近年に限った話ではない。ラーマチャンドラ・グハによれば、そもそも国家としての独立以前から、インドは日本の経済発展を成功例として注目しており、一九三八年に国民会議派が設置した国家計画委員会では、日本とロシアの経験から工業化のためには国家介入が必要との教訓を引き出し、憲法制定後の一九五一年夏、政府の計画委員会は第一次五カ年計画の草案を発表している。(13)

戦後、一九四七年にインドは独立を果たした。しかし、インドはその後も長い間「眠れる巨象」と揶揄《やゆ》されるほどの経済的低迷を経験した。その経済成長率は一九七〇年代までは年三%程度であったといわれ、世界輸出に占めるインドのシェアも低下し、一九七九年には第二次石油ショックにより深刻な経常収支危機に陥った[14]。

インドは六〇年代以降、何度か経済自由化の改革に取り組んだが、インド経済の高成長への転換は一九九〇年代の経済自由化政策によって本格的に始まったといえよう。第一次湾岸戦争による原油価格高騰とインド人出稼ぎによる中東からの送金停止といった事態による国際収支危機に直面したインドは、一九九一年ＩＭＦと世界銀行の支援を得て、マンモハン・シン蔵相のもとで大胆な経済自由化政策を実施した。その主な内容は、産業許認可制度廃止[15]などの産業規制緩和、為替平価の大幅な切り下げ、外資規制緩和（外資比率五一％を認める）、公企業独占分野の民間開放などであり、これは従来の路線からの大きな転換であった[16]。

こうした一連の経済改革により、平均経済成長率は一九七〇年代には二・六％であったが、八〇年代に五・六％、九〇年代に五・八％、二〇〇〇年代には七・二％にまで急速に伸びている（二〇一〇年代については、二〇一七年までのデータで平均成長率六・八％）[17]。またＩＭＦによれば、インドの経済成長率は二〇一七年には六・七％と推定されているが、二〇一八年に七・三％、二〇一九年には七・五％と予測されており、世界の主要国の中で最も高い成長率を見込まれている[18]。さらに世界銀行のWorld Development Indicatorsでは、購買力平価換算のＧＤＰでは、インドはすでに日本を抜き、中国、アメリカに次ぐ世界第三位となっている（二〇一七年現在で約九兆四五〇〇万ドル）。

上記の改革と同時に、インドは「ルック・イースト」政策を打ち出し、東アジアとの関係強化に乗り出した[19]。最初に取り組んだのはＡＳＥＡＮとの関係拡大であった。一九九二年に部門別対話パートナーとなり、一九九六年にはＡＳＥＡＮ地域フォーラムのメンバーに加わった。その後二〇〇〇年代に入ると、中国とＡＳＥＡＮの関係強化に刺激され、インドもＡＳＥＡＮとの自由貿易協定（ＦＴＡ）締結を急いだ。

表5-3　インドが締結した発効済み自由貿易協定

発効年	名称
2000年	インド－スリランカFTA
2005年	インド－シンガポールCECA
2009年	SAFTA（南アジア自由貿易地域）
2010年	インド－ASEAN・FTA[a]
2010年	インド－韓国CEPA
2011年	インド－マレーシアCECA
2011年	インド－日本CEPA

注：2018年2月時点、FTA：自由貿易協定、CECA：包括的経済協力協定、CEPA：包括的経済連携協定

(a)インドとASEANは後にサービスと投資分野のFTAも締結しており、これは2015年に発効している。

出典：ジェトロHP「インド　WTO・他協定加盟状況」より筆者作成。

当初は二〇〇六年のFTA発効を目指していたが、原産地規則や関税削減・撤廃の品目選定などで交渉が難航し、大きくずれ込みながらも二〇一〇年一月の発効に至っている。[20] いまや、ASEANはインドの輸出入それぞれの約一〇％を占めるほどに経済関係を深めている。

ほかにも、インドは東アジア地域との経済協力・経済統合の動きを活発化させてきた。表5-3に見るように、インドはアジア各国・地域を中心にFTAを締結している。発効年順に、スリランカ、シンガポール、SAARC（南アジア地域協力連合）[21]、ASEAN、韓国、マレーシア、日本との自由貿易協定を締結してきた。これらの国・地域との貿易がインドの貿易に占める割合（カバー率）は、輸出二二・二％、輸入一六・七％、往復では一八・九％であり[22]、現在のところカバー率は高くはない。しかし、EU、中国、インドネシア、オーストラリア、タイ、ロシア、カナダとのFTAが交渉中であり、これらが発効すればFTAカバー率は五〇％程度にまで上昇するとみられる。[23] また、これらに加えて、FTA締結に向けて現在交渉中であるタイとは、二〇〇四年から先行して八二品目の関税引き下げ（アーリーハーベスト）を実施している。

こうしたインドのルック・イースト政策と東アジアとのFTA締結は、東アジアからみれば、東アジアへの潤沢な直接投資流入と域内取引の深化に裏付けられた国際生産ネットワークをインドにまで伸張させようという動きとのリンクとして理解できる。

そして今後、東アジアとインドあるいは南アジアが一層の地域化を遂げていくには、両地域間の物流の安定化・効率化が重要になる。また、そのためのインフラ整備が必要である。吉竹は、こうしたコネクティビティ（連結性）の観点から、いくつかの注目すべき計画を挙げている。メコン・インド経済回廊（MIEC）、インド北東部開発、そしてBIMSTECがそれである。(24)

メコン・インド経済回廊とは、インド、ミャンマー、タイ、カンボジア、ベトナムを海路と陸路でつなぐ計画である。インド・ミャンマー間については海路であり、ミャンマーのダウェイ経済特別区（SEZ）において深海港や工業団地の開発によって高い経済効果が得られると見積もられている。しかし、タイの民間企業の計画からの撤退後は停滞し、二〇一五年以降日本も開発に関与しているが、これまで開発に関する土地収用やこれに関連した住民への補償問題、住民との協議の不適切さ、環境破壊など開発への異議が現地から出されており、問題が山積している。(25)

インド北東部については、一九四七年のパキスタン分離によって内陸部に取り残されてしまった地域である。海に出るためには「鶏の首」と呼ばれるシリグリ回廊を迂回してコルカタへ向かう必要があり、輸送コストの大きさから開発が遅れている。現在、ミャンマー・タイと結ぶ高速道路、デリーとハノイを繋ぐ鉄道などの開発計画がある。

南アジアと東アジアを結ぶ上で重要な枠組みが、BIMSTEC（ベンガル湾多分野技術経済協力イニシアティブ）である。一九九四年、タイの主導によるバングラデシュ・インド・スリランカ・タイ経済協力（BIST－EC）によって始まり、後にミャンマーが加盟した際にBIMST－ECと改称、さらにネパール、ブータンが参加したことを受けて、二〇〇四年にBIMSTECへと改称されている。自由貿易協定の締結が目指され、二〇〇四年にはFTA枠組み協定が締結され、二〇一二年からの加盟国間での関税譲許実施が決定された。サービス分野と投資分野については交渉中となっている[26]。

このように、インドと東アジアのコネクティビティを高めるインフラ計画や枠組みは持ち上がっているが、ミャンマーの政情や少数民族問題など不安定要因もあり、これらの最終的な完成・成立は予断を許さない。

5 インドも含めた包括的なアジア共同体の可能性

以上みてきたように、世界経済の成長の極であるアジアにおいて、インドと東アジアは緊密な経済関係を取り持とうとしている。はたしてインドを含めた包括的な経済統合あるいはアジア共同体はどのように実現可能なのか。これを考察してみよう。

RCEPとTPP（あるいは、その先のFTAAP）とはその出自が異なり、そのため目指す地点も異なっている。RCEPはASEANを中心に提案され、世界的な金融危機への反省から、グローバルなリスクへの対処・安全弁としてのアジアにおける地域主義の理念を引き継いでいる。自由化の程度はこれまでのFTAとそれほどの違いはないが、グローバルなリスクに対処するだけの国家主権は維持することを目的としていると考えられる。これに対して、TPPあるいはFTAAPは、より高度な自由化を目指す野心的な自由貿易協定である。より自由な貿易に基礎をおく経済統合が成長をもたらすというワシントン・コンセンサスの延長上にあるといえよう。

RCEP交渉において、インドの懸念は輸入増加であり、また各国が目指す関税の撤廃水準（自由化率）などが折り合わず、交渉に時間を要している。二〇一八年一月ASEAN・インドの対話関係二五周年を記念する首脳会議が開催され、デリー宣言が発表された。そこでは、ASEAN・インドFTAの最大限の活用及び効果的実施を通じてASEAN・インドの経済関係をより強化すること、そして近代的、包括的かつ質の高い互恵的なRCEPの二〇一八年締結に向け、最大限努力をすることで合意している(27)。

RCEPがTPPのようなかなり自由度の高い自由貿易協定として成立をみることはなかろう。それは、アジアの地域主義に根差したグローバルなリスクへのバッファという役割とも齟齬《そご》を来すことになる。自由化度は従来の自由貿易協定のレベルに留め、より地域内の経済協力を高める方向での制度を整えていくべきであろう(28)。

このためには、成立しうるアジア共同体がどのような理念を共有できるかも重要な問題となる。なぜならある共同体がどのような理念を共有するかは、その共同体の目指す目標や具体的な制度設計にも影響するからである。その理念とは、アジアの地域主義が積み上げてきた認識――いわゆるワシントン・コンセンサスによって画一的に適用された構造改革や自由化が大規模なグローバルな危機を招いたという認識――のもと、より社会の連帯と生活者の視点に立つ開発理念であるべきだろう(29)。その理念は、未だ具体的ではないが、かつて途上国によって主張された世界経済への平等な参加や公平な取扱い、あるいは現在進行形で拡大している格差の是正といった内容を含むものとなるだろう。インドは、一九九一年にIMF・世界銀行の構造調整融資を受け容れた。しかし、その自由化策を言われるままに採用したというより、むしろ国情に合わせて選択的に採用し、うまく利用したことで、その後の高い経済発展につなげることを可能とした。(30)また、東アジアの経済成長の特徴は比較優位にしたがった自由貿易を採用したというよりも、ある産業部門に比較優位を自ら創り出すべく周到に用意された産業政策採用の結果でもある。これらの歴史的な経験を踏まえた開発理念の醸成が求められる。

とはいえ、こうした開発理念の共通は単一の価値理念でお互いの加盟国を縛るようなものであってはなるまい。孫崎は、アジア共同体が可能である場合の一つの理念型として、ASEAN共同体を想定している。ASEANは社会的、文化的多様性を持つ各国が共同体を形成しており、これがアジアでの共同体の目指す方向性を示しているという。(31)お互いの多様性を認め合う中に、共通の開発理念を共有し、お互いに経済的成果をも共有できる経済協力のあり方が目指すべき方向であることは間違いなかろう。

6 おわりに

二〇〇八年の世界金融危機後、世界はある種の構造変化を必要としている。アメリカ市場の停滞と世界需要の低迷が世界経済のボトルネックとなり、世界の過剰生産・過剰資本が向かう先を探すなかで、巨大な人口を擁する中国、インドをはじめとするBRICSがその受け皿として、また新たな成長の極として注目を集めている。アメリカにおけるトランプ政権の誕生とその自国優先主義的貿易政策は、アメリカの過剰消費と金融的蓄積に基づいた東アジアの成長、ひいては世界経済の成長の構造が転換を迫られていることを示している。インドは、東アジアの成長力に注目し、これとの経済関係を重視する戦略に出ている。また東アジアも上述の状況からインドにその活路を見出そうとしている。また、アメリカは成長の極としてのアジアに足がかりを築くべく二国間あるいは多国間の自由貿易協定を利用している。それぞれの思惑が交錯する中、アジアの経済統合は日本、中国、ＡＳＥＡＮ、インドを中心に展開し、今後の世界経済においても重要な地位を占めることになろう。

しかし、その経済統合を拙速に進めてはならない。地域統合のためには、多様なアジア地域を包含できるだけの理念が必要である。それは、これまでの新自由主義的なワシントン・コンセンサスに対抗する開発理念でもある。成長の成果を各国あるいは各国民が等しく享受できるような仕組みを導入してこそ、アジアにおける経済統合の価値はある。また、文化的多様性への配慮と国内政策の自律性を保障する各国主権の尊重もまた重要な要素である。上からの経済統合である地域主義が各国の多様性や主権行使としての国内政策の自由度を奪うものとならないこと、これがアジアの地域統合に求められる最重要の視点である。

参考文献

ADB/ADBI, *ASEAN, PRC, and INDIA: the Great Transformation*, ADBI, 2014.
Government of India (GOI), *Economic Survey 2017-2018*, 2018, http://mofapp.nic.in:8080/economicsurvey/：二〇一八年七月三一日閲覧。
IMF, *Direction of Trade Statistics*, http://data.imf.org/?sk=9D6028D4-F14A-464C-A2F2-59B2CD424B85：二〇一八年八月四日閲覧。

IMF, *World Economic Outlook Update, July 2018*, http://www.imf.org/en/Publications/WEO/Issues/2018/07/02/world-economic-outlook-update-july-2018：二〇一八年七月二五日閲覧。

World Bank, *World Development Indicators DataBank*, http://databank.worldbank.org/data/reports.aspx?source=world-development-indicators：二〇一八年七月二六日閲覧。

「インド、成長加速へ若者4億人に職業訓練」、SankeiBiz、二〇一五年八月一一日。https://www.sankeibiz.jp/macro/news/150811/mcb1508110500013-n1.htm：二〇一八年八月四日閲覧。

石上悦朗「産業政策と産業発展」石上悦朗・佐藤隆広編著『シリーズ・現代の世界経済6　現代インド・南アジア経済論』ミネルヴァ書房、二〇一一年、一四九～一八二頁。

絵所秀紀『離陸したインド経済　開発の軌跡と展望』ミネルヴァ書房、二〇〇八年。

ラーマチャンドラ・グハ（佐藤宏訳）『インド現代史　１９４７－２００７』（上巻）明石書店、二〇一二年。

経済産業省「総論　経済連携協定締結に向けた規律の策定」『不公正貿易報告書　２０１８年版』二〇一八年、http://www.meti.go.jp/committee/summary/0004532/2018/pdf/03_00.pdf：二〇一八年八月五日閲覧。

小島眞「東アジアに接近するインド経済」浦田秀次郎・深川由起子編『東アジア共同体の構築2　経済共同体への展望』岩波書店、二〇〇七年、二九九～三二八頁。

佐藤隆広「経済自由化のマクロ経済学」絵所秀紀編『現代南アジア　②経済自由化のゆくえ』東京大学出版会、二〇〇二年、一一～四二頁。

椎野幸平『インド経済の基礎知識　新・経済大国の実態と政策』（第2版）ジェトロ（日本貿易振興機構）、二〇〇九年。

ジェトロ編『ジェトロ世界貿易投資報告　２０１７年版』ジェトロ、二〇一七年。

ジェトロ「インド　ＷＴＯ・他協定加盟状況」二〇一八年、https://www.jetro.go.jp/world/asia/in/trade_01.html

ジェトロ編『ジェトロ世界貿易投資報告　2018年版』ジェトロ、二〇一八年。

杉原薫「アジア太平洋経済圏の興隆とインド」秋田茂・水島司編『現代南アジア　⑥世界システムとネットワーク』東京大学出版会、二〇〇三年、一七九～二一一頁。

助川成也「東アジアのFTAと生産ネットワーク」朽木昭文・馬田啓一・石川幸一編著『アジアの開発と地域統合　新しい国際協力を求めて』日本評論社、二〇一五年、七三～八九頁。

鳥谷一生・松浦一悦編著『グローバル金融資本主義のゆくえ　現代社会を理解する経済学入門』ミネルヴァ書房、二〇一三年。

西川潤『新・世界経済入門』岩波書店、二〇一四年。

平川均・石川幸一・山本博史・矢野修一・小原篤次・小林尚朗編著『新・アジア経済論　中国とアジア・コンセンサスの模索』文眞堂、二〇一六年。

平川均「アジア経済の変貌と新たな課題－アジア・コンセンサスを求めて」平川均ほか編著、二〇一六年、三～一六頁。

孫崎享「編集長インタビュー　孫崎享さん　東アジア共同体が活路」『フラタニティ』1、二〇一六年、二六～三一頁。

メコン・ウォッチ「事業再開計画を考え直して、現地市民グループが声明」『ダウェイ経済特別区（SEZ）開発事業』、http://www.mekongwatch.org/report/burma/dawei.html：二〇一八年八月六日閲覧。

矢野修一『可能性の政治経済学　ハーシュマン研究序説』法政大学出版局、二〇〇四年。

尹春志「東アジア金融地域主義の現状と課題」平川均・石川幸一・小原篤次・小林尚朗『東アジアのグローバル化と地域統合　新・東アジア経済論Ⅲ』ミネルヴァ書房、二〇〇七年、二六一～二七九頁。

吉竹広次「インドの開発と地域統合」朽木昭文・馬田啓一・石川幸一編著『アジアの開発と地域統合　新しい国際協力を求めて』日本評論社、二〇一五年、二一五～二三三頁。

注

（1）ワシントン・コンセンサスとは、ＩＭＦ・世界銀行によって主導される自由化、マクロ経済の健全化、規制緩和、民営化を主とした開発理念を指す。一九九〇年代にはこの有効性について疑問が提出されたが、その影響力は今なお強く残存している。これへの批判とその後については、矢野、二〇〇四年、第7章を参照のこと。

（2）この点に関して、西川潤は、ＡＰＥＣ（アジア太平洋経済協力）がアメリカ主導のグローバリゼーション、自由化を推し進める場となることを警戒したＡＳＥＡＮはＡＳＥＡＮ＋３（日中韓）の新しい経済協力体制を呼びかけたが、「アメリカや日本がそれをグローバリゼーションの側に回収していこうと動いている」と指摘しているが（西川、二〇一四年、四五頁）、本章も同じ視点に立つ。

（3）平川、二〇一六年、一六頁。

（4）アジア通貨危機の原因については「ダブル・ミスマッチ」、つまり経済成長のための資金を外資に依存するため、国内で必要になる借入資金はインフラ投資など「自国通貨建て、長期資金」であるにもかかわらず、提供される貸付資金は「外国通貨建て、短期資金」であったという、通貨と期間の両面でのミスマッチであった。さらなる詳細は、尹（二〇〇七年）を参照。

（5）実績としては、二〇〇〇年時点で二一〇億ドルの資金支援、さらに保証分約二三億ドルの合計約二三三億ドルが資金提供された。外務省「2　アジア通貨危機支援の全体像」『国際協力　政府開発援助ＯＤＡホームページ』http://www.mofa.go.jp/mofaj/gaiko/oda/shiryo/hyouka/kunibetu/gai/asia_tuka/th99_01_0203.html：二〇一八年五月二五日閲覧。

（6）韓国、インドネシアはＩＭＦの支援を受入れ、急激な経済改革を実行することとなった。

（7）その後、二〇一〇年にチェンマイ・イニシアチブはマルチ化され（それまで二国間での契約の集合であったものを、一本の多国間取極に集約）、さらに二〇一四年には規模が倍増される（一二〇〇億ドルから二四〇〇億ドルへ）など機能強化が行われている。詳細は、以下を参照のこと。財務省「チェンマイ・イニシアティブ（ＣＭＩ／ＣＭＩＭ）について」、https://www.mof.go.jp/international_policy/financial_cooperation_in_asia/cmi/index.html：二〇一八年五月二五日閲覧。

（８）鳥谷・松浦編著（二〇一三年、一頁）は、グローバル金融資本主義について「ＩＣＴ（Information and Communication Technology, 情報通信技術）に支えられ、一九九〇年代を前後に先進国はいうに及ばず新興経済諸国・発展途上国にまで及んだ金融の自由化・金融の国際化により成立した、米ドル中心の国際通貨金融システム」と定義しており、本章においても同内容を指すものとして使用する。

（９）ＲＣＥＰに関する交渉経緯については、以下参照。外務省「東アジア地域包括的経済連携（ＲＣＥＰ）」、http://www.mofa.go.jp/mofaj/gaiko/fta/j-eacepia/index.html：二〇一八年五月二五日閲覧。

（10）工業は、鉱業、製造業、建設、電気・ガス・水道を含んだもの。

（11）ジェトロ、二〇一七年、第2部、インドを参照。

（12）SankeiBiz、二〇一五年。

（13）グハ、二〇一二年、三一四〜三一六頁。

（14）吉竹、二〇一五年、二一五〜二一六頁。

（15）産業許認可（ライセンス）制度とは、一定規模以上の生産単位を雇用する工場を有する企業は、新規企業の設立、新規商品の生産、既存企業の能力拡張、立地変更等について事前にライセンスの交付を受けることを義務づける制度である（石上、二〇一一年、一五一頁）。

（16）インドのこの時期の経済自由化については、絵所（二〇〇八年、第4章）、佐藤（二〇〇二年）、椎野（二〇〇九年）など参照。なお、この経済自由化の直接の契機として、杉原（二〇〇三年、二〇三頁）は世界銀行・ＩＭＦからの圧力と、これを通じてインドの国際収支危機を是正しようというアメリカからの圧力であったとしている。

(17) World Development Indicator による二〇一〇年米ドル換算の実質ＧＤＰをもとに計算。

(18) IMF, *World Economic Outlook update, July 2018.*

(19) インドのルック・イースト政策については、小島（二〇〇七年、三〇五～三一〇頁）を参照。

(20) 助川二〇一五年、七九頁。

(21) ＦＴＡ名称は、南アジア自由貿易地域（ＳＡＦＴＡ）であり、ＳＡＡＲＣ内で発効。ＳＡＡＲＣ加盟国は、インド、パキスタン、バングラデシュ、スリランカ、ネパール、ブータン、モルディブ、アフガニスタン。

(22) ジェトロ『世界貿易投資報告　２０１８年版』二〇一八年、八一頁、図表Ⅲ‐３を参照。なお、データは二〇一七年の貿易統計に基づく。

(23) ジェトロ、二〇一七年、第２部、インド、表４を参照。

(24) 吉竹、二〇一五年、二二七～二三二頁。

(25) メコン・ウォッチ、二〇一八年。

(26) 経済産業省、二〇一八年、四〇八頁。

(27) ジェトロ「インド　ＷＴＯ・他協定加盟状況」二〇一八年。

(28) 尹（二〇〇七年）では、これを東アジアにおける金融地域主義と位置付け、世界経済のヘゲモニーを持つアメリカに対抗するための集団的なパワーが必要であるとしている。

(29) この点に関して、平川ほか（二〇一六年）は今後のアジアが持つべき開発理念として「アジア・コンセンサス」を模索している。

(30) 絵所、二〇〇八年、六八～七三頁及び第4章。
(31) 孫崎、二〇一六年、三一頁。

山本勝也

第6章　政府の役割とは何か？
――バングラデシュの事例をもとにして

1　はじめに

ブラジル、ロシア、インド、中国といったＢＲＩＣｓの後を追う国として、ネクスト11があり、そのネクスト11にバングラデシュは入っている。[1] バングラデシュは二〇二一年までに中所得国となることを目標とし、経済成長の力強さ、人口ボーナスの観点から、バングラデシュ経済の潜在性の高さが語られることも多い。しかし経済成長の歯止めとなりかねない課題も残されている。[2] その課題は多岐に渡るが、経済分野においては、民間部門による効率的な経済活動・企業活動の育成といったように、中所得国となるための民間と政府の役割をさらに明確にしてゆく必要がある。もちろん経済に対する民間、政府の関わり度合いについては、国によって大きく異なることは言うまでもない。最近のバングラデシュの経済情勢、経済的課題については、本書のイクバル・マフムード氏による第7章の包括的な説明が詳しい。そこで本章では教育、社会保障、生活リスク、所得再分配を選び、バングラデシュの文脈から、それらに関する民間と政府の役割、政府が市場に参加（介入）せざるを得ない理由を説明する。

2 市場の失敗それとも政府の失敗？――公共財としての教育

一般に教育サービス全体を純粋公共財と位置づけることは難しい。私学教育のように、非競合性はあっても排除可能性がある場合（準民間財）も想定されるからである。また発展途上国の場合、学校数の不足から教育サービスについて非排除性はあっても、混雑現象が生じることで競合性が生じる場合も考えられる。

バングラデシュの場合、教育システムは大別すると就学前、初等（五年）、中等（七年）、高等（三年以上）といったシステムをとっている。義務教育は初等教育である。中等教育は前期中等教育三年、中期中等教育（SSC）二年、後期中等教育（HSC）二年と区分される。そして公立学校（ガバメントスクール）、登録私立学校（ノンガバメントスクール）、イスラム教育体系を基盤とし、政府による監督下にあるマドラサ、NGOによる学校といったように、様々なタイプの学校が設立されている。

Bangladesh Bureau of Statistics, Statistics and Information Division, Ministry of Planningでは二〇一七年一〇月にPreliminary Report on Household Income and Expenditure Survey 2016（以後HIES（二〇一六年）と記す）を発表した[3]。HIES（二〇一六年）は、バングラデシュにおける四万六、〇七六家計（農村部三万二、〇九六家計／都市部一万三、九八〇家計）をもとにした家計調査報告書である。

表6-1：6歳～10歳の就学率（国全体％）

	HIES（2016年）	HIES（2010年）
男女	93.5	84.8
男子	92.9	82.6
女子	94.2	87.0

出典：Bangladesh Bureau of Statistics (2017), Preliminary Report on Household Income and Expenditure Survey 2016より筆者作成。

ここで教育の成果の一つとして識字率に注目してみよう。HIES（二〇一六年）によれば七歳以上の男女を含む国全体の識字率は六五・六％であり、前回調査HIES（二〇一〇年）では国全体の男女を含む識字率が五七・九一％であった。この両者を比較すると識字率の向上が見てとれる。HIES（二〇一六年）では国全体だけではなく、都市部と農村部を区分した上での数値も報告している。HIES（二〇一〇年）における農村部の識字率は五三・三七％、今回のHIES（二〇一六年）では六三・三％と、農村部の識字率が大きく改善している点も見逃がせない。

次に六歳～一〇歳の初等教育の就学率については、表6-1の結果を得ている。初等教育の就学率が男女問わず改善している点については、例えば義務教育に対する家族の理解が大きく浸透しているものと評価できる。しかし就学率には依然として男女格差が確認される。その差が前回調査であるHIES（二〇一〇年）より小さくなっているとはいえ、女子の就学率が男子よりも高い状態である。初等教育の就学率が限りなく一〇〇％に近づいていない背景、就学率における若干の男女格差の背景については、HIES（二〇一六年）で直接述べられていない。ただ男女を問わず教育よりも家内労働、家庭外での児童労働に参加している可能性、男子児童を労働力として依存している家計の存在を想像できる。言い換えるならば、子供を学校へ通わせる時間よりも、家内労働あるいは家庭外での児童労働に参加させることによる収益率が高いと考えている人もいるものと考えられる。

表6-1が示す初等教育における就学率の男女格差については、表6-2における

表6-2：11歳～15歳の就学率（国全体％）

	HIES（2016年）	HIES（2010年）
男女	84.3	77.8
男子	80.7	72.4
女子	88.3	83.7

出典：Bangladesh Bureau of Statistics（2017），Preliminary Report on Household Income and Expenditure Survey 2016より筆者作成。

表6-3：初等教育における粗就学率（国全体％）

	HIES（2016年）	HIES（2010年）
男女	113.72	108.81
男子	114.26	105.77
女子	113.15	111.99

出典：Bangladesh Bureau of Statistics（2017），Preliminary Report on Household Income and Expenditure Survey 2016より筆者作成。

一一歳～一五歳の就学率、すなわち中等教育の就学率においても大きな特徴が見えてくる。中等教育の就学率は男女問わず、前回調査時よりも改善しているものの八〇％台の範囲にある。男子の就学率が八〇・七％という数値であり、就学を選択していない男子が一〇名中約二名はいるという状況である。中等教育のレベルでは、就学率の男女格差が初等教育よりも拡大する。その理由についてもＨＩＥＳ（二〇一六年）で明記されていないものの、中等教育就学年齢に達すると男子の労働市場参加の機会、男子労働に対する需要も高まり、所得稼得者としての男子という位置づけが、さらに高まっているものと想像することもできる。

初等教育における粗就学率については表6－3のとおりである。ただし表6－3が示すように就学率が一〇〇％を超えている点については注意を要する。例えば出席日数不足、初等教育修了認定試験に合格しない児童が生じているものと推測される。その場合、なぜ出席日数に不足が生じるのか、初等教育修了認定試験に合格しないのか。それらの背景を探る必要がある。教員の教える力や教員数に問題があるのか。子供に何らかの理由（例えば家庭の経済問題で教育よりも労働を余儀なくさせられているなど）があり、学校に来ることができないなど、その理由には複数の要素が絡み合っているものと考えられる。いずれにせよ特に義務教育については、非排除性と非競合性を高く兼ね備えるサービスと考えるべきである。そのような中で粗就学率が一〇〇%を超えていることは，教室や学校における混雑現象を招きかねない。進級失敗、初等教育を修了できずにドロップアウトする児童の増加、定員超過の教室での授業は、公共財としての教育サービス提供の失敗に結びつく。

バングラデシュの英字新聞の一つである『デイリー・スター』（*The Daily Star*）は、"Small school, big hope"といった記事を二〇一七年一一月二〇日に報道した。それはバングラデシュ第二の都市チッタゴンにおいて、二〇一二年四月当時、大学などに通う六人の若者が部屋を借り、経済的に恵まれず、就学機会を逃している児童二〇名に対して、十分に質の保証された教育サービスを提供するための学校を設立したという内容である。(4) 現在、その学校は八二名から構成される慈善団体をもち、その構成員の月々の寄附を通じて学校運営を行い、一二〇名もの児童に対して無償で学習教材を提供し、児童らは無償教育サービス（就学前と初等教育サービス）を受けている。このような児童がいる背景としては、家計の経済的な理由から子供に対して教育よりも労働を選択させざるを得ない、労働力としての子供に依存する家計が浮かび上がる。さて、この記事の含意は何か。公共財としての教育サービスの提供が機能していないといった、政府による公共財供給の失敗が生じている。そして公共財としての教育サービス供給の失敗（政府の失敗）を、民間が補完している点である。家内労働や児童労働から初等教育や中等教育へと児童、親を促すためには、短期的には記事で紹介された学校と同様の学校を、民間だけではなく、政府が金銭面で支援してゆく必要性があろう。しかし、この種の学校があることを理由に、子供に家内労働や児童労働を継続させてもいいという意識を親が持ってしまう可能性も残る。家内労働や児童労働ではなく、学校に通うという選

図6-1：出生率（女性1人当たり：人）

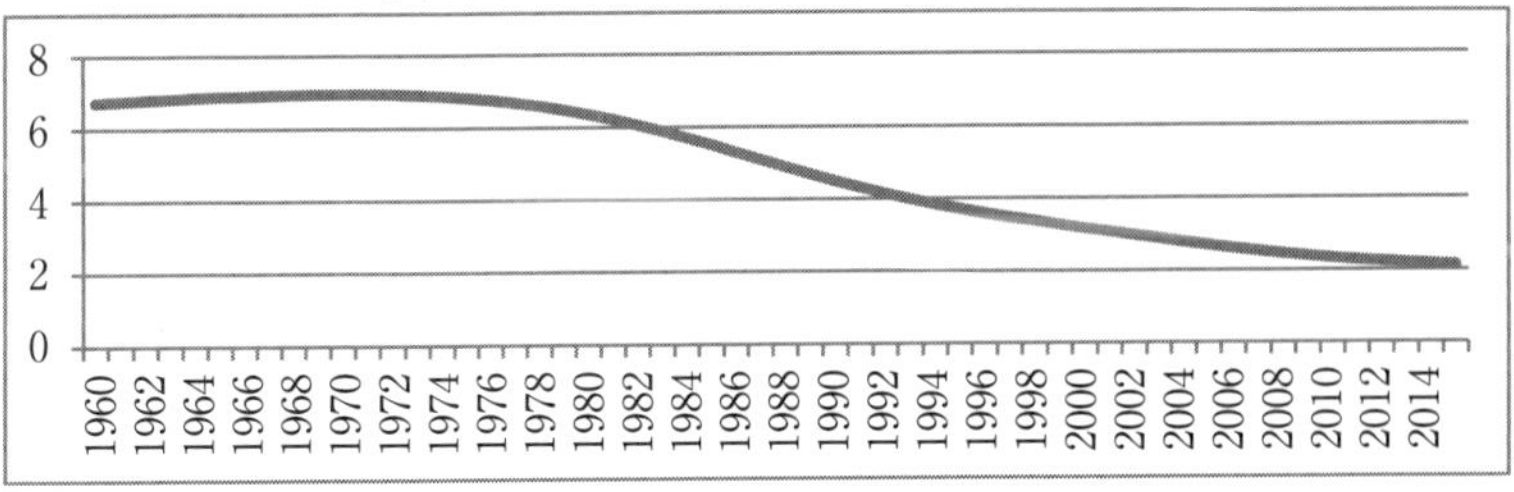

出典：World Bank, World Development Indicators,
（https://data.worldbank.org/country/bangladesh）より筆者作成。

択がされるための仕組みを用意する必要が政府に生じる。

3 人口リスクと政府

現在バングラデシュでは人口増加が問題となっているが、今後、少産少死のステージへと移行してゆくことが示唆される。図6-1が示すように、バングラデシュが独立を果たした時点（一九七一年）の出生率は七近くであった。しかし一九七二年以降、出生率は減少へと転じ、二〇一五年時点では二・一三三となっている。図6-2から独立時には五〇歳を下回っていた平均寿命も伸びていて、二〇一五年時点では約七二・二歳にまで達している。なお普通死亡率については独立戦争前後で上昇と減少の両者を経験しているものの、独立後は一貫して減少傾向にある。これらより忍び寄る少産少死が見えてくる。中所得国への移行過程で少産少死の状態が見え隠れすることは、社会保障の充実を少産少死が追い越す可能性もある。

図6-3が示すように、人口については現在、一五歳～六四歳人口が大きく伸びていることから、人口ボーナスの恩恵を受ける局面にある一方、

図6-2：平均寿命（男女：歳）

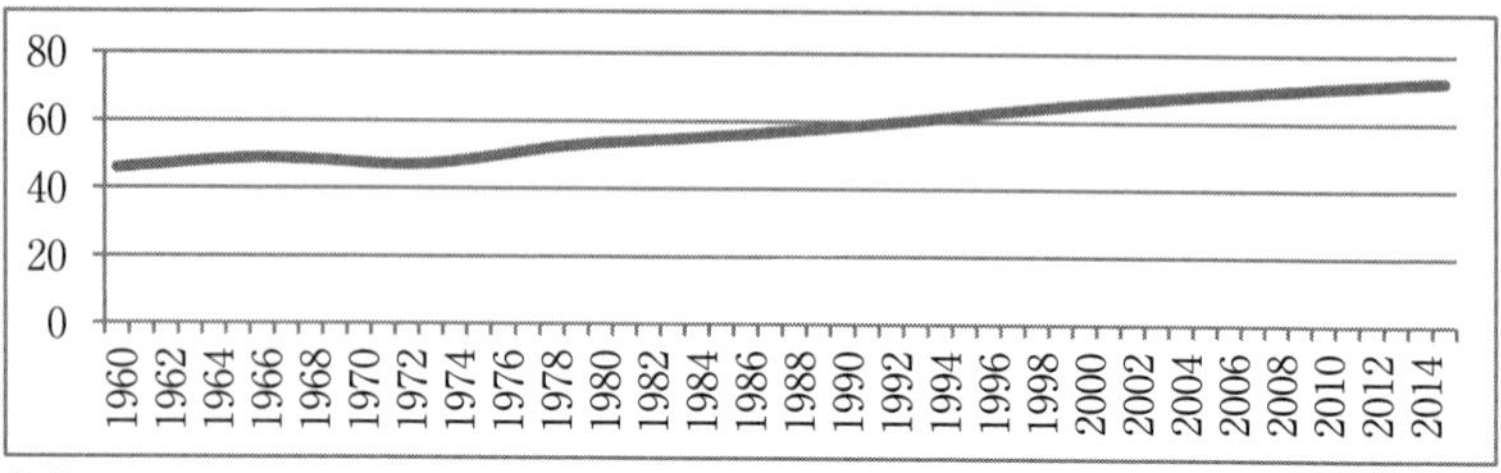

出典：World Bank, World Development Indicators,
（https://data.worldbank.org/country/bangladesh）より筆者作成。

図6-3：バングラデシュにおける年齢構成別人口の推移（万人）

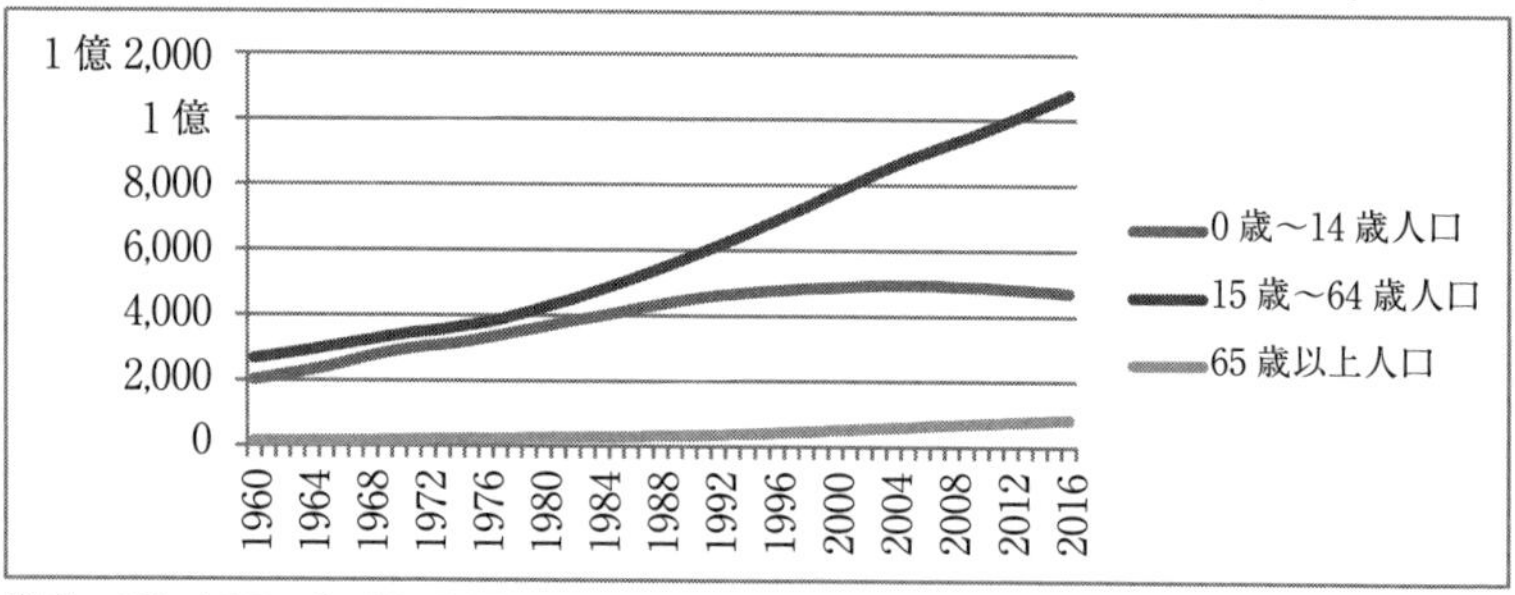

出典：World Bank, World Development Indicators,
（https://data.worldbank.org/country/bangladesh）より筆者作成。

六五歳以上人口の緩やかな上昇、二〇〇九年以降の〇歳～一四歳人口のなだらかな減少を見逃すことができない。人口ボーナスの恩恵を受けている間に、政府の役割として少産少死社会のための準備、社会保障の拡充が求められる。

　このような視点が、現在のバングラデシュの政府内にあるかどうかについては、評価が分かれてくる。二〇一五年七月にGeneral Economics Division, Planning Commission, Ministry of Planningが出版した*National Social Security Strategy* (NSSS) of Bangladeshでは、将来の少産少死化に備えるといった視点での言及が多くない。例えばそこでは六〇歳以上人口比率、六五歳以上人口比率、八〇歳以上人口比率の値が今後二〇五〇年にかけて高くなる。そして六〇歳から六四歳、六五歳から六九歳、七〇歳から七九歳、八〇歳以上の貧困率が、それぞれ三〇％前後の値をとっていることを示している。特に老齢皆年金制度が欠如している現在、バングラデシュの高齢者が生活のために労働をしなければいけない現実がある一方、高齢者による労働供給への需要が低い、加齢による信用リスクが高く、マイクロクレジットの利用が難しい、医療費用がかさむなど高齢者が経済的弱者となりやすく、子世代への経済的な依存が進みやすいことを説明している。もちろん子世代への経済的な依存を期待できない場合、高齢者は経済的に不利な状況に陥る。

臼田雅之・佐藤宏・谷口晉吉編『もっと知りたいバングラデシュ』「I　自然と人々の生活　三　人々の生活とイスラム」（弘文堂、一九九七年、四六頁）には、

「扶養の義務についても、まず妻と未婚の子供たちの扶養が優先され、老いた両親への扶養の規定はきわめて曖昧なものとなっている。どの子が親の面倒を見るべきかについて決まった軌範はなく、老夫婦がばらばらに息子のところに住んだり、息子の間をたらいまわしにされたりすることも起こる。とくに夫を亡くした老妻の地位は哀れで、よい暮らしをしている息子の家のそばに、貧しい小屋を立てて住んでいる場合もある。」

と記されている。今でもこのような習慣が根強く続いているようであるならば、家族による扶助も極めて不安定であり、家族が老人に対する社会保障を代替しているとも言いにくい。現時点では、個人が将来の生活リスクをどこまでカバーし、国が社会保障として個人の将来生活をどこまでカバーすべきか、まだそ

の境界線が先の*National Social Security Strategy*（NSSS）*of Bangladesh*において明確に定まっていないものとも受け止められる。その境界線が定まらない限り、政府による社会保障サービスの提供範囲、そのために必要な財源と財源負担の議論ができない。バングラデシュ政府の場合、先の*National Social Security Strategy*（NSSS）*of Bangladesh*において、「ライフサイクルリスク」といった視点をすでにもっている。今後は家計のライフサイクルリスクに対応する形で、必要な政策、対応を提示し、政府と民間の役割分担（政府による政策と家計内での協力をもって対応）、つまり、公と私の役割分担に関する方向性を打ち出す時期に来ているのである。

4　ＨＩＥＳから見る家計規模・社会保障のあり方について

それでは社会保障を受ける側であるバングラデシュの家計の規模は、どのように推移しているだろうか。ＨＩＥＳ（二〇一六年）による家計の規模によれば、二〇〇〇年におけるＨＩＥＳ（二〇〇〇年）と比較して家計の規模は確実に減少し、ほぼ四人という規模まで落ち込んでいる。また表6-4からダッカ、チッタゴンといった大都市を含む管区別でも、やはり同様の傾向が見てとれる。(5) 特に首都を含むダッカ管区の家計規模の縮小は、二〇〇〇年以降急速に進み四人を割り込んでいる。ＨＩＥＳ（二〇一六年）で家計の平均人数が四人を割り込んでいる管区はダッカの他、クルナ（三・七四人）、マイメンシン（三・八五人）、ラジシャヒ（三・七六人）、ロングプール（三・八七人）である。八つの管区のうち五つの管区では、家計

表6-4　家計の規模（ダッカ・チッタゴン管区：人）

	ダッカ管区	チッタゴン管区
HIES（2000年）	5.00	5.86
HIES（2005年）	4.69	5.42
HIES（2010年）	4.39	4.97
HIES（2016年）	3.87	4.47

出典：Bangladesh Bureau of Statistics（2017）Preliminary Report on Household Income and Expenditure Survey 2016より筆者作成。

表6-5　家計の平均名目所得月額と平均支出月額（タカ）

	平均所得月額	平均支出月額
HIES（2000年）	5,842	4,886
HIES（2005年）	7,203	6,134
HIES（2010年）	11,479	11,200
HIES（2016年）	15,945	15,715

出典：Bangladesh Bureau of Statistics（2017）Preliminary Report on Household Income and Expenditure Survey 2016より筆者作成。

規模の縮小が着実に進んでいる。

家計規模が縮小していることの含意は、中所得国への移行を続けているバングラデシュにとって大きなインパクトを与える。まず家計内で老人や子供に対する私的なケア、サポートが難しくなる。大規模家計が家族総出で稼ぎ、家計を支えるといったことが難しくなる。家計内で子供や老人のケア、サポートをする代わりに、政府による社会保障の充実が求められる。表6-5はHIES（二〇一六年）による毎月の名目所得と支出額の平均額である。着実な経済発展により家計の平均所得額も二〇〇〇年の調査時に比べて約二・七倍、平均支出額も約三・二倍と増加している。家計の平均規模が縮小する中で、家計の維持コストが高まっているものと解釈できる。そこでより収益率の高い分野での就労、家計一人当たりの所得稼得力を高める必要が生じる。

所得再分配を強化するにしても、個人のライフサイクルに対応するリスクを整理し、そのリスクに対して、どのような所得再分配をもって対応するかが問われる。

表6-6　ライフサイクルリスクの例

妊婦・幼少期	産前産後のケアがない・不十分、発育不良、安全な出産がのぞめない等
学童期	児童労働、児童虐待、栄養失調、孤児、学校教育に対する無理解など劣悪な家庭環境等
若年期	失業、不十分な労働技能・知識、疎外感等
就労期（中年期）	失業、負債、持参金問題、家庭内暴力、性差による差別、就労中の女性に対する子育て支援がない等
老年期	体力低下、就労困難、家族からの世話を期待できない等

出典：General Economics Division, Planning Commission, Government of the People's Republic of Bangladesh, (2015), "*National Social Security Strategy* (*NSSS*) *of Bangladesh*" より筆者作成。

National Social Security Strategy (*NSSS*) *of Bangladesh*では、南アフリカ共和国の資料と平行する図を用いながら、バングラデシュにおけるライフサイクルに対応した各種リスクが紹介されている。表6-6からも明らかなように保健衛生面でのリスク、教育面でのリスク、就労リスク、家庭内リスク、加齢による肉体的なリスクといった面でのリスクが、ライフサイクルにおけるリスクとして紹介されている。ここからさらに分かることは、それぞれのステージでのリスクに政府が対応しようとするならば、それは一つの省を中心にした対応では間に合わず、省を横断する対応が求められよう。このことはバングラデシュ固有の問題ではないものの、そもそも省の数が多いバングラデシュの場合、ライフサイクルリスクに対応する関係省の数も多くなり、省間のコーディネーションが重要となる[6]。バングラデシュでは表6-6のような様々なライフサイクルリスクに対応するために、ソシアルセフティーネットプログラム（SSNP：Social Safety Net Programme）を導入し、貧困世帯に対して現金給付や現物給付を中心とした三七のプログラムを二〇一六年時点で実施している。HIES（二〇一六年）によれば、過去一二カ月にSSNPから給付を受けた家計は二七・八％（国全体）であり、前回調査時の二四・六％を上回っている。管区別での数値は表6-7のとおりである。

表6-7　SSNPから給付を受けた家計割合（%）
過去12カ月にSSNPから受けた平均給付額（1家計当たり：タカ）

管区	給付を受けた家計割合	過去12カ月の1家計当たりの平均給付額
ボリシャル	56.2	3080.9
チッタゴン	17.6	2776.2
ダッカ	12.4	4204.3
クルナ	41.1	2766.7
マイメンシン	24.9	3240.2
ラジシャヒ	37.4	2615.4
ロングプール	43.9	2394.4
シレット	27.6	2972.3

出典：Bangladesh Bureau of Statistics（2017）Preliminary Report on Household Income and Expenditure Survey 2016より筆者作成。

表6-8　教育分野における主なSSNPと1カ月当たりの平均支給額（タカ）

Stipend for Primary Students	104.0
School Feeding Program	223.5
Stipend for Secondary and Higher Student	129.4
Stipend for Dropout Students	125.4
Stipend for Disabled Students	354.2
Ananda School（ROSC）［Cash/Kind］	132.8

（注）各プログラムの名称は出典の表記のまま。
出典：Bangladesh Bureau of Statistics（2017）Preliminary Report on Household Income and Expenditure Survey 2016より筆者作成。

表6-7からも分かるように、社会保障給付に依存している家計はバングラデシュ南西部、北西部に位置する管区が多く、様々なリスクの影響を受けやすい家計について、地域間格差が示唆される。特にボリシャル管区の場合、給付を受ける家計割合と平均給付額が高い管区であり、ダッカ管区の場合、一家計当たりの平均給付額が高い管区である。SSNPからの給付分野は多岐に渡るが、例えば先に紹介した教育分野では、表6-8が主だったプログラムとなる。一般に社会保障プログラムでは現金給付が望ましいか、それとも現物給付が望ましいかについて議論の余地がある。もし家内労働や児童労働を選択する場合の一カ月当たりの期待所得が、教育関連の一カ月当た

表6-9　その他SSNPと1カ月当たりの平均支給額（タカ）

Maternity Allowance Program for the Poor Lactating	385.5
Maternal Health Voucher Allowance	329.2
Widow, Deserted & Destitute Women Allowances	298.7
Old Age Allowance	292.5
Honorarium for Insolvent Freedom Fighters	5506.8
Honoraria & Medical Allowances for Injured Freedom Fighters	2614.6
Ration for Martyred Family and Injured Freedom Fighters	540.8
Allowances for Financially Insolvent	395.0
Allowances for Distressed Cultural Personnel	718.3

（注）各プログラムの名称は出典の表記のまま。
出典：Bangladesh Bureau of Statistics（2017）Preliminary Report on Household Income and Expenditure Survey 2016より筆者作成。

りの社会保障給付額よりも高い場合、家計にとってそのような社会保障給付額は、子供を学校に通わせるためのインセンティブになりにくい。そこで現金給付よりも現物給付がふさわしいという考えもある。また*National Social Security Strategy*（NSSS）*of Bangladesh*の中でも、初等教育や中等教育への就学支援給付金の額が少なく、その給付金で学校に行くために必要なものを購入できる範囲も狭まり、その実質的な価値が薄れているといった指摘もされている。確かに各種給付金については、独立戦争をフリーダムファイターとして戦った人、その家庭に対して手厚い給付が約束されている。しかし妊婦、困窮状態、経済的虐待などに直面している女性、老人、金銭的困窮者（破産状態にある者も含む）への給付は、ばらつきがあるものの、相対的に高い水準にあるとは言い難い（表6-9）。

5　老年期のリスク対応―政府と家計

すでにバングラデシュでの少産少死の兆し、高齢化率の増加は

表6-10　総人口に占める各年齢層の割合（%）

	1950年	2017年	2030年	2050年
0－14歳	41.2	28.4	22.8	17.0
15－59歳	53.0	64.3	65.5	60.9
60歳以上	5.8	7.3	11.7	22.0

出典：United Nations Department of Economic and Social Affairs, Population Division, Profile of Ageing 2017, Bangladesh（https://population.un.org/ProfilesOfAgeing2017/index.html）より筆者作成。

様々な推計からも示唆されている。表6-10が示しているように、二〇三〇年には人口に占める六〇歳以上の比率が一〇%を超え、二〇五〇年には二〇%を超える推計が国連から出されている。その一方、バングラデシュの場合、日本のような国民皆年金制度がなく、公務員以外の一般の人に対しては、先の表6-9の老齢給付金（Old Age Allowance）のみが提供されている。これは一九九八年に導入されたものであるが、貧困状態にある六三歳以上の女性と六五歳以上の男性が対象となっていて、すべての高齢者が対象ではない。その月額支給額は三〇〇タカと定められているものの、HIES（二〇一六年）によれば、月平均支給額が二九二・五タカである。いずれにせよ、一カ月の生活を送る上で十分な金額であるとは到底言えない。実際、*National Social Security Strategy* (NSSS) *of Bangladesh* においても、その点についての指摘がなされている。

今後必要となる公的年金あるいは公的給付制度については、図6-4のようなイメージ図としてまとめられよう。現時点では図6-4の左側の部分、貧困状態にある老齢の個人への公的給付のみである。今後はその月額の支給額を、三〇〇タカからどの程度にまで引き上げるべきかが焦点となる。これは政府支出の一環として行う公的給付金プログラムのため、財源は原則として国税収入で賄うべきである。どの国税を用いるかについては、別に議論と検討の余地があるものの、仮に所得再分配の特徴を強く出したい場合は個人所得税、仮に景気変動を比較的受けにくい安定財源を用いる場合は、付加価値税の利用が求められ

図6-4　あるべき公的年金・給付制度

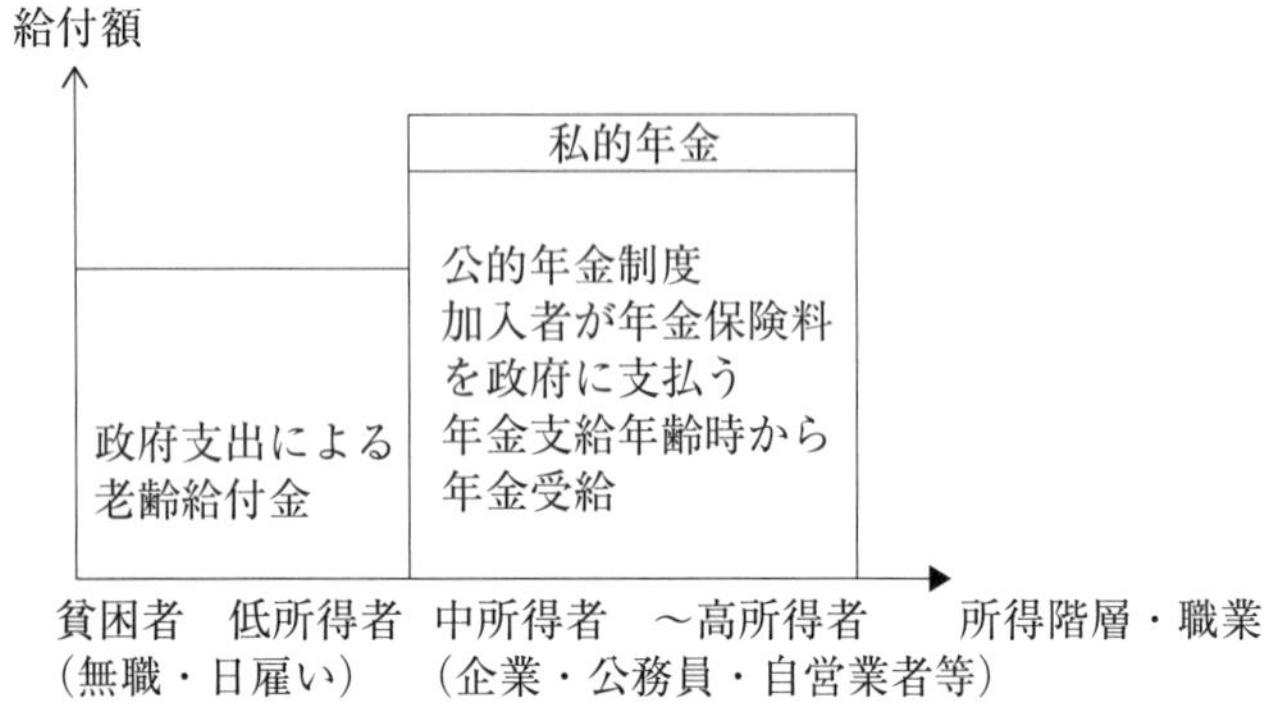

出典：General Economics Division, Planning Commission, Government of the People's Republic of Bangladesh,（2015）, "National Social Security Strategy（NSSS）of Bangladesh" をもとに筆者作成。

よう。ＨＩＥＳ（二〇一六年）では、調査対象一家計当たりの月額平均所得が一万五、九四五タカと報告している。仮に公的給付水準をＨＩＥＳ（二〇一六年）での一家計当たりの月額平均所得の二〇％（所得代替率が二〇％水準と解釈可能）とした場合、老齢給付金の月額は約三、二〇〇タカとなる。*National Social Security Strategy*（NSSS）*of Bangladesh*では老齢給付の受給者を二四七万五、〇〇〇人としている。この場合、単純計算で一年当たり約九五〇億タカの予算が必要となる。Finance Division, Ministry of Financeによれば二〇一七～二〇一八年予算における付加価値税収が九、一二五億タカ、所得税収が八、五一七億タカである。もし月額三、二〇〇タカの老齢給付金を給付する場合、その割合は付加価値税収の約一〇％、所得税収の約一一％を占めることになる。この割合は決して低い割合ではない。老齢給付金の月額水準をどの程度とし、どの国税を財源とするかが重要となる。

　次に中所得者以上あるいはフォーマルセクターで働く人は、原則として公的年金に加入し、毎月、公的年金保険料を政府に拠出するといった制度の創設が求められよう。実際、*National Social Security Strategy*（*NSSS*）*of Bangladesh*においても雇用者、被雇用者がともに公的年金保険料を国家社会保険基金（National Social Insurance Fund）に支払うといったシステムを提案している。今後はNational Social Insurance Schemeといった制度の下で、フォーマルセクターに属する個人への社会保障を拡充する必要性を示唆している。その際の大きな検討課題は、積立方式型か賦課方式型といった公的年金制度のスタイルである。この点については、*National Social Security Strategy*（*NSSS*）*of Bangladesh*において明確に言及されていない。

まずその公的年金制度に保険料を支払う企業において、かつてそこで働き、現在は退職をしている個人に対する対応を考える必要がある。現在すでに企業を退職している高齢者を公的年金の受給者としてすぐに扱う必要があるならば、賦課方式の公的年金政策を導入する必要が生じる。しかしすでに述べたとおり今後、少産少死が進むバングラデシュで、賦課方式の公的年金政策が将来にわたって持続可能な制度かについては、疑問の余地がある。一方、TIN（Taxpayer Identification Number）が企業に割り振られていて、その企業の社員も自身のTINを割り振られている場合、税と公的年金保険料の支払いと管理をTINに結びつけて行える。この場合TINが税金だけではなく、社会保障番号としての機能を果たすことになり、企業及び個人は自身のTINにひも付された形で公的年金口座をもち、保険料を公的年金口座に毎月納めていくことになる。政府は公的年金口座のすべての資金を管理し、その資金を資本市場で運用をする。そして個人が公的年金支給開始年齢に達した時点で公的年金の給付をうける。この場合、積立方式型の公的年金政策としての役割を果たすことになる。ただし積立方式の公的年金政策を選択する場合、どのような政府組織が、どのような資本市場で資金を運用するかが大きな課題となる。そして積立方式型の公的年金政策を導入した時点で、十分な公的年金加入年数を期待できない年齢層（退職年齢に近い個人な

図6-5　下位貧困線と上位貧困線のイメージ

非食料貧困線水準額		非食料品支出額
食料貧困線水準額	下位貧困線水準額 ＝総支出額	上位貧困線水準額 ＝食料品支出額
	極貧家計	貧困家計

出典：Bangladesh Bureau of Statistics (2017), Preliminary Report on Household Income and Expenditure Survey 2016をもとに筆者作成。

ど）への対応、すなわち低年金給付を補う給付を検討するか否かについても課題として残ることは言うまでもない。

6　所得再分配政策――所得格差・地域間経済格差

ＨＩＥＳ（二〇一六年）では、バングラデシュの貧困率の現状について分析と紹介がなされている。そこでは食料貧困線、非食料貧困線を踏まえ、下位貧困線と上位貧困線の二つを利用し、貧困の分析と紹介が進められている。[7]

食料貧困線⇓食料品一一品目から構成される基準食料品を定め、一人の人が一日当たり必要な摂取カロリーである二、一二二キロカロリーを基準食料品から摂取する場合の価格

非食料貧困線⇓非食料品である様々な品目にかかる費用を推計した価格

下位貧困線⇓その家計の総支出額が食料貧困線と同じ水準となる貧困線

上位貧困線⇓その家計の食料品支出額が食料貧困線と同じ水準となる貧困線

表6-11　貧困率(%)と最貧困率(%)(2000年水準と比較しての貧困率の減少幅)

	貧困率（基準　上位貧困線）	最貧困率（基準　下位貧困線）
2000年	48.9	34.3
2005年	40.0（18.2%減）	25.1（26.8%減）
2010年	31.5（35%減）	17.6（48.6%減）
2016年	24.3（50.3%減）	12.9（62.3%減）

出典：Bangladesh Bureau of Statistics（2017）Preliminary Report on Household Income and Expenditure Survey 2016（HIES2016）より筆者作成。

表6-12　管区別貧困率（%）と最貧困率（%）

管区名	貧困率（基準　上位貧困線）	最貧困率（基準　下位貧困線）
ボリシャル	26.5	14.5
チッタゴン	18.4	8.7
ダッカ	16.0	7.2
クルナ	27.5	12.4
マイメンシン	32.8	17.6
ラジシャヒ	28.9	14.2
ロングプール	47.2	30.5
シレット	16.2	11.5
8管区平均	26.68	14.57

出典：Bangladesh Bureau of Statistics（2017）Preliminary Report on Household Income and Expenditure Survey 2016より筆者作成。

ＨＩＥＳ（二〇一六年）によれば上位貧困線、下位貧困線のいずれを用いても、貧困率は減少している。ここで下位貧困線以下での生活を余儀なくされている家計の割合を最貧困率、上位貧困線以下での生活を余儀なくされている家計の割合を貧困率と表すことにしよう。その最貧困率は二〇〇〇年に比べて約六二%の減少、貧困率も二〇〇〇年に比べて約五〇%減少している（表6-11）。ただし表6-12が示すように、管区別では地域格差があることも分かる。最貧困率についてはマイメンシン、ロングプールといった北部に位置する管区が、貧困率についてはクルナ、マイメンシン、ラジシャヒ、ロングプールといった北部と西部に位置する管区が八管区平均を上回る地域である。特にマイメンシン、ロングプールの北部二地域での貧困状態が大きい状況に

図6-7　HIES（2010年）での貧困率（%）

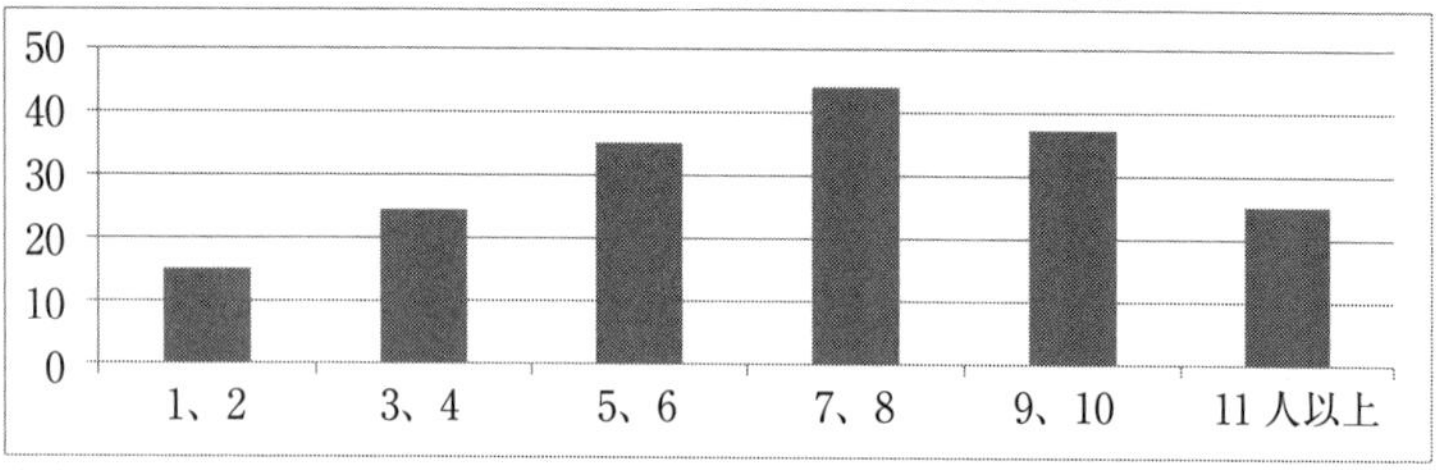

出典：Bangladesh Bureau of Statistics（2017）Preliminary Report on Household Income and Expenditure Survey 2016より筆者作成。

図6-8　HIES（2010年）での最貧困率（%）

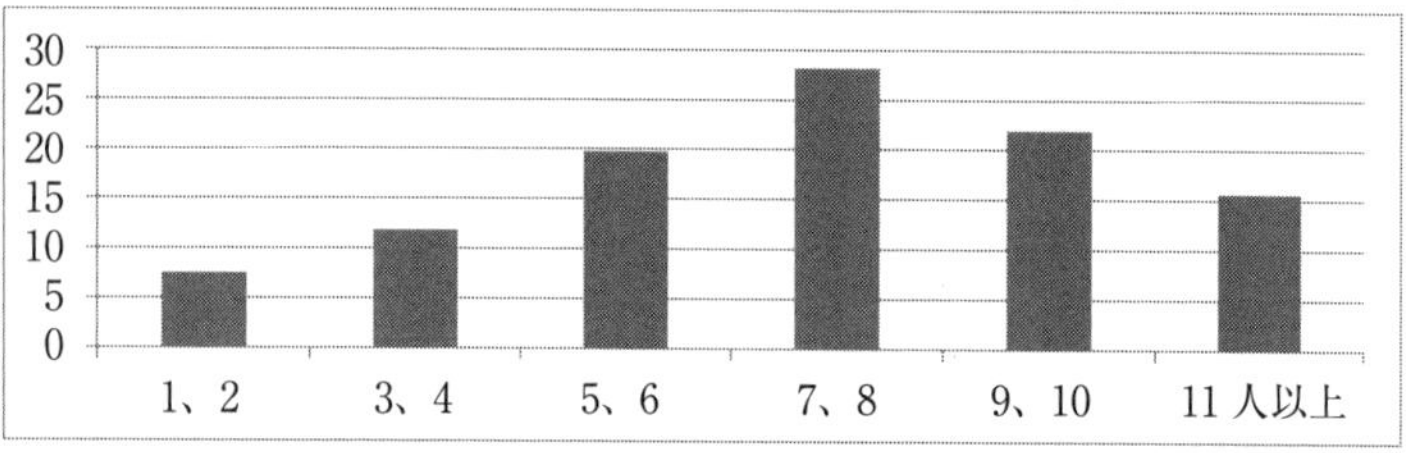

出典：Bangladesh Bureau of Statistics（2017）Preliminary Report on Household Income and Expenditure Survey 2016より筆者作成。

ある。全体として貧困率、最貧困率が減少している点を評価すべき一方、管区別での貧困率、最貧困率の格差が生じている点には注意を要する。このことは今後、国全体の貧困率、最貧困率を引き下げるための社会保障プログラムを進めると同時に、例えば管区別貧困削減プログラムといったように、特定の管区における貧困率、最貧困率の高さの背景を特定した上で、社会保障プログラムをさらに強化する時期に達しているものと考えられる。一方、家計規模別に貧困率と最貧困率を見てみると、前回調査であるHIES（二〇一〇年）の結果の場合、二つの図（調査家計の構成人数と貧困率、最貧困率）としてグラフ化できる。

図6-7と図6-8の大きな特徴は貧困率、最貧困率ともに逆U字型の形状をもつグラフとして近似可能なグラフである。家計の規模が増えるにつれ、貧困あるいは最貧困

図6-9　HIES（2016年）での貧困率（%）

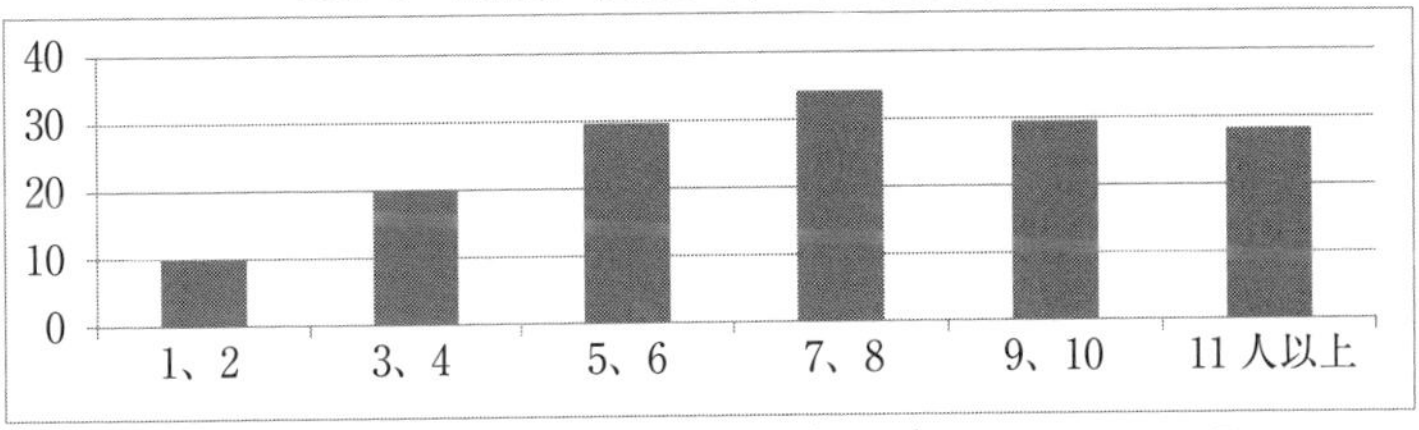

出典：Bangladesh Bureau of Statistics（2017）Preliminary Report on Household Income and Expenditure Survey 2016より筆者作成。

図6-10　HIES（2016年）での最貧困率（%）

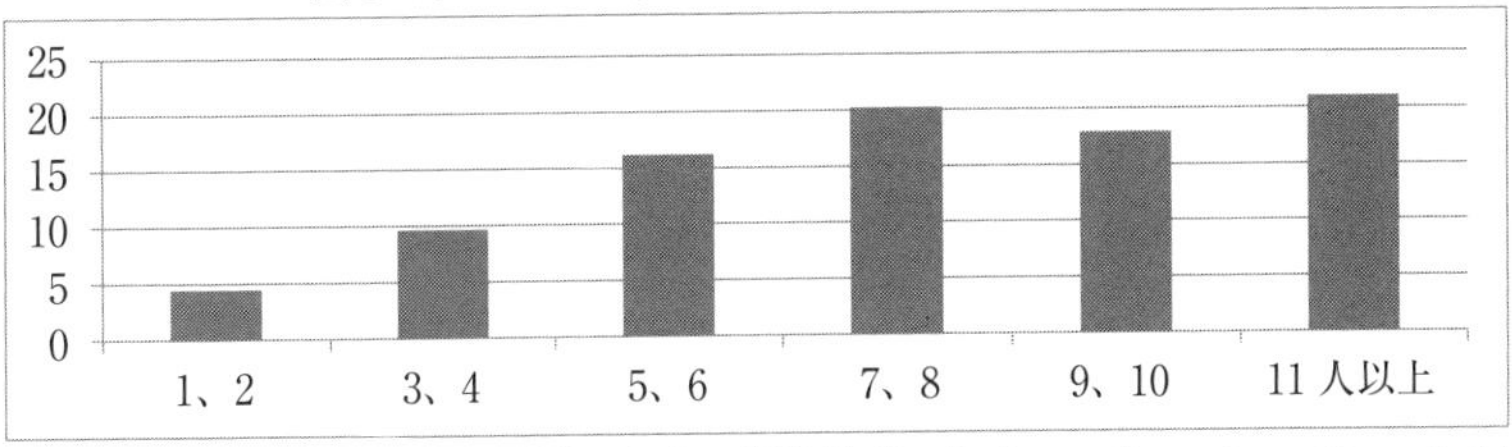

出典：Bangladesh Bureau of Statistics（2017）Preliminary Report on Household Income and Expenditure Survey 2016より筆者作成。

に陥る家計が増える。しかし家計の構成人数が九人を増えると、貧困、最貧困の度合いが低下するといった関係である。これは、家計の構成人数が増えてゆくにつれ、家計維持が困難となり、貧困率、最貧困率ともに上昇する。しかし家計の構成人数が多くなると、一人当たりの所得稼得額は低くても、労働提供者数の多さで家計をカバーしている状況と解釈することもできる。一方、HIES（二〇一六年）をもとにした図6-9と図6-10の場合、状況が異なってくる。貧困率においては、先に述べた逆U字型がかろうじて保たれているように見えるものの、一一人以上の家計の貧困率が高まっている。最貧困率では一一人以上家計における最貧困率の上昇によって、逆U字型の関係が崩れているように見える。これが大家族家計における貧困拡大の兆候であるか否かについては、今後の推移を把握する必要がある。しかし経済発展にともない、大家族を維持するために求められる経済力が以前より高くなる一方、より高い所得を得る職業に就く機会が相対的に低ければ、大家族ほど経済的困窮に陥りやすくなるものと解釈できる。

バングラデシュの英字新聞『デイリ・スター』は二〇一八年二月一四日の紙面で"Flower industry shows promise in Gaibandha"といった記事を紹介している。すでに述べたように貧困率、最貧困率の高いロングプール管区にあるガイバンダ県で、マリーゴールドやバラを栽培することで、貧困を脱出できた男性の記事である。その男性は貧困ゆえに中等教育以上の教育を断念せざるを得ず、地元で就職しようとしたものの就職に失敗。失業者となってしまった。しかし三年前に彼が親戚の家を訪ねた際、畑で花を植えてみたらどうかと思いつき、マリーゴールドやバラを植え始めたところ、月に一二、〇〇〇タカの利潤を得るようになった。この記事の示唆することは、政府による政策がなくても貧困脱出のチャンスがあるという点、あるいは貧困脱出から抜け出すためのヒント・アイディアに出会える確率を高めるため、政府による対策が必要であるという点になろう。一次産業に依存する地域において、一次産業から二次産業への移行を促す政策を推し進めるより、今まで続いてきた一次産業の付加価値を高め、農業技術支援、自営力を高めるための経営支援などをパッケージにした公的プログラムの方がふさわしい可能性があることも示唆される。

7 おわりに

本章では、これからの政府・民間の役割を考えるために、バングラデシュの教育、公的年金を含む社会保障、貧困削減、所得格差といった事例をとりあげた。政府が経済にどの程度かかわるべきかについては、その国によって異なる。バングラデシュの場合、他の発展途上国と同様、地方分権を推進しているものの、地方政府の力、地方行政の力が末端ほど弱く、中央政府の力が強い状態にある。この点についてはプラスに評価することも、マイナスに評価することも可能である。地方分権を推進しつつ、地方政府が中央政府に対して、その地域で必要な開発課題と問題解決のためのアイディアを上げ、中央政府が地方のニーズに見合った政策を、予算とともに地方に確実に返してゆく意思決定の流れが当面求められよう。公教育、社会保障などといった公的サービスについても、その確実な供給方法を編み出し、政府の機能を上手に活用してゆく技術と知恵が求められる。

注

(1) バングラデシュの他、ベトナム、韓国、インドネシア、フィリピン、パキスタン、イラン、トルコ、エジプト、ナイジェリア、メキシコがネクスト11に属する。

(2) 古くから指摘されていることとして、例えば政治的不安定性や汚職がある。現与党であるアワミ連盟（Awami League）と最大野党であるバングラデシュ民族主義党（BNP：Bangladesh Nationalist Party）による政治的な対立はいまだに続いている。その政治的な対立で発生することの多いホッタール（過激なデモ・暴動をともなうストライキ）は、交通網の麻痺、商取引の中止を余儀なくさせられ、民間経済活動に歯止めをかけることになる。次に自然災害である。バングラデシュは大きな川として西からパドマ川、北からはジョムナ川が流れ、両河川が合流しメグナ川となり、ベンガル湾へと至る。六月から一〇月上旬あたりまでの雨季の時期には、河川の氾濫や土壌浸食で畑地、農産物被害、橋などの交通網への被害が生じやすく、自然災害が引き起こす貧困も大きな課題である。

（3） Bangladesh Bureau of Statistics, Statistics and Information Division, Ministry of Planning, Government of the People's Republic of Bangladesh. (2017) Preliminary Report on Household Income and Expenditure Survey 2016.
本文ではPreliminary Report on Household Income and Expenditure Survey 2016をＨＩＥＳ（二〇一六年）と略して記す。

（4） この学校が私立学校であることは明らかである。しかし学校傘下の慈善団体の構成員らによる月々の寄附金で学校を運営している点を考慮すると、公的に登録され、政府から人件費などの支給がある登録私立学校であるとは考えにくい。

（5） バングラデシュの地方政府は、Urban Local Government InstitutionsとRural Local Government Institutionsの二つに分けられる。うち後者については、まず複数の村落がユニオン（Union：四、五五四ユニオン）という行政村を組織し、複数のユニオンが郡であるウポジラ（Upazila：四九一ウポジラ）を組織する。そして県であるディストリクト（Distrcit：六四県）が構成される。その複数のディストリクトがディビジョン（Division：八管区）を構成する。

（6） 現時点ではバングラデシュには五八の省・局などが存在する。現にバングラデシュの社会保障プログラムは複数の省が関係しているため、省間のコーディネーションの強化が求められる。例えば内閣府（Cabinet Division）に設けられているSocial Security Branchが、複数の省とのコーディネーションをとることも考えられうる。

（7） 図6-5を参考にされたい。

第7章　バングラデシュ経済の現状とODA政策

1　はじめに

社会経済的な目覚ましい進歩と結び付いて加速、持続するGDP成長のためもあり、バングラデシュ経済は良好な成長を続けてきた。当初の困難にもかかわらず、バングラデシュは強固かつ包括的な成長により、マクロ経済上の競争において最近一五年間に注目するべき健闘を見せている。当国は多人口、乏しい資源、自然災害の増加、不利に働きがちな世界経済情勢への対処を余儀なくされており、こうした問題がすべて国の発展に対する重要な課題となっている。独立戦争中に大規模な被害を受けたインフラの再建がそうした課題を一層難しくしている。しかし、バングラデシュはマクロ経済の安定を維持しながら包括的成長にも十分に成功しており、世界の経済学者を驚かせている。この期間中、GDP成長、一人当たりのGDP、食料生産、インフレ、輸出入などの様々なマクロ経済指標が、安定して大幅な進歩を記録している。主として、貧困層を保護する包括的な政府の政策と事業により、良好な経済成長を実現しながら貧困と格差も縮小した。さらに、人材の社会的流動性と女性の権利も大幅に向上した。バングラデシュは人間開発指数でも、同等の条件にある他の国をリードしてきた。これらの進歩により、経済学者や格付け機関を含む国際社会が、様々な社会経済指標におけるバングラデシュの発展を高く評価するようになった。こうした経済的趨勢の変化によって、バングラデシュは国内外の財源に関する状況を見直し、最終的にODA（政府開発援助）政策を策定するべき局面にある。バングラデシュには公的なODA政策（NPDC）がないものの、多くの国際開発協定の原則を取り込んだ大規模な開発協力政策の策定作業が進行中である。本章ではバングラデシュの経済指標における近年の傾向、及びバングラデシュの開発協力国に対するODA戦略の変化を簡単に説明する。

政治的混乱と重大な気候災害の最中にあって、バングラデシュは過去数十年間に経済と社会の両分野における著しい進歩を安定的に実現してきた。当国は独立以来一〇年以上にわたって直接間接に軍事政権の支配を受けてきた。一九七一年に民主共和国となったものの、ようやく民主主義が定着したのは一九九一年以降のことだった。しかもバングラデシュには多くの自然災害にさらされるという不利もある。アジア防災センター（ADRC）はバングラデシュの置かれた条件を次のように大変簡潔に表現している。「バングラデシュは自然災害の長い歴史を持つ。一九八〇年から二〇〇八年にかけて、当国は二一九回の自然災害を経験した。地理的位置、地勢、無数の河川、モンスーン気候によってバングラデシュは非常に天災を受けやすくなっている」（ADRC、二〇一七年）。しかし、著しい回復力と進取の気象に富む人々によって当国民は生き残ってきたのであり、それにより経済の強力な原動力を手に入れることになった。このことについて、現在「驚くべき発展」とも称される良好な社会経済的成功に大きく寄与している要因には、GDP成長、マクロ経済の継続的安定性、政治の成熟、投資の増大、輸出と送金の増加、産業の発展、デジタル化の進歩、インフラの改善、ビジネス環境の普及が含まれる。

表7-1　バングラデシュ経済に関連する基礎データ

項目	値
国境延長	合計4,246km
面積	$147{,}570km^2$（陸地$135{,}910km^2$、水域$11{,}660km^2$）
海岸線延長	580km
人口	1億6,175万人
名物	世界最長の砂浜、陸離たる部族の生活、数世紀を経た考古学的名所、シュンドルボン、広大な茶畑、心惹かれる河辺の生活など
通貨	バングラデシュタカ
国内総生産	2,497億2,000万ドル（2017年名目）、6,860億ドル（2017年購買力平価）
1人当たりのGDP	1,602ドル（2017年名目）、4,204ドル（2017年購買力平価）
GDP成長率	6.1%（2014年）、6.6%（2015年）、7.1%（2016年推定）、7.28%（2017年予測）
分野別GDP	農業14.74%、工業32.42%、サービス業52.85%（2017年）
貧困線以下人口	24.3（貧困線以下）、12.9（最貧困線以下）
GNI	2,605億ドル（2017年）、5,714億ドル（2015年購買力平価）
インターネット利用者数	6,724万5,000人（2017年2月時点）

出典：BBS、2017年、BTRC。

数十年にわたって経済成長率は安定的に上昇している。一九七〇年代と一九八〇年代には平均成長率が四・〇％以下だったが、一九九〇年には成長に弾みがつき、二〇〇〇年代には平均成長率が六・〇％を超え（ADB、二〇一一年）、二〇一六年度（会計年度は六月に始まり翌年七月に終わる）には遂に七・〇％を超えて、二〇一七年度には七・二八％を記録した（BBS、二〇一七年）。輸出志向の既成衣料産業の著しい発達と、海外の出稼ぎ労働者がもたらす巨額の送金がバングラデシュの成長に大きく寄与している（ADB、二〇一三年）。また、経済成長は総じて包括的かつ広範であり、その結果として貧困層が急減した（ADB、二〇一一年）。

バングラデシュ財務大臣は国家経済の状況を、国会で行った二〇一七〜二〇一八年度の予算演説で次のように表現した。「バングラデシュは驚くべき発展を遂げた国として世界に確かな存在感を示している。当国は包括的で環境負荷の少ない成長を遂げ、限られた資源・財源のもとで貧困層を急減させた点で世界に手本を示した。世界の知識人が今やバングラデシュを『発展の模範』と称している」（Muhith、二〇一七〜二〇一八年）。

本章ではバングラデシュのODA政策に関する現在の知見に基づいてバングラデシュ経済の状態を述べ、それらを詳述する。

2 経済概観

バングラデシュ経済は世界で最も回復力の高い経済の一つとして存在感を増している。当国の経済は最近一〇年間に平均六・二〇%のペースで成長した。バングラデシュ統計局の見積もりによると、二〇一六〜二〇一七年度には七・二八%のペースで経済が成長した。二〇一六〜二〇一七年度には一人当たりの国民所得は一、六二〇ドル（以下、USドル）に達し、前年度の一、四六五ドルから増加した（BBS、二〇一七年）。バングラデシュは国民の収入が中間的金額に達する状況を目指しており、そのためには投資を促進して制度を近代化する必要がある。

数十年にわたって経済成長率は安定的に上昇している。一九七〇年代と一九八〇年代には平均成長率が四・〇%未満だったが、一九九〇年には成長に弾みがつき、二〇〇〇年代には平均成長率が六・〇%を超

図7-1　バングラデシュの最近20年間における主要経済指標の改善と悪化（%表示）

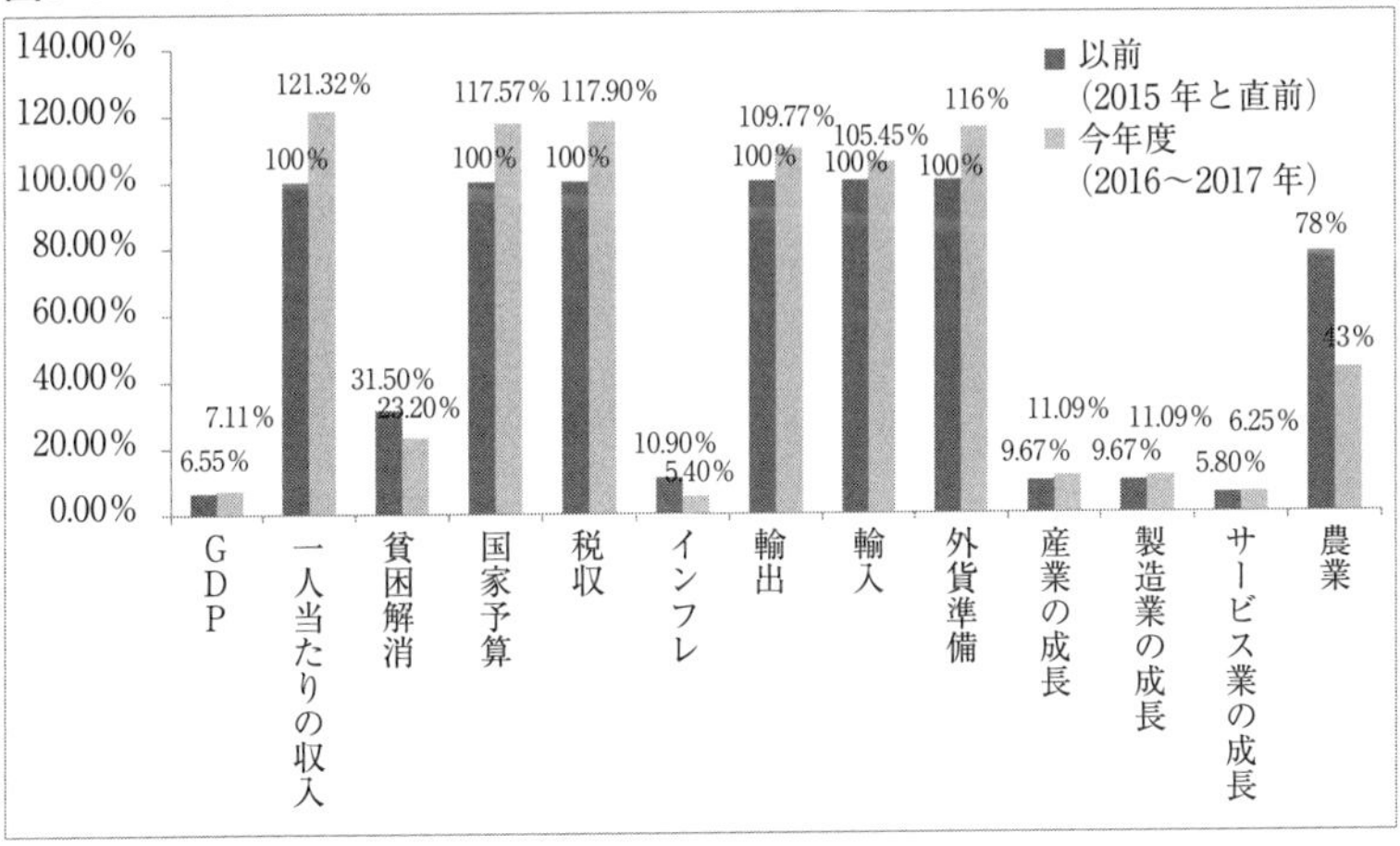

え、二〇一六年度（会計年度は六月に始まり翌年七月に終わる）には遂に七・〇%を超えた。

輸出志向の既成衣料産業の著しい発達と、海外の出稼ぎ労働者がもたらす巨額の送金がバングラデシュの成長に大きく寄与している。また、経済成長は総じて包括的かつ広範であり、その結果として貧困層が急減した。政府の実施する社会保障事業は、貧困の根絶と格差の是正に対する有効な手段であると世界的に認識されている。政府はGDPの二%以上を毎年社会保障に充当している。人口管理事業の実施に成功したことで人口増加率が抑えられ、それが一人当たりの実質的収入の急増に寄与している。農業は非常に重要な役割を果たしており、生産高は（一九七三年から二〇一六年にかけて）三倍近くまで増加し、一人当たりが消費可能な食料の量を増やしている。寿命と識字率は、国の保健サービスと基本的な社会サービスの利用が普及するにしたがって向上した。男女間格差も政治経済への女性の進出を大幅に促進したことで縮小した。バングラデシュはまた、ミレニアム開発成長（MDG）目標のほとんどを達成した（ADB、二〇一三年）。

二〇〇九年、政府は「ビジョン2021」を実施するための戦略的文書として展望計画（二〇一〇〜二〇二一年）を策定した。展望計画にまとめた戦略と事業を実施する初段階であった第六次五カ年計画（二〇一一〜二〇一五年）の期間満了に続き（計画委員会、二〇一一年）、現在は第七次五カ年計画（二〇一六〜二〇二〇年）を実施中である。社会経済分野における著しい進歩は第六次五カ年計画の期間中に実現した。雇用創出と賃金、食用穀物生産、インフレ、輸出入などいくつもの経済指標が大きく改善しているのに加えて、マクロ経済の安定も維持されている。収入格差は貧困率の低下とともに縮小している。とりわけ貧困線以下の生活を営む国民の数が著しく減少した。特に、貧困発生率は二〇一〇年の三一・五％から二〇一六年には二四・三％未満（家計の収入及び支出に関する調査。二〇一六年ＢＢＳ）に低下した。

幸運にも、第七次五カ年計画の準備期間は、国連が二〇一五年以降の持続可能な開発目標（ＳＤＧｓ）を立ち上げる期間と重なっている。そのため、第七次五カ年計画では一七のＳＤＧｓの大部分と内容を合わせている。それらの目標や対象を省庁に割り当てる作業はすでに終わった。ほとんどの省庁ではＳＤＧｓを達成するための行動計画の用意が済んでいる。人、惑星、国家繁栄、平和、協力関係へ変化をもたらす普遍的計画としてＳＤＧｓを受け入れ、「社会全体で取り組む」手法を採用することでＭＤＧｓの目標達成に成功したのと同様にＳＤＧｓを達成できるよう、バングラデシュは取り組んでいる。

政府の開発目標に合わせて、二〇一七〜二〇一八年度の予算規模も前年度の修正予算より二六・二二％増えて四兆〇・〇二六億六、〇〇〇万タカとなった。同時に、税収を増やすために税行政における行政、法制度の刷新が可決された。予備データによると、税収は二〇一六〜二〇一七年度には前年度の金額と比べて一七・一％増えた。一方で、公的投資を拡大するために、二〇一七〜二〇一八年度には前年度の修正予算よりも年次開発計画（ＡＤＰ）への割当額を三八・五％増やした。

さらに、中期予算枠組みにおいては一層信頼性の高い予算策定手続きを採用し、より効率的な資源配分と支出の管理を期している。

当国は金融政策において、経済成長率上昇の実現を支援しながらインフレを穏当な水準に抑えるという立場をとっている。慎重な金融・財政政策によってインフレは徐々に収まり、二〇一六～二〇一七年度の前年度比インフレは五・四四％となって、二〇一五～二〇一六年度の五・九二％より低下した。二〇一六～二〇一七年度の輸出入の成長はそれぞれ一・七二％、九・〇〇％となった。今年度（二〇一七～二〇一八年度）は、七～一〇月期の輸出が七・〇三％の成長を記録し、輸入は七～九月期に二八・三九％成長した。二〇一六～二〇一七年度の経常収支は一四億八、〇〇〇万ドルの赤字となった。しかし、国際収支全体では三一億六、九〇〇万ドルの黒字を記録した。外貨準備高は二〇一七年六月三〇日時点で三三五億ドルだった（バングラデシュ銀行、二〇一七年）。

3 経済の進歩

3・1 成長、構造改革、マクロ経済管理

成長の源泉を農業から他の分野へ移したバングラデシュでは、一人当たりの収入（二〇一七年度時点で一、六一〇ドル）の増加が時間とともに加速した。経済成長速度の増大と人口増加率の鈍化もこの成長を支えた。バングラデシュは二〇〇一～二〇一七年の期間中に平均六％超の年次成長を遂げ、第七次五カ年計

画（SFYP、二〇一六〜二〇一七年度）以降のさらなる成長へ移る準備もできている。これは、物質的、社会的なインフラへの投資拡大と政策改革の導入を含む取り組みを協調的に実施することによって実現することが期待される（財務局、二〇一七年）。

3・2　貧困層の減少と人間開発

バングラデシュの貧困層は過去二〇年間で瞬く間に減少し、一九九二年の五六・七％（国内貧困線に基づく）から二〇一六年には二四・三％まで下がった。最貧困層（最貧困線に基づく）はそれよりも減少速度が大きく、一九九二年度の四一・一％から二〇一六年には一二・九％まで下がった。最貧困層の減少にはいくつもの要因が絡んでいる。主たる要因に含まれるものには、GDPの増加と農村地域の賃金の上昇、都市部の雇用機会、少額融資の普及、特に農村地域への国外からの送金、社会保障事業がある。

バングラデシュは一九九〇年代に人間開発の状況を大きく改善することに成功した。五歳未満児死亡率は一九九〇年の一四六（出生一、〇〇〇人当たり）から二〇一六年には三五へ下がった。乳児死亡率は一九九〇年の九四（出生一、〇〇〇人当たり）から二〇一六年には二八へ下がった。貧困世帯の女性は現在、以前よりも良好なリプロダクティブヘルス制度を利用できるようになった。二〇一六年の妊産婦死亡率は一七八（出産婦一〇万人当たり）と見積もられており、一九九〇年の水準（五五〇）の三分の一未満である。出産時平均余命は一九九〇年の五六年から二〇一六年には七一・六年へ伸びた。初等教育の純就学率は一九九〇年の六〇・五％から二〇一五年には九七・七％へ上昇した。成人識字率は一九九〇年の三七・二％から二〇一六年には七二・三％へ上昇した。

3・3　成長の源泉と成長の原動力

投資または資本蓄積、労働力人口の急増、人的資本の開発がバングラデシュの成長の主たる原動力である。労働力人口の増加は、生産年齢人口の割合が増えたことと女性の社会進出率が向上したことに由来する。教育と技術に対する公的支出が増えたことも成長に寄与している。

3・4　インフレ

前年度比のインフレ率は二〇一六～二〇一七年度には五・四四%となり、二〇一五～二〇一六年度の五・九二%と比べて低くなった。インフレ率が下降傾向にあるのはおおむね食料品以外のインフレ率の影響である。より具体的に言うと、食料品のインフレ率が二〇一五～二〇一六年度の四・九%から二〇一六～二〇一七年度の六・〇二%へ上昇しているのに対し、食料品以外のインフレ率は同時期に七・四七%から四・五七%へ下がっている。

4　財政部門

4・1　歳入の確保

財政政策では引き続きマクロ経済の安定を重視している。歳入の確保状況は二〇一六～二〇一七年度には広く安定し、歳入額が大きく上昇した。予算会計統合制度（Integrated Budget and Accounting System）

の予備データによると、合計歳入額は二〇一六～二〇一七年度には前年度より一六・一％増えて二兆〇、〇七九億タカとなった。GDPに対する合計歳入額の比率は一〇・二％となり、前年度の歳入と比べて〇・二％上昇した。NBR（国家歳入委員会）関連以外の歳入は二〇一五～二〇一六年度には一七・〇七％増えて五六四億四、〇〇〇万タカとなり、二〇一四～二〇一五年度の一一・八二％よりも増加率が高かった。税収以外の歳入は、二〇一五～二〇一六年度の二、一〇七億タカから八・九％増えて二、二九六億タカとなった。

4・2　政府支出

二〇一六～二〇一七年度の合計支出額は、前年度支出額よりも九・二九％増加した（iBAS++予備データ）。GDPに対する比率では、政府支出は二〇一六～二〇一七年度に一三・四％に達した。開発予算以外の合計支出額は二〇一五～二〇一六年度の一兆五、九〇八億タカから一六・七％増えて、二〇一六～二〇一七年度には一兆八、五七〇億タカとなった。しかし、年次開発事業（ADP）の支出（自己金融の事業を除く）は二〇一五～二〇一六年度の七、九三五億タカから二・六％減少して、二〇一六～二〇一七年度には七、七三二億タカとなった。

4・3　予算収支と財源確保

iBAS++の予備データによると、二〇一六～二〇一七年度予算はGDPの三・二％（贈与金を除く）に相当する赤字となっており、そのうち二・八％を国内から、〇・四％を国外から調達した。

5 金融部門

5・1　金融政策と金融管理

金融政策報告（MPS）の目的は、二〇一七年一二月までの事業目標として準備金成長率を一二・八％に、広義流動性成長率を一二・九％に、民間部門の信用成長率を一六・二％に抑えることだった。二〇一七年六月における準備金の前年度比成長率（一六・三％）は目標数値（一四・〇％）をわずかに上回った。しかし、民間部門の信用成長率（一五・七％）は金融事業の目標数値に収まった。

5・2　金利

銀行間コールレートの加重平均は低下して二〇一六年六月一六日の終値が三・七〇％となり、前年度同月の五・七九％から下がった。これは銀行制度に流動性ポジションが必要なことを示している。市中銀行貸付金利の加重平均は、二〇一六年六月末の一〇・三九％から二〇一七年六月末には九・五六％へ下がった。同様に預金金利も四・八四％となって前年同期の五・五四％から低下した。金利差も二〇一七年六月末時点で四・七二％となり二〇一六年六月の四・八五％からわずかに縮小した。

6 対外部門

6・1　輸出

輸出は二〇一六～二〇一七年度に一・七二％の成長を記録した。前年度の成長率は九・八％だった。しかし、今年度七～一〇月期には輸出実績が改善した。この期間の成長率は七・〇三％であり、前年度同期は六・五二％だった。輸出部門で最も重要な産業は織物衣料（三八・六九％）とニットウェア（四三・三四％）である。他の主要輸出品、すなわちジュート及びジュート製品（二・五六％）、冷凍魚類と活魚（一・九七一％）、その他製品（一三・九九％）による収益もこの期間の輸出全体の成長に寄与した。

6・2　輸入

輸入の成長率は二〇一六～二〇一七年度には九・〇〇％まで上昇し、前年度の成長率五・九四％よりも高くなった。合計輸入額（運賃込み条件）は二〇一六～二〇一七年度には四七〇億ドルとなり、前年度の四三一億ドル（税関記録に基づく）から増加した。二〇一六～二〇一七年度の食用穀物（米と小麦）の輸入は前年度に比べて八・二五％増えた。しかし、消費財と中間財の輸入は同期にそれぞれ一一・〇％、九・一％増えた。

6・3　送金

国外からの送金は二〇一六～二〇一七年度に一四・五％減って一二八億ドルとなった。前年度は二・五二％のマイナス成長だった。原油価格の下落によって中東諸国で投資と建設業が鈍化したことが、国外からの送金が減少した主な原因である。また、送金の相当部分が非公式ルートでなされているとも考えられる。しかし、海外への出稼ぎは近年大幅に増えた。二〇一六～二〇一七年度には多数の労働者が出稼ぎのために海外へ渡航し、前年度の六八万四、五〇〇人と比べて三二・二五％増えた。従来の市場で実施中である雇用機会拡大の主導、新たな渡航先を調べる外交上の取り組み、海外の出稼ぎ労働者への少額融資、海外の労働市場の需要を満たせるよう労働者の技術向上を図る手段については、それら事業を継続する。

6・4　国際収支

貿易赤字は二〇一五～二〇一六年度の六五億ドルから、二〇一六～二〇一七年度の九五億ドルへ拡大した。経常収支は二〇一六～二〇一七年度に一五億ドルのマイナスとなり、二〇一五～二〇一六年度における四三億ドルの黒字から赤字へ転じた。しかし、資本・金融収支は四五億ドルの黒字を記録し、前年度同期の一四億ドルから黒字幅が拡大した。全体として、二〇一六～二〇一七年度の総合収支は三二億ドルの黒字となり、二〇一五～二〇一六年度の五一億ドルから黒字幅が縮小した。

6・5　外貨準備

二〇一七年六月三〇日の外貨準備高は三三五億ドルの目標額を超え、二〇一六年六月三〇日の三〇二億ドルよりも増加した。バングラデシュ銀行の本年の総外貨準備高は二〇一七年一〇月末時点で三三四億五、〇〇〇万ドルとなった。この外貨準備高は輸入債務七・六二カ月分に相当する。

6・6　為替レート

二〇一六～二〇一七年度は、USドルに対するタカの為替レートはほぼ安定していた。インターバンクレートの加重平均は、二〇一六～二〇一七年度が一ドル八〇・六タカ、二〇一五～二〇一六年度が一ドル七八・四タカであり、およそ二・二％下落した。さらに、一五通貨構成通貨バスケットによる実質実効為替レート（REER）指数は二〇一七年六月に一・九七％上昇した。

6・7　預金と投資

国民貯蓄は一九七〇年代にはGDPの一〇％未満だったが二〇一七年度には二九・六％まで増加した。これが資本蓄積や投資の急成長の主たる原動力となった。この資本蓄積によって農業、製造業、インフラ整備と人間開発の経済分野における生産能力が向上し、当国の経済活動が拡大した。民間投資が、かつて急速に成長した後で、五年以上にわたりGDPの二二％から二三％の水準に停滞した一方で、公的投資は同時期に弾みをつけて、五％未満だった二〇一〇年度から二〇一七年度には七％を超えた。

6・8　労働力人口の増加

バングラデシュでは人口構成の変化が起こって従属人口比率が低下し、年を経るにつれて生産年齢（一五歳以上）人口の割合が拡大して、国の労働力人口は急増している。それとともに労働生産性も向上した。これが実現したのは機械、技術、人的資本への投資による。女性の社会進出が増えたことも労働力の供給が増加した要因である。労働力供給の継続的増加は成長の強力な原動力となっている。

6・9　全要素生産性の向上

特に一九九〇年以降に実施した広範な改革により、バングラデシュにおける生産手法の効率が向上し、それによって全要素生産性も向上した。農業における研究開発費が増えたことで米の収穫量が増加し、新技術への移行により製造業の生産性も向上した。市場重視の経済改革、例えば投資の規制緩和や貿易の解放によって競争力が高まり、TFPが向上した。製造業の生産効率向上が実現したのは、一九八〇年代に始まる製造業の民営化、及び織物、既成衣料、医薬品、食品加工、皮革製品における民間部門の生産拡大による。貿易解放とそれに伴う輸入自由化、及び健全な為替レートの管理によって輸出軽視の状況が改善して輸出が増え、国内市場向けの製造業でも競争力と品質が向上した。

7　第七次五カ年計画の成長戦略

第七次五カ年計画は次の四つの大目標を掲げている。(i) 平均年次成長率を一年当たり七・四%まで高める。(ii) より包括的で、貧困層に配慮し、環境の観点から持続可能性の高い成長を実現する。(iii) 国内貧困率を一八・六%へ、最貧困率を八・九%前後へ下げる。(iv) 労働市場への新規加入者すべてに生産的な職を用意する。SFYP (第七次五カ年計画) では収入格差の是正あるいは現水準の維持も企図している。SFYPでは女性が生産的な経済活動に従事するのを一層強く支援するために、彼女らの技術を高めたり、当国中小企業の役割を拡大したり、農業の生産性と収入を改善したりということも行っている（計画委員会、二〇一五年）。

SFYPはマクロ経済の安定を維持することを優先事項に据え、そのために金融、財政、為替レートの政策を効果的に組み合わせてインフレを監視し、為替レートを競争力のある値で安定させ、財政赤字と経常収支の赤字を低く抑え、GDPに対する公債の比率を小さくする取り組みを実施している。また、貿易解放を加速するために保護関税を下げ、輸出主導の成長戦略を厭う風潮を是正し、輸出の多様化を推進している。銀行業の能率と財務健全性を高める事業も実施している。投資環境改善のため、ビジネスのさらなる規制緩和、財政部門の刷新、税制の刷新、法制度の刷新、国家経営方法の改善にも取り組んでいる。さらに、インフラ不足が制限となる状況を改善するため、電力・輸送・都市のインフラに対する投資を増額し、土地記録制度の仕上げを行い、土地登記と課税の政策を改善し、土地売買にかかる費用を抑制し、労働技術を高めて労働生産性を向上するために、教育の質の向上と技術・職業訓練の強化に取り組んでいる。

7・1　雇用創出と貧困率低減への重点的な取り組み

当国の第六次、第七次両計画では、生産構造の変革によるGDPの増加と製造業における雇用比率の上昇を重視しており、それに合わせて農業とサービス業の雇用比率を減らすことを重視している。例えばSFYPは、GDPにおける製造業の割合を二〇一五年度の二八％から二〇二〇年度には三三％へ高め、一方で農業の割合を二〇一五年度の一五・六％から二〇二〇年に一二・九％へ、サービス業の割合を二〇一五年の五六・四％から二〇二〇年に五四・一％へ減らすことを期している。

ＳＦＹＰでは、毎年二〇〇万人のペースで農業分野から移行してくる労働者の受け皿となるのに十分な数の働き口を増やすことを期している。ＳＦＹＰはまた、現在失業または不完全雇用状態にある大勢の国民へ生産的な職を提供し、初めて労働市場へ加入する女性労働者へも仕事を与えることも期している。

7・2　投資需要の増大への対応（ＰＰＰ）

現在インフラが大規模に不足している分野が存在し、例えば輸送、電力、都市などの分野で整備が遅れ、大規模な投資が必要となっている。投資を増額する分野の一部（特に電力）については、官民連携（ＰＰＰ）によって財源を確保することが期待される。政府はＰＰＰの事務所を含む組織・制度を整備し、ＰＰＰ法を制定して管理指針を公布し、ＰＰＰ事業の財源を世話するバングラデシュインフラ融資ファシリティを創設した。

7・3　マクロ経済、国際収支、為替レートの管理

輸出主導の成長戦略を実施するためには、既成衣料と他の有望な輸出分野、例えば皮革製品と履物、医薬品、食品加工、造船、家庭用繊維製品、ＩＴ、電子機器、軽工業などの分野への大規模な投資が必要となる。大規模な投資は、電力、輸送、港湾、都市設備などのインフラを支える成長を実現するのにも必要となる。政府は他国による輸出分野への直接投資を熱心に誘致している。他国の投資が得られれば、資金が調達できるのに加えて、バングラデシュの輸出品を市場へ普及し、技術と知識、管理手法を移転する助けにもなるからである。

8 今後の開発の重要項目

8・1 歳入の増加

バングラデシュマクロ経済の主たる懸念は、GDPに対する税収の比率が低いことである（二〇一七年度はGDPの九・八％）。この比率は、南アジア諸国の税収を基準にしてもなお低い。包括的かつ持続可能な開発のためにインフラ、人間開発、社会保障、環境に対する公共支出の増額が必要とされる状況でその資金を賄うためには、GDPに対する税収の比率を大幅に高める取り組みを一層重点的に行う必要がある。

8・2 製造業と輸出の多様化

既成衣料産業（輸出額の八〇％超を占める）は輸出収益を高める上でも、特に女性へ職を供給して女性の社会的、経済的な権利を拡張する上でも、バングラデシュに大いに貢献してきた。また、この産業は企業家階級を生み出し、進歩を続ける貿易と事業のノウハウに習熟した企業家たちが、既成衣料にとどまらない様々な産業にも進出している。しかし、それにもかかわらず当国の輸出と製造業の基盤は貧弱なままであるため、速やかに多様化を進めて経済成長を促す必要がある。

輸出と産業の多様化に関わるものとして、より生産的で、しっかりした、収入のよい職を大量に創出する必要がある。GDPに対する農業の寄与は二〇一七年度には一四％超まで下がったが、国の労働力人口の四三%近くは現在でも農業を生業としている。商業的に農業を行って農村部の収入を増やすために、農家の質を高めて市場へ結び付けるインフラを改善し、農産物の効率的なサプライチェーンを整備する必要がある。これによって市場へ参加しやすくなり、生産費用が下がり、農家が作物をより高く販売できるようになることが望まれる。

8・3　環境と気候変動

当国は頻発する自然災害と荒天にうまく対処できる体制を作り上げる必要がある。政府は環境資源の効果的管理を優先事項に据えており、これは包括的な成長を維持するのに不可欠である。政府は国家防災計画、バングラデシュ気候変動戦略及び行動計画、持続可能な開発国家戦略を策定した。優先して取り組んでいるのは（i）食料、水、エネルギーと家畜の安全の確保、（ii）インフラの保護、災害に関連するリスクの解消である。その他重要なものは、乏しい天然資源の過度な開発を減らすことと、意図しない都市化及び工業化を制御することである。環境分野へ割り当てる予算を増やして、環境及び気候変動の課題に取り組む必要がある。

8・4　男女の平等と権利の拡張

バングラデシュは男女の平等に関する複数の分野で進歩を遂げた。当国は、全国民が初等教育を受けることを掲げるミレニアム開発目標に従って、女子九八・八%、男子九七・一%の就学率を二〇一五年に達成した。重点的に取り組んでいるのは、第三期の教育と技術開発における大幅な男女差の縮小である。バングラデシュは女性開発国家政策を承認した。これは女性の経済的、公的役割に関する認識の変革を支援するものである。地方議会に加わって意思決定に参画する女性も増えている。しかし、女権拡張が進んではいるとはいえ、雇用、賃金、土地などの生産手段、技術・職業教育を含む教育、住宅と信用の分野での男女格差に対処するために実施すべきことは多い。

8・5　人材の向上

包括的成長を促進するためには、教育及び技術開発を利用できる機会を増やすことが不可欠である。この目的のためにいくつもの事業が展開されており、そこには、教育と技術開発に割り当てる予算を増やす、国民すべてへ初等・中等教育を普及する、職業教育を強化する、高等教育を受けやすくして学費を減らす、などの取り組みが含まれる。教育の質を高めるためによりよい教育を受けた教員を採用し、教材及びカリキュラムを改良することが考慮されている。

8・6　雇用創出と技術開発

バングラデシュは国民を、継続的かつ持続可能で勢いのある経済成長を達成する手段の一つと捉えている。現在の国際情勢で、こうした経済成長段階にあるバングラデシュがさらに進歩するためには、国民の能力と技術の開発に対する取り組みが不可欠である。現在及び将来における国内外の労働市場の需要を考慮して、内閣は首相官邸が後援する国立技術開発局（ＮＳＤＡ）の設立案を承認した。ＮＳＤＡは二一の異なる省庁が実施する異なる技術開発事業を調整し、技術開発戦略統合の枠組みを作ってこれを実施し、国際基準に則った訓練プログラムを整備することになっている。ＮＳＤＡを設立する法案も起草済みである。併行して「国家人材開発基金（ＮＨＲＤＦ）」も創設した。この基金では、官民両方で働く本邦労働者の技術開発に必要な追加財源を用意することになっている。

8・7　投資の促進

投資は官民の両分野で急増している。投資の規模は物質的インフラと社会的インフラの両方で大きくなっており、こうしたインフラには道路、電力とエネルギー、人間資本開発事業の質を高める仕組みが含まれる。この開発事業は生産性を向上することで民間投資を促し、クラウディングイン効果を発揮する。特に、パドマ橋を含むいくつかの巨大プロジェクトが投資増大の機会を生み出すだろう。

8・8　イノベーションとデジタル技術

最近数十年で世界的にデジタル技術が普及したことにより、開発途上国と世界の他の国との統合が速まった。デジタル技術の使用は経済成長に重要な影響を及ぼし、その際、包括、効率、イノベーションの三つの過程を経る。これに気付くと直ちに、バングラデシュは政府、地方の異なる機関にまたがる全体的・包括的なデジタル化事業を実施した。デジタル技術の普及に関して、バングラデシュは近年著しい成功を収め国際的に認知されるようになった（ＭＴＭＰＳ、二〇一七年）。

図7-2　他国による援助：コミットメント額と支出額
（単位：億ドル、2005年～2017年）

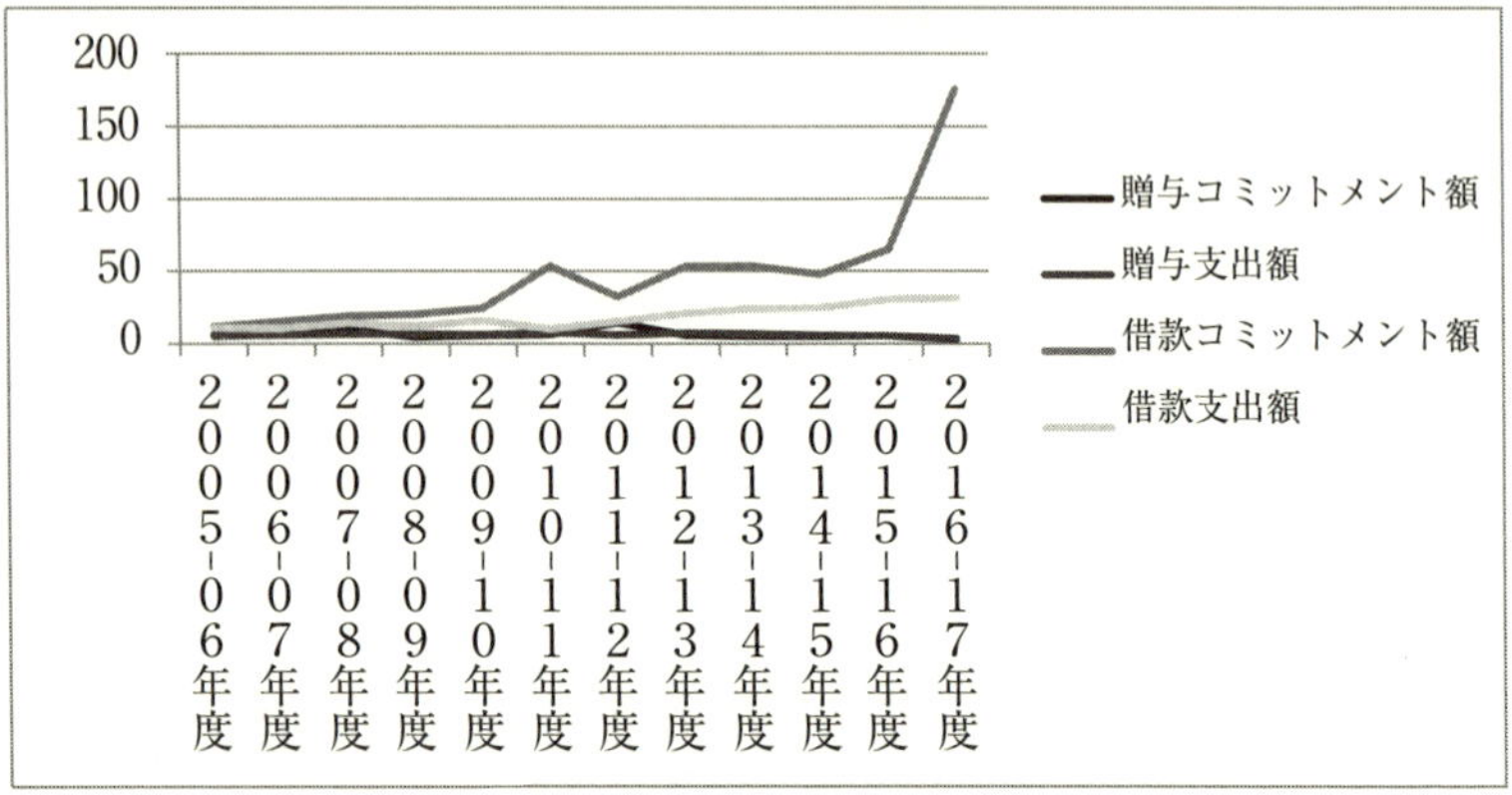

9　ODA政策

バングラデシュは従来、インフラやキャパシティビルディングのような決定的に重要な経済分野の一部を他国の援助に依存してきた。過去数年の間に、他国による援助と支出の構成には変化が生じた。贈与の割合は借款に対して低下している（ERD、二〇一六年）。そのため、ODA政策（NPDC）法案で目的としているのは、一貫性のある統合的な制度・政策手法によって様々な形式や様式をとる開発援助に対応し、必要に基づく結果主義の開発を行い、借款の持続可能性を含むマクロ経済の安定に対する課題やリスクを避けることである。法案では、開発援助を、国家開発の優先事項及び国の制度と調和させることも期している（ERD、二〇一六年）。

　バングラデシュには国家公式の援助政策や開発協力政策、ODA政策と言えるものがなかったが、開発協力国家政策（NPDC）について二〇一五年から協議が行われており、近々これを採択する用意ができている。この政策の策定には長い時間がかかったものの、バングラデシュは総合的な経験から次のことを知っている。すなわち、大きな援助国や多国間機関でさえも、パリ宣言、アクラアコード、釜山の協定のような国際協定に関してはリップサービスをするのが好きであり（図7-2）、こうした協定の精神を通常分野と同様に実践するのは嫌がるのである。

9・1　四つの要素

四つのCがこの開発協力国家政策の基礎的前提となる。手短に述べると、四つのCとは、変化する国内外の情勢（Context）、既に経済関係局で実践している取り組みの成文化（Codification）の必要性、全省をあげて事に当たる政府の対応と、当国の対応に関するより深い全省的理解を実現するための結束（Coherence）、そして最後は、政府と省庁両方の職員が常に変化するという観点から将来において重視される慣習の継続性（Continuity）である（ERD、二〇一七年）。

（1）　情勢（Context）

国内外の両方で、援助の量と実施者の構造が変化している。これまで当国では伝統的財源への依存が大きく、開発予算も国外資金への依存が圧倒的だった。しかし近年はその傾向が大幅に変化し、継続的な取り組みによって国内財源の確保を強化し、開発に関わる需要と重要事業の増加に対応するようになった。

（2）　成文化（Codification）

バングラデシュでは既に、政策法案で言及したほとんどの問題に取り組んでいる。しかし、現在この政策に関する手法と取り組みは多岐に渡る。これらを一つの文書によってまとめ、一貫した政策手法を採用し、現在及び将来の職員と利害関係者が、バングラデシュにおける開発協力の基本政策と手続き上の問題を速やかに把握できるようにする必要がある。

（3） 一貫性（Coherence）

ＳＤＧｓの準備にあたって国際社会は、国がより一貫性のある力強いリーダーシップを発揮して援助を管理し、よりよい結果を実現する手段としてそれを利用することを支持している。二〇〇三年のローマ宣言から二〇一六年のケニアハイレベル会合に至るすべての国際宣言は、国の自助努力を強調している。期待されると同時に議論されているのは、開発協力によって被援助国による国家の自助努力強化を支援することである。

（4） 継続性（Continuity）

成文化された一貫性のある政策が、開発協力における優れた取り組みの継続性を強化する助けとなることが期待される。職員が変化するのは政府、省庁のどちらでも避けられない現象であり、これによって知識の分断が起こり、政策と手法の円滑な引き継ぎに影響を及ぼす。本政策はそうした分断を解消する優れた手段となるだろう。

9・2 ＯＤＡ政策法案の簡単な紹介

これは協議を重視する進歩的な内容である。ＮＰＤＣの法案には次のような目標が定められている。

①一貫性のある統合的な制度・政策手法によって開発協力に対応し、必要に基づく結果主義の開発を実施して、国の借款の持続可能性に対する課題や重大なリスクを避ける。
②国家開発の重要事項及び国の制度に開発協力を対応させる。
③国外の財源を効果的に利用することで開発目標を達成する。
④財源の確保と利用において、国家の能力と各省間の協力関係を強化する。
⑤すべての開発当事者間の包括的な協力関係を支援する。
⑥透明性を向上し、説明責任を強化する。

バングラデシュ経済が変化し、その経済がGDPの七％以上の成長率で中所得国へと順調に推移しているのは否定できない事実である。歴史的にバングラデシュは国外の協力者に開発事業の資金の多くを依存していた。しかし、近年その関係は変化している。自国財源の確保状況が大幅に改善したため、当国が自国の財源から調達する資金が増えており、バングラデシュ自身の民間部門が開発資金の重要な提供元となりつつある。国外からの財源についても、かつては主に伝統的な援助国へ依存していたが、現在は一部の新興援助国により多くを頼る方が好ましいと考えられている。伝統的な援助国の協力は多額の費用がかかり、柔軟性にも欠けるからである。このことは開発協力者との関係を改める合図にもなっている。一方で、多国間開発銀行は、従来の二国間援助と比べると引き続き重要な役割を果たしている。当国の経済と全体的な開発状況の変化を考えれば、バングラデシュと援助国との関係が変化するのは当然である。次のことにも触れておく価値があるだろう。すなわち、バングラデシュは現在、多数の二国間援助を以てしても調達できるか分からない多額の資金協力を要する大規模なインフラ事業を実施している。そのため、国外財源による資金調達の管理についても、多国間銀行や一部の新興援助国の関与が増え、強まっていく見込みが大きい。

今日生じている疑問は、伝統的な援助国、特に出資規模の小さな援助国について、このように変化するバングラデシュの経済に対しどうすれば適切な援助を続けてゆけるのかということである。バングラデシュは現在、進歩的な協力関係を規定する開発協力国家政策の起草を済ませた。バングラデシュの将来の政策戦略では、小規模な独立事業をむやみに増やすことは難しくなると思われるが、その戦略の目的は、援助国が政府の大規模事業へ資金提供することを可能にするプールファンドを創設できる環境を作ることにある。これは小規模な出資を行う援助国の重要性を維持する賢明な手法となるだろう。

社会経済的な開発において何度も賞賛を受けているにもかかわらず、当国には多くのアキレス腱がある。そのうち一つは制度及び国家経営の脆弱性である。バングラデシュが成功を確かなものにしたければ、これらの課題に取り組まなければならない。このために省庁はバングラデシュの開発に従事する特別な部署を作ることになる。しかし、これは批判を受けないわけではないし、容易に実施できるわけでもない。省庁の過去の遺産のためである。省庁は過去多くの制度改革に関与してきたが、多くはうまく機能せず無残に失敗した。そのため、政府と省庁両方の関与の仕方を見直す必要があるかもしれない。しかし、こうした分野における業務範囲に対応し切れない省庁もある。バングラデシュの管理体制はとても脆弱であり、非常に政治の影響を受けやすい。バングラデシュが進歩するにつれて、この管理体制は一層重要な役割を果たすことになるだろう。そのため、強力な管理体制の必要性はどれだけ強調しても大袈裟ではない。省庁は、主要な制度において業務の能率を高めて政治的な偏りや影響から制度を守るための基金を作るべきである。介入の恐れのある制度には、市民サービス、中央銀行などの金融規制機関、証券取引所、保険・監査団体などがある。かつてバングラデシュは民間部門の市中銀行保護の好例となっていたが、政治の干渉によってすぐに規制が機能しなくなった。国民の資金が保護されない限り現在のペースで開発を続けるのは非常に難しく、開発体制を強化することなど望むべくもない。そのため、効果的な制度を構築することがバングラデシュ経済開発の主要な戦略となるはずである。

ＳＤＧｓでは、開発協力者がバングラデシュの開発に関与するもう一つの機会を規定している。その方法で関与する場合、省庁は自ら優先事項を決めることができる。すべての目標に対して働く代わりに、省庁は特定の目標に的を絞って業務の目的を明確に指定することができる。教育と保健は関与の余地が大きい分野である。過去四〇年間、バングラデシュの成長戦略は初等教育への就学率を高め感染症の課題に取り組むものとなっていたが、今やその戦略は変化しつつある。教育の質に対する需要が大きくなり、非感染性疾患が国民の保健と貧困の両分野で重要な課題となっているからである。国民の中には収入の水準を維持できない者も多い。それは健康を維持する費用のためであり、やがてそれが貧困を招いて最初よりも状況が悪くなってしまう場合もある。教育と保健の制度をより効果的、包括的でそして洗練されたものとする方法は、今後対処すべき主要な開発事項になり得る。

ＳＤＧｓ、特にＳＤＧ17では、課題とともに機会についても規定されている。ＳＤＧターゲット七・二によると、先進国は政府開発援助による貢献を全うするために、目標値としてＯＤＡ・ＧＮＩの〇・七％に当たる援助を開発途上の国に、ＯＤＡ・ＧＮＩの〇・一五から〇・二〇％を特に開発の遅れた国に対して実施することとなっている。ＯＤＡ援助国は、特に開発の遅れた国に対してＯＤＡ・ＧＮＩの少なくとも〇・二〇％を提供することを目標に設定するよう検討することが奨励される。ＯＤＡの重要性が低下することのない背景としては、例えば生活必需品・機械設備・技術を輸入するとともにマネーサプライを拡大する、といった二つの目的に資するものだからである。最終的にODAは国の外貨準備に寄与する。そのため、先進国すべてが自身の貢献を全うするべきだと述べるのは、大変理にかなったことである。

省庁は、バングラデシュが潜在的な人口ボーナスをすべて手に入れることを支援するため、大規模な事業を実施して若者、特に農村部の国民に就職に必要な技術を身に付けさせることが可能である。この事実を考慮しても、バングラデシュでは、拡大する既成衣料産業のために技術を有する多くの人材が必要である。また、特別な技術があれば何百万にも及ぶ海外の出稼ぎ労働者がより高い賃金を得る助けになるかもしれない。国民に技術を身に付けさせる取り組みは、当国に大きな利益をもたらす。さらに、これは包括的成長の実現にも資するものである。現在の職業制度と職業訓練校の教育制度は、徹底的な分析を行って目的に合うよう改めることもできるだろう。そのために援助国を糾合すれば、革命を起こすことができるかもしれない。

正確に測ることはできないが、二〇五〇年までに、極端に洪水の被害を受けやすい土地が国土の一%分増加し、海岸地域では三、五〇〇万人以上が移住を強いられると予測される。天災（及び人災）の悪影響を緩和するため、政府は「バングラデシュデルタプラン２１００」と銘打った対応戦略の準備を主導している。これは農業、漁業、林業、畜産業、工業、給水と公衆衛生、環境、航海などの分野の必要を満たす統合的計画である。

10 結論

バングラデシュは世界の開発の手本と認識されるようになった。国連は持続可能な開発目標（ＳＤＧｓ）を世界の開発計画として採択し、ミレニアム開発目標（ＭＤＧｓ）を引き継いだ。バングラデシュがＭＤＧｓの目標のほとんどを達成するのに成功したことは注目に値する。バングラデシュは既にＳＤＧｓに関する戦略の大枠を作り上げており、ＭＤＧｓに引き続く成功を期している。ＳＤＧの目標がＭＤＧｓよりも野心的なものであり、これを達成するのに多くの資源・財源が必要であることを弁えた上で、バングラデシュは二〇三〇年までにＳＤＧｓを達成するよう取り組んでいる。それに加えて、バングラデシュは当国自身による開発の道筋についても大枠を定めた。この夢の道筋に含まれるものには、ビジョン二〇二一（中所得国を実現する計画）、二〇三〇年のＳＤＧｓ達成、ビジョン二〇四一（豊かなる先進国バングラデシュを実現する計画）、二〇七一年の独立一〇〇周年、二一〇〇デルタプラン（デルタの安全に関する計画）がある。

参考文献

Abul, A. M., Muhith. (2017, June 1). Budget speech. Speech presented at Budget Speech 2015-2016 in Parliament of Bangladesh, Dhaka.

Asian Development Bank (ADB). 2011. Country Partnership Strategy, Bangladesh 2011–2015. Manila.

Asian Development Bank (ADB). 2013.Bangladesh-ADB 40 Years of Development Partnership.Manila.

B. B. (n.d.). Annual Report 2016-2017 (Bangladesh, Bangladesh Bank). Dhaka: Bangladesh Bank.

Bangladesh Bureau of Statistics and World Bank Publication (2017 ed.). (n.d.). Dhaka: Global Economic Perspective: a fragile recovery, June 2017.

Division, E. R. (n.d.). Flow of External Resources into Bangladesh (As of 30 June 2016) (p. 6) (Bangladesh, Economic Relations Division, Ministry of Finance).

Division, E. R. (2016, April 25). National Policy on Development Cooperation (Draft and Not for Quotation). Retrieved December 9, 2017, from http://www.erd.gov.bd/site/notices/50d1cf69-db03-4b62-9cea-624336508586/Draft-National-Policy-on-Development-Cooperation-for-comments.

Division, P. (2011). Planning Commission, Ministry of Planning, Sixth Five-Year Plan FY2011-FY2015 (Bangladesh, Planning Division, Government of Bangladesh). Dhaka: Planning Division.

Division, P. (2015). Seventh Five-Year Plan FY2016-FY2020: Accelerating Growth, Empowering Citizens (Bangladesh, Planning Division, Government of Bangladesh). Dhaka: Planning Division.

Finance, M. O. (2017). Medium Term Macroeconomic Policy Statement 2017–2018 to 2019–2020(Bangladesh, Finance Division). http://www.adrc.asia/nationinformation.php?NationCode=50&Lang=en&Mode=country [Accessed on 30th November 2017].

イクバル・マフムード

（仲間瑞樹監訳）

第8章　ASEAN経済共同体における農業貿易

1　はじめに

東南アジア諸国連合（ASEAN）が設立されてから、現在、五〇年以上経っている。一九六七年の設立当初は、インドネシア、マレーシア、フィリピン、シンガポール、タイの五カ国でスタートした。一九八四年にイギリスから独立したブルネイが加盟し、その後、ベトナム、ラオス、ビルマ（ミャンマー）、カンボジアが加盟した。ASEANのきわめて重要な目的は、政治・経済の協力と域内の安定性を促進することである。ASEAN内の貿易を増やすために、ASEAN自由貿易地域の発足が一九九二年に決定された。タイは、ブルネイ、インドネシア、マレーシア、フィリピン、シンガポールと共に発足時のメンバーであった。これがASEAN経済共同体の当初の状態である。

ASEANの目的には、三つの柱がある。一番目の柱は、政治的安全が保障された共同体である。残りの二つの柱は、経済共同体と社会・文化的共同体である。これらの柱により、ASEAN経済共同体は、ASEANのメンバー諸国にとって最も重要な柱であった。ASEAN諸国の経済へ影響を与えやすいか

表8-1　ASEAN諸国の基礎データ

国	総面積：2016年（1000平方km）	人口：2016年（100万人）	1人当たりGDP：2016年*（USドル）	経済成長率：2012〜2016年（%）
ブルネイ	5.27	0.42	30,993.06*	−1.32
カンボジア	176.52	15.76	1,330.00	7.15
インドネシア	1,811.57	258.70	3,603.46	5.30
ラオス	230.80	6.60	2,408.00	7.59
マレーシア	328.55	31.63	9,390.47	5.08
ミャンマー	653.08	52.89	1,137.87	7.33
フィリピン	298.17	103.32	2,953.29	6.58
シンガポール	0.71	5.61	52,962.00	3.27
タイ	510.89	65.93	6,177.21	3.41
ベトナム	310.07	92.70	2,215.00	5.91

注：* Brunei GDP per Capita from 2015.
出典：CEIC Data Base, 2017.

らである。ＡＳＥＡＮ経済共同体の目的は、①単一市場単一生産拠点、②競争的な経済地域、③公平な経済発展、④グローバル経済への統合である。[1] しかしながら、非関税障壁による多くの障害により、特に農業の分野では、ＡＳＥＡＮ経済共同体の目的は容易には達成されないと思われる。

2　ＡＳＥＡＮ概説

面積と人口に関しては、ＡＳＥＡＮの中で、面積、人口ともにインドネシアが最大である。ＡＳＥＡＮの中で、面積が最も小さいのはシンガポールで、人口が最も少ないのはブルネイである。一人当たりのＧＤＰを見ると、加盟国の経済格差を少なくするという目標を達成するのは難しいようである。表８-１によると、二〇一六年のシンガポールとミャンマーとの一人当たりのＧＤＰの格差はおよそ五〇倍であった。興味深いことに、ＡＳＥＡＮに新規加入したカンボジア、ラオス、ミャンマーの二〇一二年〜二〇一六

表8-2　ASEAN諸国の貿易収支（USドルmm）

国	2016年		
	輸　出	輸　入	貿易収支
ブルネイ	5,223.81	2,670.58	2,553.23
カンボジア	10,099.98	12,900.20	−2,800.22
インドネシア	145,075.01	135,652.76	9,421.27
ラオス	33,525.14	4,739.45	−1,387.31
マレーシア	189,987.94	168,721.73	21,266.21
ミャンマー	11,672.40	15,695.70	−4,023.30
フィリピン	57,406.12	84,108.04	−26,701.92
シンガポール	338,106.96	292,046.90	46,060.06
タ　イ	215,387.54	194,198.03	21,189.51
ベトナム	176,580.82	174,803.80	1,777.02

出典：Calculated from CEIC Data, 2017.

年の経済成長率は高かった。他方、ブルネイだけが経済成長率はマイナスであった。

ASEANの貿易にとって、ASEAN諸国の中でシンガポールが一番商業化の可能性が高い。何故なら、シンガポールがASEAN物流のハブだからである。ASEANでシンガポールが輸出も輸入も一番多い。二〇一六年は、ほとんどのASEAN諸国は貿易黒字だった。カンボジア、ラオス、ミャンマー、フィリピンの四カ国だけが貿易赤字だった。特に、CLMV（カンボジア、ラオス、ミャンマー、ベトナム）諸国の中では、ベトナムだけが貿易黒字だった（表8-2）。

国際貿易は、ASEAN諸国にとって重要な役割を果たしている。二〇一六年に、CLMV諸国の中で、GDPに占める貿易額はベトナムが一番高く、八五・二％である。他方、ASEANの中で新しい開放国であるミャンマーは、約二五％である。同時期、ASEANの中で、GDPに占める貿易額の割合が一番高いのは、シンガポールだった（図8-1参照）。

ASEAN域内間の貿易はそれほど大きくはなかった。ASEAN域内間で輸入が最も多いのはブルネイである。何故なら、先述したように、ブルネイが、一番面積が小さいからである。

図8-1　2016年のGDPに占める貿易総額の割合

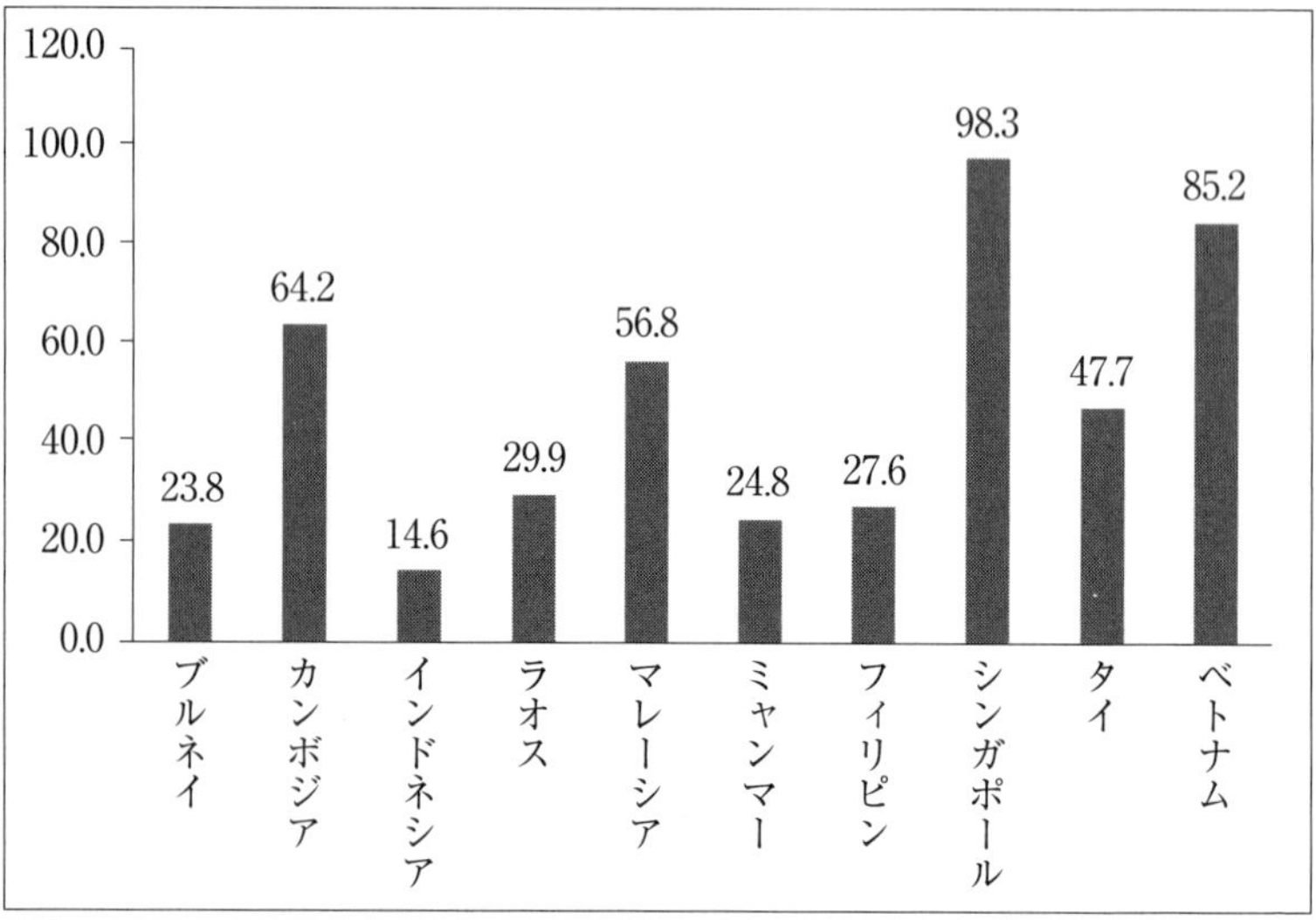

出典：Calculated from CEIC Data, 2017.

表8-3　輸入額に占めるASEAN域内の割合（%）

国	2005年	2010年	2015年	2016年
ブルネイ	50.07	46.30	43.42	48.33
カンボジア	31.06	34.35	31.63	35.70
インドネシア	na	28.68	27.19	25.58
ラオス	na	na	na	na
マレーシア	25.51	27.16	26.51	24.57
ミャンマー	na	na	41.52	37.65
フィリピン	18.71	na	25.26	26.23
シンガポール	26.04	23.96	21.07	21.49
タイ	18.30	16.60	18.97	18.81
ベトナム	25.37	19.34	14.35	13.77

na：データなし。

出典：Calculated from CEIC Data, 2017.

表8-4　輸出額に占めるASEAN域内の割合（%）

国	2005年	2010年	2015年	2016年
ブルネイ	25.00	12.42	19.55	24.52
カンボジア	4.73	12.58	8.92	8.59
インドネシア	18.47	20.98	22.28	22.32
ラオス	57.48	57.13	71.16	72.61
マレーシア	26.02	25.37	28.22	29.39
ミャンマー	na	na	38.87	30.08
フィリピン	17.33	22.42	14.88	15.06
シンガポール	31.44	30.54	30.14	29.40
タイ	21.99	22.93	25.73	25.43
ベトナム	17.70	14.35	11.23	9.88

na：データなし。
出典：Calculated from CEIC Data, 2017.

従って、ブルネイの生産は、国内の消費を賄うことが出来ない（表8-3）。

ＡＳＥＡＮ域内の輸出に関しては、表8-4が示すように、ラオスが一番大きい。それは、ラオス経済は主にＡＳＥＡＮ経済に依存していることを意味している。他方、カンボジアのＡＳＥＡＮ域内への輸出割合は最も小さい。

3　ＡＳＥＡＮにおける農業部門

ＡＳＥＡＮ諸国、特に、ＣＬＭＶ諸国にとって、農業部門は決定的に重要な役割を果たしている。これらの国におけるＧＤＰに占める農業部門の割合は、一〇％以上だった。ミャンマーとカンボジアが一番高く、ＧＤＰの約四分の一である。一方で、労働力における農業部門の割合はベトナムが一番高い。他方、ブルネイの農業部門の割合は、表8-5が示すように、全ての指標で一番低い。

表8-5　ASEAN諸国の農業指標

国	面積の割合：2014年	GDPの割合：2015年	雇用者の割合：2016年
ブルネイ	2.73	1.10	2.62
カンボジア	30.90	26.35	na
インドネシア	31.46	13.49	31.90
ラオス	10.26	17.59	na
マレーシア	23.86	8.46	11.37
ミャンマー	19.36	27.05	na
フィリピン	41.72	10.27	28.90
シンガポール	0.93	na	na
タイ	43.28	8.71	31.18
ベトナム	35.07	16.99	41.86

na：データなし。
出典：CEIC Data, 2017.

タイの名目GDPに占める農林水産業の割合は、特に二〇一一年以降、低下傾向を示している。しかしながら、これは、タイ経済において農業部門が重要ではないということを意味している訳ではない。大まかに言って、三一%の労働者が農業部門で働いている。しかしながら、GDPに占める農業部門が小さい原因は、他の部門の相対的に高い成長である（図8-2）。

二〇一一年〜二〇一六年の農業部門の労働者の増加率は、年々減少している。タイでは、二〇一三年以降、農業労働者の増加率はマイナスである。これは、タイの労働者の若い世代は、農業部門には集まっていないからである。農業部門は賃金や利益が低いのが主な理由である。さらに、農業労働者は、彼らの子供には大卒かそれ以上の教育を受けるように勧めている。子供が、大学を卒業後、他の部門で高給の職を得ることを期待している。この現象は、多くのASEAN諸国で生じているように思われる（表8-6）。

ASEANの主要な農作物は、米とゴムであった。タイとベトナムはコメの主要な輸出国である。大まかに言って、ASEANのコメの輸出の九〇%は、これらの二国からであった

図8-2　タイのGDPに占める農林水産業の割合

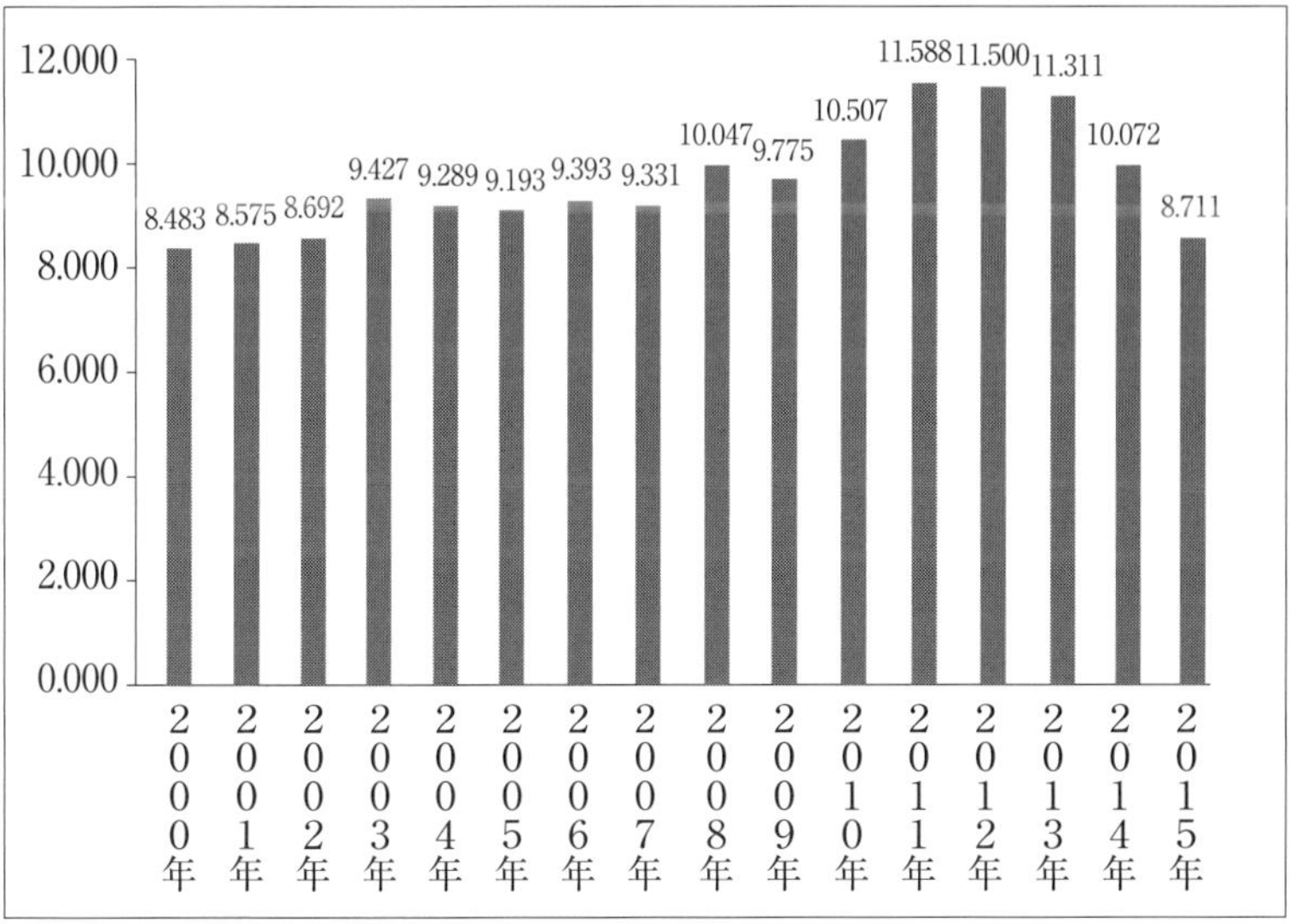

出典：Calculated from CEIC Data, 2017.

表8-6　ASEAN諸国の農業労働者の増加率

	ASEAN諸国				
	インドネシア	マレーシア	フィリピン	タイ	ベトナム
2011年	−5.22	−4.41	4.86	0.49	0.35
2012年	−1.14	13.60	−5.48	3.58	−0.02
2013年	−2.09	5.02	−0.14	−0.39	0.17
2014年	2.38	−1.33	−1.58	−16.10	0.04
2015年	−3.14	5.67	−1.56	−3.58	−4.71
2016年	0.06	−8.21	0.34	−4.37	−4.06

出典：CEIC Data, 2017.

表8-7　コメの輸出：ASEANに占める割合（%）

国	2012年	2013年	2014年	2015年	2016年
カンボジア	1.19	2.49	1.94	na	na
インドネシア	0.01	0.02	0.00	0.00	0.01
ミャンマー	7.53	7.90	8.89	9.54	8.56
フィリピン	0.02	0.01	0.00	0.00	0.00
タイ	42.20	46.13	57.77	54.10	61.55
ベトナム	50.23	45.95	33.34	36.35	29.88

na：データなし。
出典：CEIC Data, 2017.

表8-8　ゴムの輸出：ASEANに占める割合（%）

国	2012年	2013年	2014年	2015年	2016年
カンボジア	0.81	0.98	1.29	na	na
インドネシア	38.16	37.61	37.71	36.46	36.92
マレーシア	9.71	9.58	8.38	7.91	7.26
ミャンマー	0.81	1.01	0.84	1.04	1.34
フィリピン	0.67	0.81	1.03	0.96	0.79
タイ	37.76	38.85	39.59	40.90	39.51
ベトナム	12.88	12.15	12.45	12.74	14.17

na：データなし。
出典：CEIC Data, 2017.

（表8-7）。ASEANのゴムの輸出は、タイとインドネシアを合わせると約七五%で、ベトナムとマレーシアがこれに続いていた（表8-8）。

4　ASEAN農業の実際に行われた非関税措置

先述したように、ASEAN内の貿易は、本来の規模よりも大きくはなかった。多くの理由がある。ASEAN諸国内の貿易は、二〇〇六年に約二六%増加した。プルマー・ユエは、ASEAN域内の貿易の増加率が低いのは、ASEAN諸国には中小企業が多いからだと説明している。[2] 従って、ASEAN諸国間の貿易額は大きくはなかった。しかしながら、ASEAN諸国間の貿易の成長率が小さい理由は、非関税障壁だとい

表8-9　ASEAN諸国の輸入制限品目表

国	産　物	輸入税（%）
ブルネイ	コーヒー、茶	5
カンボジア	家禽、活魚、一部の果物、野菜、植物	5
インドネシア	—	-
ラオス	生きた動物、牛、牛肉、家禽、一部の果物、野菜、米、タバコ	5
マレーシア	一部の生きた動物、牛、家禽、卵、一部の果物、野菜、タバコ	5
ミャンマー	ナッツ、コーヒー、砂糖、絹、綿	5
フィリピン	一部の 生きた動物、牛、家禽、タピオカ、とうもろこし	5
シンガポール	—	-
タイ	コーヒー豆、ジャガイモ、切り花、乾燥したココナッツの種子	5
ベトナム	一部の生きた動物、家禽、卵、加工肉、砂糖	5

出典：https://www.smartsme.co.th/content/13635（In Thai）

う考えもある。非関税障壁は、政府が消費者の選択に直接介入する手段である。[3] 一九九二年一月一日にタイがAFTAに加入した後、関税は〇%にすべきであった。しかしタイは、輸入制限品目表（輸入関税は〇%よりも大きく、五%以下）で四品目、つまり、コーヒー豆、ジャガイモ、切り花、乾燥したココナッツの種子、を要求した。

表8-9に示されているように、タイばかりではなくシンガポールとインドネシアを除く大部分のASEAN諸国は、輸入制限品目表を持っている。しかしながら、インドネシア、マレーシア、フィリピンは、米と砂糖を高度輸入制限表にあげている。高度輸入制限品目表とは、関税の廃止が利害をもつ国の交渉によって決まるものである。マレーシアのそれは米である。インドネシアとフィリピンのそれは、米と砂糖である。

この状況は、ASEAN諸国が自国の農作物を守るために、制限を課していることを示している。カムパナット他は、ASEAN内には、農作物の輸入をコントロールする多くの保護措置と規制があると述べた。[4] インドネシアでは、農作物の輸入をコントロールするために少なくとも一〇〇の保護措置が取られた。この非関税障壁のために、インドネシアが赤玉ねぎを輸入する場合は、根や葉を切り取らなければならなかった。この規制は、タイの輸出業者に追加の費用を課した。さらに、タイの赤玉ねぎを輸入する港は、遠方になり、数も八から四になった。フィリピンとマレーシアも非関税障壁の問題がある。フィリピンでは、生や冷凍の鶏肉、牛肉、豚肉を輸入するためには、輸出業者はフィリピン当局から公的な検査を受け、証明を得なければならない。他方、タイのコメの輸出業者は、Padiberas Nasional Berhad（Bernas）による証明が必要である。マレーシアでは、水産業開発局がマレーシア製のプラスチック保存容器だけを厳密に要求している。さらに、タイとマレーシア間の国境越えの制限もまた、主要な非関税障壁であった。マレーシアは、タイのトラックが、国境を越えてマレーシア国内に入るのを許可しない[5]。配送トラックは、マレーシアからでなければならず、そのために費用は高くなり、農作物は深刻な被害を受けている。

5 まとめ

自由貿易協定により関税障壁が減少した一方で、非関税障壁が増加した。その結果、国内の農業を守るために、全ての国が保護措置をとった。広く用いられている、いわゆる技術的措置である、輸入に対する多くの非関税障壁は、衛生・植物検疫措置、貿易の技術的障壁、船積み前通関、その他の手続である。基本的に、技術的措置は、しばしば、国内の人々の生命の安全や健康状態を守るために行われている。例えば、ベトナムでは、農業の優良実践に、政府が関心をもっている。なぜなら、二〇〇〇年から二〇一〇年の間に、六〇、六〇二人が食中毒で被害を受け、五八三人が亡くなったからである。[6]

一般的に、タイの農作物は、米やゴムの例を述べたが、ASEAN内と世界市場の両方で競争力がある。しかしながら、ASEAN経済共同体は、目標とはしているが、高い競争力をもった地域にはならないだろう。ASEAN諸国によってとられた多くの保護措置から、「自由貿易は公平な貿易ではない」と結論を下すことが出来る。農作物の輸入をコントロールする多くの制限がとられた。

二〇一五年のASEAN経済共同体の青写真は、次のビジョンを達成することに焦点を当てている。すなわち、「高度に統合されて、結束力が高い、競争的で、革新的で、ダイナミック、高度に結束した部門間の協力、活力があり、包括的で、人民本位で人民を中心とした、グローバル経済と統合した共同体…」。[7] このビジョンは、全てのASEAN諸国が相互に信頼せず、輸入をコントロールするために制限措置をとるならば、達成されないだろう。農作物に関しては、これらの制限に反対するために、企業は農民が行う農業の優良実践の改善により多くの注意を払う必要がある。たいてい、衛生・植物検疫措置や技術的障壁が使われるので。重要なことは、政府はASEANの農業標準を確立する交渉に注意を払うことである。この標準は、ASEANの農作物が低品質から脱するために、農家と企業が適応すべき生産の標準の指針となるだろう。品質チェックに関連した多くの機関は、彼らの最善の実践と技術を共有するために、協働しなければならない。このように、これらの機関は、チェック過程のステップを減らすことで、チェック過程をより便利なものにしなければならない。要するに、精密な農業は、ASEANの農民のリスクを減らし収入を増やすように実行されなければならない。

注

(1) ASEAN Secretariat, 2008. ASEAN Economic Community Blueprint 2015. The ASEAN Secretariat Jakarta.

(2) Plummer, M. and C. S. Yue., 2009. Realing the ASEAN Ecomomic Community: Comprehensive Assessment. Utopia Press. Singapore.

(3) Kampant Pensupar, Itthipong Mahathanaseth and Panan Nurancha, 2013. The Current Status and Future Perspectives of Agricultural Trade in Thailand under ASEAN Free Trade. International Seminar on Threats and Opportunities of the Free Trade Agreement in Asia Region, September 29-October 3, 2013, Seoul, Korea.

(4) Kampant Pensupar, Itthipong Mahathanaseth and Panan Nurancha, 2013. The Current Status and Future Perspectives of Agricultural Trade in Thailand under ASEAN Free Trade. International Seminar on Threats and Opportunities of the Free Trade Agreement in Asia Region, September 29-October 3, 2013, Seoul, Korea.

(5) Erich Parpart., 2016. Thai-Malaysian border trade ready to move to the next level retrieved from https://www.pressreader.com/thailand/bangkok-post/20161017/282402693907429

Global Economic Data, Indicators, Charts & Forecasts (CEIC)., 2018. Database.

(6) Sarter, S., Ha, H. P., and Anh, T. K., 2012., Current situation of food safety in Vietnam. In the 1 st Foodseg Symposium, Berlin, Germany.

(7) ASEAN secretariat, 2015. ASEAN Economic Community Blueprint 2025. The ASEAN Secretariat Jakarta.

カムパナット・ペンスパール
(馬田哲次監訳)

第9章　内陸小国ラオスの海外直接投資促進政策

1　はじめに

ラオス人民民主共和国（以下、ラオス）は、人口が約六四九万人、国土面積が約二三万六、八〇〇平方キロ（ほぼ日本の本州に相当）で、インドシナ半島に位置する内陸国である。ラオスは、北は中国雲南省、東部山岳部はベトナム、西はメコン河に沿ってミャンマー、タイ、及びカンボジアと接する。国土の広さに比べ人口が少なく、森林資源が豊富な国である。二〇〇六年以降、鉱物資源や水力発電開発等に牽引され、年七％以上の堅調な経済成長を示しているが、様々な制約要因を抱え、未だ後発開発途上国の一つに数えられている。

ラオスは第八次国家社会経済開発計画（二〇一六～二〇二〇年）を実施している。主要な戦略的方向性として、（1）強い経済基盤の建設と経済的脆弱生の低減、（2）人材開発、貧困削減、質の高い教育・医療へのアクセス、特有の文化の保護・発展、（3）グリーンかつ持続的な自然資源と環境の保護と活用、自然災害や気候変動への備えを掲げ、各種政策に取り組んでいる。この計画には、海外直接投資（Foreign

Direct Investment or FDI）は主要な資金源と位置づけられて、経済発展目標に大きく寄与すると期待されている。国としては、政治的混乱や自然災害がなく、非常に安定している。さらに、天然資源に恵まれ、土地代も低位推移しているほか、電力も廉価で豊富にある。投資企業にとっては、手厚い税金優遇策も魅力の一つです。法人税や土地利用などの免除期間は最長で一〇年間あり、その後もの軽減税率などの優遇措置が適用される。その他にも、個人所得税や関税などの減免もあり、外国資本誘致に力を入れている。それでも海外直接投資を簡単には誘致できない。また、国際社会、国際経済がめまぐるしい変化時代の下で、二〇一五年一二月にスタートしたＡＳＥＡＮ経済共同体は関税の撤廃と非関税障壁の撤廃を柱とするＡＳＥＡＮの新しいスキームに、ラオスもまた迅速に変革を推し進めなくてはならない。

本章は、内陸小国ラオスの海外直接投資促進政策をテーマにしている。ＡＳＥＡＮの中で遅れをとっているラオスはどのように海外直接投資を誘致してきたを整理し、とりわけ日本からの投資近況を紹介しながら、今後取るべく政策を検討する。

2 ＡＳＥＡＮ及びラオスへの海外直接投資の概況

2・1　ＡＳＥＡＮへの海外直接投資の動向

図9-1に示すように、世界の海外直接投資額は上下するが、基本的には上昇傾向を維持している。全世界投資額は一九七〇年に一、三〇〇億ドルから二〇一六年に一兆七六二億ドルに激増した。同様に、ＡＳＥ

図9-1　世界及びASEANにおけるFDIフローの推移（1970-2016年）

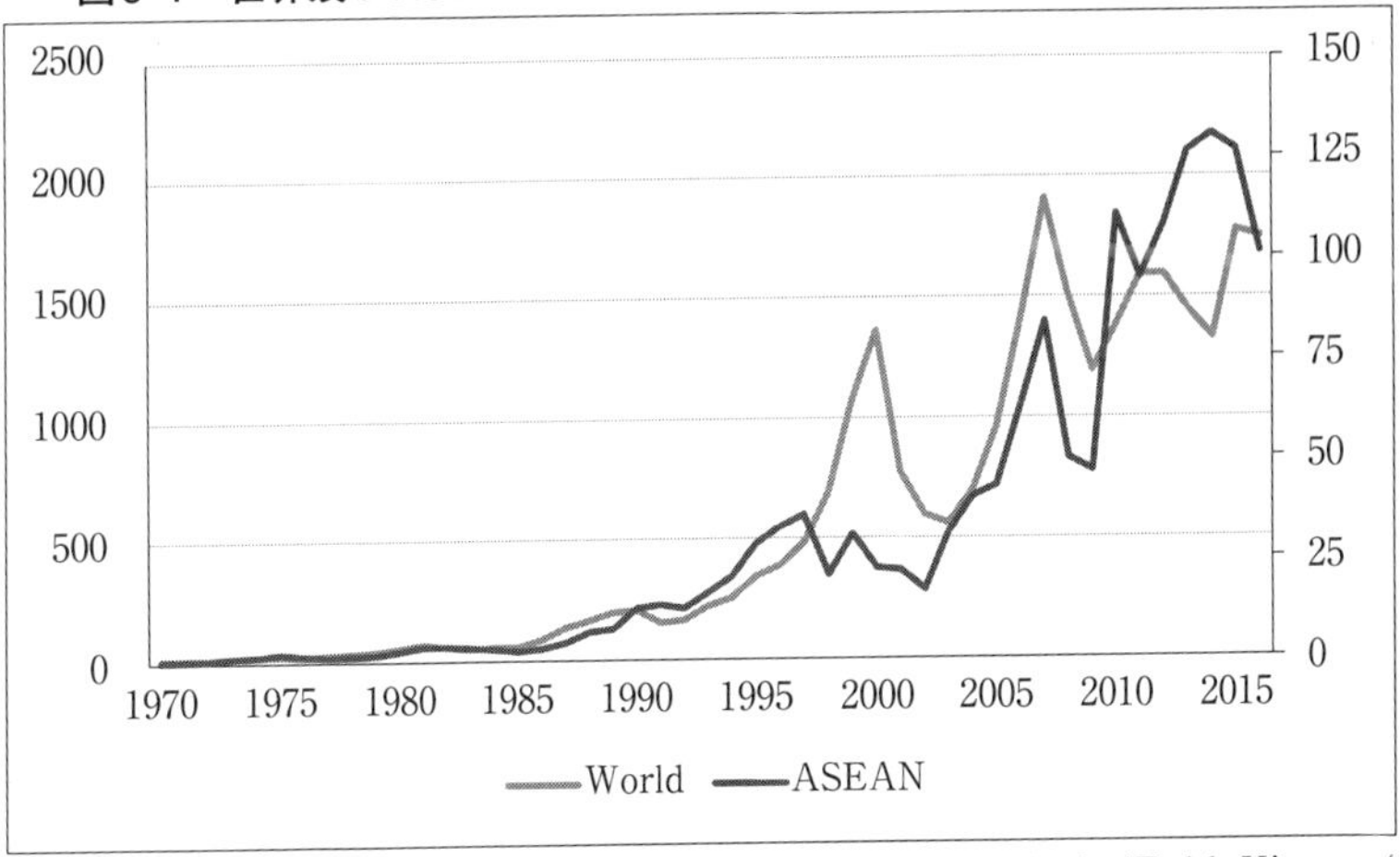

出典：UNCTAD STAT：http://unctadstat.unctad.org/wds/TableViewer/tableView.aspx?ReportId=96740［April 27, 2018］（Unit: billion USD）

ANの海外直接投資額も上昇傾向にあり、全投資額は一九七〇年に四六億ドルから二〇一六年に一、〇一〇億ドルとなり、二二倍に増加した。今や、ASEANは経済成長の高い地域であり、投資先として非常に魅力的である。

　ASEANにおける海外直接投資フローはサービス業や越境M&Aや企業間ローンが近年に減少しているが、製造業への海外直接投資フローは依然として強さを堅持し、多国籍企業の投資ブームは顕著である。しかし、ASEAN諸国における海外直接投資は後述のように国別に歴然の差があり、後発ASEANであるカンボジア、ラオス、ミャンマー、ベトナム（CLMV）は先発ASEANと比べて遅れをとっているが、急成長が見込まれるエリアである。また、域内の国同士の投資はアセアン経済共同体（AEC）が発足した二〇一五年から更に海外直接投資フローがより活発化されていくであろう。

　表9-1のように、トップ一〇のASEANに投資した国名または地域名が示されている。まず、ASEA

表9-1　対ASEAN海外直接投資の主な国名／地域（2014～2016年）

国名／地域	投資額（100万ドル）			割合（%）		
	2014年	2015年	2016年	2014年	2015年	2016年
ASEAN	21,555.9	21,552.4	24,662.0	16.2	17.9	25.2
EU	37,861.4	20,827.9	32,239.0	28.5	17.3	32.9
日　本	12,981.5	14,757.9	11,535.6	9.8	12.2	11.8
アメリカ	13,577.7	23,433.9	12,214.4	10.2	19.4	12.5
中　国	6,184.8	6,460.5	9,799.3	4.6	5.4	10.0
韓　国	4,690.3	5,710.4	5,743.5	3.5	4.7	5.9
オーストラリア	4,495.3	1,891.0	3,397.3	3.4	1.6	3.5
香　港	8,727.3	4,142.0	9,885.0	6.6	3.4	10.1
台　湾	1,872.6	2,421.5	4,197.4	1.4	2.0	4.3
ニュージーランド	439.6	20.3	-468.6	0.3	0.0	-0.5
トップ10の小計	96,267.1	110,217.7	102,370.0	77.1	84.8	84.7
その他	28,597.4	19,777.4	18,448.8	22.9	15.2	15.3
投資額の総計	133,056.9	120,511.5	98,042.5	100.0	100.0	100.0

出典：ASEAN Foreign Direct Investment Statistics Database: https://data.aseanstats.org/fdi_by_country.php

表9-2　海外直接投資の純流入、ASEAN域内及び域外（100万ドル）

国名	2014年			2015年			2016年		
	域内	域外	全純流入	域内	域外	全純流入	域内	域外	全純流入
ブルネイ	141.2	427	568.2	86.7	84.6	171.3	-64.7	-85.7	-150.4
カンボジア	372.5	1,354.00	1,726.50	425.4	1,275.60	1,701.00	635.8	1,643.90	2,279.70
インドネシア	13,083.70	8,726.70	21,810.40	9,228.60	7,413.60	16,642.20	9,770.00	6,249.20	3,520.80
ラオス	137.9	775.3	913.2	221.8	857.4	1,079.20	196.6	879.1	1,075.70
マレーシア	2,284.00	8,591.30	10,875.30	2,931.40	7,248.60	10,180.00	2,065.30	9,263.50	11,328.80
ミャンマー	683.6	262.6	946.2	2,230.70	593.8	2,824.50	1,682.90	1,306.60	2,989.50
フィリピン	137.1	5,677.50	5,814.60	57.3	5,581.90	5,639.20	534	7,399.10	7,933.10
シンガポール	4,635.60	72,846.50	77,482.10	2,803.40	59,643.40	62,446.80	5,775.60	48,136.60	53,912.20
タ　イ	-1,466.80	5,187.00	3,720.20	1,413.70	6,613.80	8,027.50	1,759.90	793.3	2,553.20
ベトナム	1,547.10	7,653.00	9,200.10	2,153.50	9,646.50	11,800.00	2,306.60	10,293.40	12,600.00
全　体	21,555.90	111,501.00	133,056.90	21,552.40	98,959.10	120,511.50	24,662.00	73,380.50	98,042.50
ASEAN 6	18,814.80	101,456.00	120,270.80	16,521.10	86,585.90	103,107.00	19,840.10	59,257.60	79,097.70
CLMV	2,741.10	10,045.00	12,786.10	5,031.30	12,373.20	17,404.50	4,821.90	14,122.90	18,944.80

出典：ASEAN Foreign Direct Investment Statistics Database: https://data.aseanstats.org/fdi_by_country.php [April 27, 2018].

図9-2　対ラオス海外直接投資の推移（100万ドル）

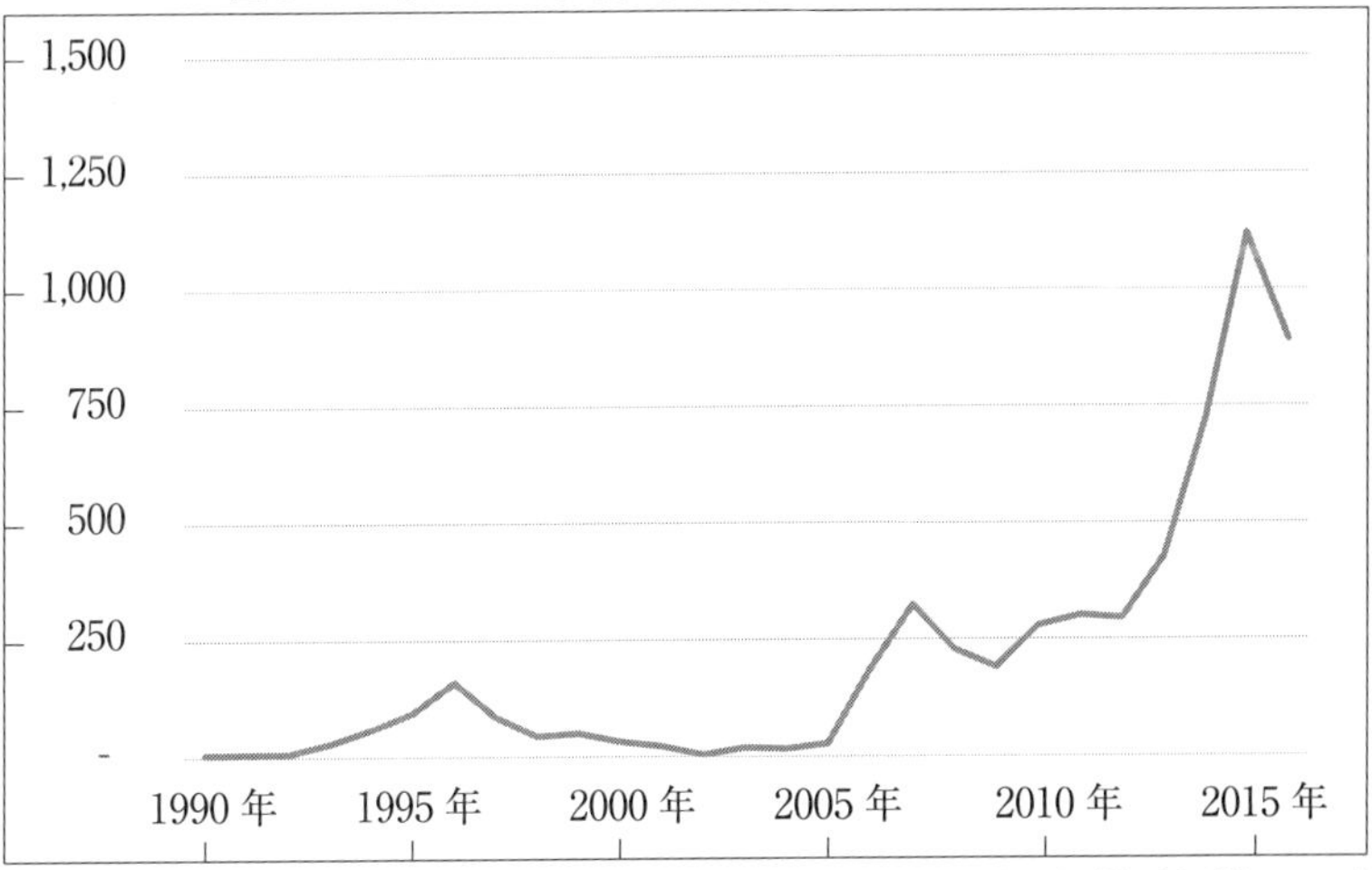

出典：UNCTAD STAT: http://unctadstat.unctad.org/wds/TableViewer/tableView.aspx［April 27,2018］

Ｎ域内からの投資より、最も投資額が高いのはＥＵからとなる。二〇一六年にはＥＵからの投資は全体の約三の一を占めた。次いで、アメリカと日本からの投資も大きな割合を占めている。アメリカからの投資につきまして、「アメリカン・ファースト政策」により母国回帰が影響して減少した。しかし、日本から投資はほぼ横ばいに推移し、ＡＳＥＡＮにおける主要な投資国のプレゼンを維持している。なお、特筆すべき点は二〇一四〜二〇一六年の間、中国投資の急激な増加はここでも顕著に表れている。

　ＡＳＥＡＮ各国の域内外からの投資分布を見てみると、インドネシアとミャンマーを除き、域外からの投資額及び割合が高いことがわかる。特に、域外からの投資はシンガポールに集中して、ＡＳＥＡＮのハブと言える。例えば、シンガポールでは域内からの投資額は約五八億ドルに対して、域外からの投資額は約四八一億ドルに昇る。投資額の大小が異なるが、域外からの投資より高いのは、マレーシアやフィリピンやベトナムは同じ傾向である。

表9-3　ラオスにおける累計投資上位国（1988～2016年）

No.	国　名	件　数	投資額(100万ドル)
1	中　国	837	6,559
2	タ　イ	752	4,494
3	ベトナム	418	3,481
4	マレーシア	104	819
5	韓　国	291	751
6	フランス	224	490
7	日　本	102	438
8	オランダ	16	434
9	ノルウェー	6	346
10	UK	54	201

出典：ラオス計画投資省　投資促進局、内部資料（http://www.investlaos.gov.la/）

表9-4　対ラオスの投資上位国の近況（2012～2016年）

No.	国　名	投資額（100万ドル）（件数）				
		2012年	2013年	2014年	2015年	2016年
1	中　国	571.4 (31)	1,141.4 (25)	129.5 (6)	88.9 (5)	1,076.7 (4)
2	タ　イ	271.6 (15)	274.7 (3)	324.6 (7)	2.6 (4)	6.2 (5)
3	ベトナム	92.7 (10)	227.4 (16)	18.4 (3)	352.1 (2)	4.5 (2)

出典：ラオス計画投資省　投資促進局、内部資料（http://www.investlaos.gov.la/）

2・2　ラオスへの海外直接投資の動向

（1）国別投資の特徴

図9-2のように、対ラオスの海外直接投資は、経済開放初期の一九九〇年代に比較的に投資額も件数も少なかった。二〇〇〇年代半ばから上昇し始めたが、ラオスの経済成長とともに二〇〇四年に改正された投資奨励法が影響したと考えられる。それ以降、投資額も成長路線を維持し、二〇一五年に歴史上初めて一〇億ドル超えを達成した。

ここで、ラオスへの直接投資状況についてラオス計画投資省のデータをもとに国別、産業別に特徴を検討する。まず、ラオスへの直接投資について、国別にみた一九八八～二〇一六年度の累計上位国が表9-3であ

図9-3　産業別の対ラオス累計海外直接投資（1988～2016年）

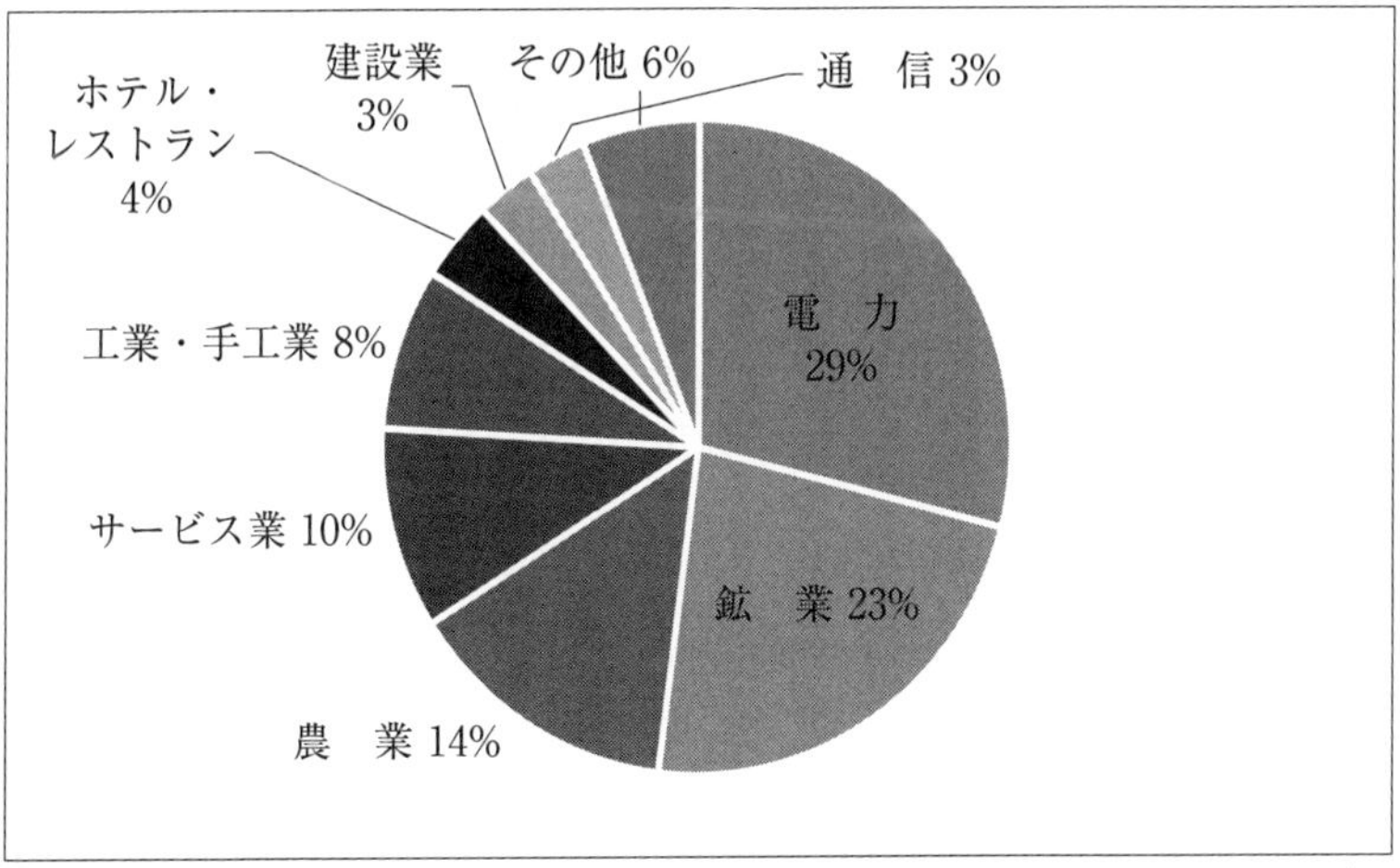

出典：ラオス計画投資省　投資促進局、内部資料（http://www.investlaos.gov.la/）

る。金額でみると、最も多いのは中国で次がタイ、ベトナムと隣接国が上位を占める。これに続くのは同じ地域のマレーシアで、その次が韓国、韓国、そして日本となっている。件数でみると、最も多いのは中国、次がタイ、ベトナムとなって金額の場合と同じく一位から三位が平行する。また、それらに続くのが韓国、フランス、マレーシア、日本となっている。

表9-4は、直近の五年間（二〇一二～二〇一六年）の動向を示している。順位の変更はなく、トップ三は中国、タイ、ベトナムとなっているが、タイにおける政治混乱や不景気などにより投資の勢いを失う一方、経済成長の著しいベトナムから投資増加が期待される。なお、中国は二〇〇〇年代以降、急速かつ多様な分野に投資を行い、強いプレゼンを示している。

（2）産業別投資の特徴

次に、産業別にラオスへの累計直接投資金額（一九八八～二〇一六年）をみると図9-3のようになる。金額では、電力が最も多く、次いで鉱業、農業、サービ

表9-5　産業別の対ラオス海外直接投資（2012～2016年）

No.	産　業	投資額（100万ドル）				
		2012年	2013年	2014年	2015年	2016年
1	電　力	1,083.5	1,548.8	36.4	567.8	1,946.5
	（%）	（68.9）	（48.9）	（5.0）	（47.2）	（93.8）
2	鉱　産	361.4	1,163.2	429.3	226.7	115.3
	（%）	（23.0）	（36.8）	（59.5）	（18.9）	（5.6）
3	その他	128.5	445.1	255.7	407.2	12.6
	（%）	（8.1）	（14.1）	（35.5）	（33.9）	（0.6）
4	全　体	1,573.4	3,157.1	721.4	1,201.7	2,074.4
	（%）	（100）	（100）	（100）	（100）	（100）

出典：ラオス計画投資省　投資促進局、内部資料（http://www.investlaos.gov.la/）

ス業、工業・手工業の順となる。ラオスは、メコン川のバッテリーと呼ばれるほど電力が豊富でメコン川の水力を利用した発電が行われて、近隣諸国への売電を行っている。そのため、電力セクターへの投資が集中し、全体の約三割を占めている。二〇一五年末の時点で、水力発電は三九一万キロワットで、ラオス電力公社よりも海外民間セクター（ＩＰＰ）が中心的な役割を果たしている。さらに、豊富な地下の鉱物資源（金、銅など）や森林資源（木材）、農業資源（農作物）を有しており、こうした天然資源を求めた投資が盛んに行われているものと言える。

表9-5に示すように、直近の五年間（二〇一二～二〇一六年）の動向で電力部門は二〇一四年を除き、他部門を圧倒している。鉱産への投資は次いで魅力のある部門であるが、天然資源エネルギーの高い依存度のリスク、多様化の重要性及び持続可能発展の観点から、ラオス政府が方針を転換し、従来ほどの鉱産投資ブームは期待できないと考えられる。

3 内陸小国ラオスにおける投資促進政策

3・1　投資法整備の変遷

ラオス外国直接投資奨励管理法は一九八八年に制定され、一九九四年に最初の改定が行われた後、二〇〇四年、二〇〇九年、二〇一六年に合わせて四度目の改正が行われた。一九八八年並びに一九九四年の外国投資奨励管理法は、外国投資の「奨励」と「管理」に重点が置かれた法律であったが、二〇〇四年の外国投資奨励法には「管理」という文言が消え、「奨励法」となった。ラオスは一九九七年にはASEANに加盟し、地域経済統合の枠組みのなかに統合されていく過程で、管理という社会主義的な拘束をイメージする文言が消えていった。また、ラオスは二〇一三年二月二日に世界貿易機関（WTO）に正式に加盟したが、その準備を進めていたことから、内外の資本を無差別に取り扱うべく外国投資法と国内投資法を統一したラオス投資奨励法は二〇〇九年に制定された。近年、ラオス政府は法整備を推進し、多くの経済関連法が複数同時期に改正され、投資奨励法も二〇一六年一一月に新たに交付されることになった。なお、経過規定によれば、二〇〇九年投資奨励法により既に恩典を受けていた投資家や企業等については、そのまま旧投資法の内容が適用されることになっている。

下記に示す外資に関する奨励法と経済特区の恩典は周辺諸国に負けないものとなっているが、肝心のプラクティスで円滑なワンストップ・サービスなどの措置を実行していかなければならない。

3・2　外資に関する奨励[1]

改正投資奨励法第9条では、九つのセクターを奨励優遇対象に定めている。政府は、国家の治安や永続性、環境、住民の健康や国の文化に悪影響が懸念される場合を除き、すべての業種、活動、全地域への投資を奨励するとしている（改正投資奨励法第4条）。特に重視するセクターとして、次の九つのセクターが定められている（同法第9条）。

①高度最先端技術の活用、科学技術の研究、研究開発、革新技術の活用、環境負荷の低い事業、天然資源エネルギーの節約に貢献する事業。
②クリーンな農業、無農薬、育種、畜産品種改良、工芸作物栽培、森林開発、環境及び多様性の保全、地方開発、貧困削減に資する事業。
③境に優しい農産品加工、国家の独特な工芸品加工。
④環境に優しく持続的な自然・文化・歴史観光産業の開発。
⑤教育、スポーツ、人材開発、職能開発、職業訓練所、教育・スポーツ用品生産。
⑥高度な医療施設、医薬品・医療機器製造工場、伝統医薬品の製造と治療に関する事業。
⑦都市の交通渋滞緩和、居住地域整備のための公共サービス・インフラ開発への投資、農業・工業用インフラ建設、商品輸送サービス、越境サービス。
⑧商業銀行融資へのアクセスがない国民やコミュニティの貧困解決のための政策銀行、マイクロファイナンス事業。
⑨国内生産や世界的なブランドの販売促進のための近代的ショッピングセンターの開発運営、国産の

工業品・手工芸品・農産品を展示する展示場の開発運営。

ただし、改正投資奨励法で上記セクター向けに特別に定められる優遇措置を受けるには、投資総額が一二億キープ以上、もしくはラオス人技術者を三〇人以上雇用、もしくはラオス人労働者を一年以上五〇名以上雇用する必要がある（同法第9条）。

合わせて、第八次国家社会経済開発計画（二〇一六～二〇二〇年）では、近代技術を用いた加工業への投資の促進が明記されている。

3・3　各種優遇措置

投資に対する優遇措置としては、法人税に関する優遇、関税・付加価値税に関する優遇、土地利用に関する優遇、特別経済区での事業における優遇がある。

（1）　法人税に関する優遇

改正投資奨励法では、ラオス全土を三つの地区に分け、地区別奨励策を実施している。

・第一地区：貧困地域、遠隔地、投資における社会経済インフラの利便性が低い地域
・第二地区：投資における社会経済インフラの利便性が高い地域
・第三地区：特別経済区

改正投資奨励法第9条で定められる奨励業種及び投資地区によって、次の優遇措置が与えられる。

・第一地区：一〇年間の免除。第9条2・3・5・6のセクターは五年間の免税期間が追加される。

・第二地区：四年間の免除。第9条2・3・5・6のセクターは三年間の免税期間が追加される。
・第三地区：特別経済区の関連法に従う。

なお、法人税の免除期間は、企業が売上を記録した時点から開始される。コンセッション事業については、関係法もしくは各契約に従う。

（2） 関税・付加価値税に関する優遇

法人税免税措置に加え、次の関税及び税に関する優遇措置が提供される（投資奨励法第52条、投資奨励法施行令第119号第35条～第42条）改正投資奨励法第12条では、生産活動に関連する物品に対する関税・付加価値税について、次の優遇策を定めている。

①国内で調達・生産できない、固定資産として登録される機械や、生産に直接使用される重機車両については、関税及び付加価値税を○%課税とする。化石燃料、ガス、重油、自動車、その他の機材などについては関係法に従う。重機車両の一時的輸入については関税法に従う（一時的輸入における減免税については関税法第42条～49条に規定）。

②輸出用生産に使用する使用する原料、機器、部品の輸入は、輸入時に関税を徴収せず、輸出後に関税が免除される。また輸入時の付加価値税は○%課税とする。

③輸出用の完成品や半完成品の製造のために利用される、天然資源由来ではない国内原料については、付加価値税は○%課税とする。

また、企業が純利益を事業拡大のために投資する場合、全純利益に占める投資額の比率に応じて、次年度の法人税が一年間免除される。事業が損失を計上した場合、翌三年間は繰越して利益と相殺することができる。四年目以降は次年度への相殺はできない（同法第14条）。

生産手段に係る関税・付加価値税の免税措置は、政府に承認された一月～一二月の年間輸入計画書（マスターリスト）に基づいて実施される。同計画書は、ビエンチャン都商工局で購入できる書式に則ってラオス語でリストを作成し、商工局で輸入計画の承認を得た後、関税局で免税許可を取得する。

二〇一二年一二月九日付投資奨励政策における関税及び税の優遇に関する財務大臣令第３５７８号では、マスターリストの運用に関して次のように定めている。

・マスターリストの有効期間は一年間（プロジェクトの場合は実施計画書が定める期間）。
・マスターリストの輸入額は、登録資本金額を超えないものとする。
・有効期間が満了した時、リストに記載されている製品のうち、まだ輸入されていないものについては免税対象外となる。
・マスターリストは、一度承認されたら許可なく変更してはならない。ただし、企業が増資あるいは減資した場合は、年に一回までの修正であれば可能。
・リストに記載のない製品の輸入や交換部品の緊急輸入については、三万ドルを超えない場合、関連当局の承認の下で年に二回まで可能。三万ドルを超える場合には個別に検討される。

この規定の中でも輸入上限額、リストの変更回数、緊急輸入の上限額については、企業の実務上大きな制限となっていることから、二〇一七年一〇月現在、計画投資省の主導で規制改正の草案を作成中である。二〇一七年中に新システムへ移行する予定（二〇一七年七月二一日実施の日ラオス官民合同対話キックオフミーティングにおけるラオス側回答より)。

(3) 土地利用に関する優遇

改正投資奨励法第9条に規定されるセクターに投資を行う投資家は、前述の地区分類に従い政府用地のリースもしくはコンセッション費が次のとおり免除される(同第15条)。

・第一地区:一〇年間の免除。第9条2・3・5・6に該当する事業は五年間の免税期間が追加される。
・第二地区:五年間の免除。第9条2・3・5・6に該当する事業は三年間の免税期間が追加される。
・第三地区:特別経済区の関連法に従う。

また、コンセッション事業への投資家は次の優遇を受ける(同第16条)。

① 政府用地のリース及びコンセッションの権利を有する土地使用権を、投資事業遂行のために、コンセッション契約の残期限内で譲渡することができる。ただし、政府の承認を受けた開発計画等の四五%以上の事業が完了し、契約で定める税務上の義務を果たし、関係当局からの承認を受けていることが必要である。

② コンセッション地区以外でも、政府用地のリースもしくはコンセッションにより土地利用権を得る権利を有する。ただし、都庁・県庁の合意に基づき、投資期間内における事務所や住居の建設という用途に限定される。

(4) 特別経済区での事業における優遇

各経済特区では、国家経済特区委員会と当該経済特区の開発業者の間で独自に設定した優遇措置が供与されている。現在日系企業が入居している主要な経済特区（首都ビエンチャンのビタ・パーク経済特区、サワナケート県のサワン・セノ経済特区、チャンパサック県のパクセ・ジャパン中小企業専用経済特区）では、次のとおり、ほぼ同様の優遇措置が提供されている。ただし二〇一七年一〇月現在、特別経済区に関する政府令制定の検討がなされており、新規則が発布されると次の優遇措置も変更される可能性があるため、注意が必要である。所得税率の上昇や水道・電気・通信代などの付加価値税の課税などでは、優遇措置の内容が現行より厳しくなる可能性がある。

①　法人税免除：利益が発生する年度から二～一〇年間（業種、投資額、総生産量における輸出割合に準ずる）
②　法人税免除期間終了後の法人税率：八％または一〇％
③　所得税：ビタ・パーク七％、サワン・セノ五％、パクセ・ジャパン五％
④　法人税免除後の配当税率：五％
⑤　付加価値税：〇～五％
⑥　輸入原材料、事業用設備・機械等の輸入関税率・輸入税率：〇％

表9-6　日本の対ラオス外国直接投資：業種別

	2012年	2013年	2014年	2015年	2012～2015年	
	件数				件数	(%)
製造	8	4	8	5	25	32.5
サービス	4	6	3	6	19	24.7
農林	6	3	2	3	14	18.2
銀行・金融	1	2	5	3	11	14.3
輸送	1	1	1		3	3.9
水力発電		1	1		2	2.6
建設				2	2	2.6
通信					1	1.3
合計	20	17	20	20	77	100

出典：鈴木（2018年）[(2)] より筆者作成。

4 ラオスに進出した日系企業の特徴

この節は日本の対ラオス投資近況を整理する。ビエンチャン日本人商工会議所は、二〇〇九年一一月に日本の商社が中心となって設立されている。当時（二〇〇九年）の会員数は二七社であったが、二〇一八年四月時点では会員数が九四社へと総数で約三・五倍に増加している。日本の対ラオス投資は、登録資本ベースで二〇一二年の二、七六八万ドルから二〇一三年に二億五、六五一万ドル、二〇一四年に二億六、一六八万ドル、二〇一五年には三億二、二〇三万ドルに増大した。この間、一一・六倍にも急増している。一方、ラオスに対する日本の援助は、二〇一〇年から二〇一四年までの過去五年間の日本のODA（＝無償資金協力＋技術協力）をドル換算すると、年平均八、七一六万ドルとなる。注目すべきは二〇一二年まで日本からの公的資金の流れが日本の民間資本の流れを大幅に上回っていたのが、二〇一三年以降、民間投資が日本のODAを大幅に上回るように増大したことである。ラオス

表9-7　日本の対ラオス外国直接投資：地域別

	2012年	2013年	2014年	2015年	2012～2015年	
	件　数				件数	(%)
首都ビエンチャン	10	9	13	11	43	55.8
サワンナケート県	3	3	5	5	16	20.8
チャンパサック県	3	2	1	4	10	13.0
その他	4	3	1		8	10.4
合　計	20	17	20	20	77	100

出典：鈴木（2018年）[(3)] より筆者作成。

においても民間の時代が到来したのかと言えそうである。

二〇一二～二〇一五年の日本の対ラオス投資を地域別に見ると、首都ビエンチャンとサワンナケート県、チャンパサック県に集中している。そのうち全体の五六％が首都ビエンチャンに集中している。サービス業が特に首都ビエンチャンに進出している。なお、サワン ナケート県とチャンパサック県への日本の投資はすべて経済特区に行われている。

4・1　ラオスへの進出可能性

筆者の経験上、ほとんどの日本人投資家に聞き取りをした時、ラオスに進出した理由について、よく挙げられる点は、政治の安定、安価な賃金、投資政策の恩典、低い電力料金などに多く共通する。ラオスは長年高い経済成長を継続していると言え、二〇一六年の国民一人当たりの所得が二、四〇八ドルで、人口も少ない、国内市場はかなり小さいである。特に製造業につきまして、ラオス国内に販売活動を行わず、ほぼ一〇〇％日本市場へ輸出する（日本にとっては逆輸入）。多くの投資案件はいわゆる中国プラスワン、タイプラスワンの下でラオスにマザー工場のサポートをする第二工場的な補完的な役割である。中国での賃金高騰やリスク分散、タイでの賃金上昇や洪水リスクなどで、経営・投資戦略上、隣接する周辺国への分散投資を考えるのである。その候補先であるラオスのビエンチャン、ベトナムのホーチミン、カンボジ

公共料金	電気料金	13					【流通およびサービス業】（1-a）0.10～（3-c）0.19	
	水道料金	14	業務用水道料金（1立方メートル当たり）月額基本料：2.051立方メートル当たり料金：0.37	月額基本料：1立方メートル当たり料金：0.24～0.36	月額基本料：1立方メートル当たり料金：0.64	月額基本料：1立方メートル当たり料金：（1）9,600（2）16,900	月額基本料：2.801立方メートル当たり料金：0.30～0.49	
	ガス料金	15	業務用ガス料金（単位当たり）	—	月額基本料：1kg当たり料金：1.06	月額基本料：1立方メートル当たり料金：0.16	月額基本料：1t当たり料金：約770	月額基本料：1リットル当たり料金：0.64
		16	一般用ガス料金（単位当たり）	月額基本料：1kg当たり料金：0.95	月額基本料：1kg当たり料金：1.06	月額基本料：料金：1.99/ビス（約1.6キロ）	月額基本料：1kg当たり料金：（1）1.34（2）1.33（3）1.33	月額基本料：1リットル当たり料金：0.64
輸送		17	コンテナ輸送（40ftコンテナ）対日輸出	1,600	600	650～750	316	1,471
		18	コンテナ輸送（40ftコンテナ）第三国輸出	3,600	1,800	200～250	（1）2,516（2）1,416	3,656
		19	コンテナ輸送（40ftコンテナ）対日輸入	1,800	500	1,900～2,000	550	1,173
		20	レギュラーガソリン価格（1リットル当たり）	0.92	0.98	0.63	0.83	0.83
		21	軽油価格（1リットル当たり）	1.05	0.93	0.62	0.68	0.79
税制		22	法人所得税（表面税率）	24%	20%	25%	20%（一般税率）	20%
		23	個人所得税（最高税率）	24%	20%	25%	35%	35%
		24	付加価値税（標準税率）	10%	10%	5%	10%	7%
		25	日本への利子送金課税（最高税率）	10%	14%	15%	5%	15%
		26	日本への配当送金課税（最高税率）	10%	14%	0%	0%（非課税）	10%
		27	日本へのロイヤルティー送金課税（最高税率）	5%	14%	15%	10%	15%

出典：ジェトロ「投資関連コスト」2018年。[4]

表9-8　ラオスと周辺国の主要都市の投資関連コスト比較

調査項目				ビエンチャン	プノンペン	ヤンゴン	ホーチミン	バンコク
				2017年12月～2018年1月1月1米ドル＝8,290（キープ）	2017年12月～2018年1月1米ドル＝4,030（リエル）	2017年12月～2018年2月1米ドル＝1,353（チャット）	2017年12月～2018年1月1米ドル＝22,709（ドン）	2017年12月～2018年1米ドル＝32.164
				米ドル	米ドル	米ドル	米ドル	米ドル
賃金	製造業	1	ワーカー（一般工職）（月額）	121	170	135	238	378
		2	エンジニア（中堅技術者）（月額）	374	351	279	440	699
		3	中間管理職（課長クラス）（月額）	825	829	772	970	1,538
	非製造業	4	スタッフ（一般職）（月額）	365	387	392	524	737
		5	マネージャー（課長クラス）（月額）	806	1,005	1,027	1,251	1,674
		6	店舗スタッフ（アパレル）（月額）	159～183	120～180	111	198～242	354
		7	店舗スタッフ（飲食）（月額）	98～122	120～220	66.5～73.9	185～191	354
		8	法定最低賃金	109/月	170/月	2.66/日	175/月	9.33～9.64/日
地価・事務所賃貸料等		9	工業団地借料（1平方メートル当たり、月額）	0.03	（1）0.11 （2）0.09～0.20	2.98	（1）0.18/m2/月 （2）0.22/m2/月 （3）0.14/m2/月	7.15～7.77
		10	事務所賃料（1平方メートル当たり、月額）	16.50	16～28	50	（1）48.5（2）25 （3）16	（1）19 （2）25～27
		11	市内中心部店舗スペース/ショールーム賃料（1平方メートル当たり、月額）	35.00	19～52	5.00	40～135	（1）47～78 （2）78～93
		12	駐在員用住宅借上料（月額）	1,990	（1）800～1,500 （2）1,400～2,500 （3）2,300～3,000	（1）800～900 （2）5,000 （3）5,600～	（1）3,209～4,042 （2）3,303 （3）1,185～1,385	（1）1,057～1,710 （2）2,643～3,731
公共料金	電気料金	13	業務用電気料金（1キロワット当たり）	月額基本料：1キロワット当たり料金： （1）0.08 （2）0.09	月額基本料：1キロワット当たり料金： 0.17	月額基本料：1キロワット当たり料金： 0.05～0.11	月額基本料： 1キロワット当たり料金【製造業】 （1-a）0.06～ （4-c）0.13	月額基本料：9.701 キロワット当たり料金： （1）0.16 （2）0.08

アのプノンペン、そしてミャンマーのヤンゴンに関する投資関連コストを比較するのが表9-8である。まず、賃金を見比べると、法定状の最低賃金は、最も低いヤンゴン、ビエンチャン、プノンペン、ホーチミン、バンコクの順で高くなる。しかし、実態調査によれば、製造業の一般ワーカー（月額一二一ドル）も非製造業の一般スタッフ（月額三六五ドル）もビエンチャンが最も安価であることがわかる。次に、業務用電気料金を比較すると、割高のバンコクとプノンペンに対してホーチミン、ヤンゴン、ビエンチャンはやや廉価と言える。停電の多いミャンマーと複数の階級を設定し累進的料金体系を適用するベトナムに対して、ほぼ一定料金とするラオスは電気料金の面で有利だと考えられる。

しかし、内陸国のラオスは輸送コストの面で不利である。石油資源を保有しないラオスは一〇〇％ガソリンを輸入し、比較的割高なガソリン価格となり、タイのレムチャバン港を主要な輸出ルートとする企業はビエンチャンから約七〇〇キロ離れており、コンテナ輸送は非常に高くなる。ラオス政府はメコン流域国のインフラ整備計画でベトナム、ラオス、タイ、ミャンマーを結ぶ東西経済回廊や中国、ラオス、タイを結ぶ南北経済回路を整備してきた。ラオスとタイの間で四本の友好橋をかけて、地域との連携性の改善とロジスティクス・コストの低減に努力しているが、今後も継続していかなければならない。

総括すると、ラオスへの投資には、廉価な大量生産品よりも、手作業を必要とし、付加価値の高い製造業に向いているとのことで、実際に、大量生産の流行製品は中国の工場で生産し、技術が必要な製品はラオスの工場で生産している縫製工場もある。また、規模としては、人口希薄な地域であるため五〇〇人程度までの中小規模工場が向いており、輸送コストが高いことから小さくて軽い製品が向いている。

5 おわりに

ラオスにおける海外直接投資は国家の主要な財源で経済成長を支える重責を担っている。ラオスの投資奨励法は周辺国に負けないほどの魅力があると見えられている。しかし、実際の投資は他のアセアン諸国と比べて、まだまだ少ないのが現状である。上記のレビューと分析により、本章は次のような政策提言がある。

（1）海外直接投資を促進する上で、統一かつ首尾一貫の統制機関を創設する必要がある。現状ならば、経済特区に関わるコンセッション事業はラオス計画投資省が認可する一方で、一般なビジネスはラオス商工省が管理する。ワンストップ・サービス及びオンブズマン制度は十分に機能しない中で複雑な行政機関にまたがる諸手続きが必要となり、時間とコストを要し、不便である。（2）ラオス政府は雇用創出に貢献する製造業やサービス業を促進すべきである。ラオスは工業化・近代化の初期段階にあり、革新的な分野への移行は非常に困難である。そして、（3）ラオス政府は、日本や他の国からの投資を妨げる最大な障壁である地域との連結性を高めてロジスティクス・コストをより一層に削減すべきである。

注

（1）日本貿易振興機構（ジェトロ）「ラオスの外資に関する奨励」二〇一八年（https://www.jetro.go.jp/world/asia/

la/invest_03.html)。

（2）鈴木基義編著『アセアン経済共同体とラオス』ラオス開発援助研究会、ＪＩＣＡラオス事務所、二〇一八年。

（3）同書。

（4）日本貿易振興機構（ジェトロ）「投資関連コスト」二〇一八年（https://www.jetro.go.jp/world/business_environment/cost.html)。

パンパキット・オンパンダラ

第10章　ミャンマーの開発課題

1　はじめに

本章では、ASEANの中のミャンマーの位置を確認し、ASEANの中でも遅れた位置にあるミャンマーの発展条件を、マイケル・ポーターの「ダイヤモンド理論」を基に分析する。

本章の構成は、以下の通りである。2節でASEANにおけるミャンマーの位置を確認する。3節で、簡単にマイケル・ポーターの「ダイヤモンド理論」を紹介する。4節で、「ダイヤモンド理論」の中の「要素条件」について、ミャンマーの現状を説明する。5節で、ミャンマー発展のための課題について分析し、最後に6節でまとめを述べる。

2 ミャンマーとＡＳＥＡＮ

ＡＳＥＡＮは、東南アジアの一〇カ国が加盟する地域連合である。一九六一年、タイ、フィリピン、マラヤ連邦（現マレーシア）の三カ国が結成した東南アジア連合が前身である。ミャンマーは一九九七年に加盟した。

二〇一四年の一人当たり名目ＧＤＰは、高い順から、シンガポールの五万六、三一九ドル、ブルネイの三万六、六〇七ドル、マレーシアの一万八〇四ドル、タイの五、四四五ドル、インドネシアの三、五三四ドル、フィリピンの二、八六五ドル、ベトナムの二、〇五三ドル、ラオスの一、六九三ドル、ミャンマーの一、二二一ドル、カンボジアの一、〇八一ドルで、ミャンマーは九位である。[1]

ＧＤＰに占める農林水産業の比率は、シンガポール〇・〇％、ブルネイ〇・七％、マレーシア一〇・四％、タイ一二・四％、インドネシア一五・三％、フィリピン一二・三％、ベトナム二〇・六％、ラオス三二・〇％、ミャンマー三六・四％、カンボジア三六・一％となっていて、ミャンマーの比率が一番高い。[2]

ＧＤＰに占める農林水産業の比率が低くなるほど、一人当たりＧＤＰが増える傾向にあることが分かる。賃金は、タイや中国の約五分の一、ベトナムの約二分の一となっている。[3]

3 理論的枠組み

マイケル・ポーターは、国の競争優位について論じている。[4] ダイヤモンド理論として知られている。まとめると、次のようである。

国の優位の決定要因として、「要素条件」、「需要条件」、「企業の戦略、構造及びライバル間競争」、「関連・支援産業」の四つの要因をあげている。この四つの要因は、経済開発を論じる際にも有効な理論的枠組みだと思われる。この四要因の全ての面からミャンマーを論じるのは、字数の制約もあり難しいので、主に要素条件から論じることにする。

要素条件について、マイケル・ポーターは、次のカテゴリーに分類している。すなわち、人的資源、物的資源、知識資源、資本資源、インフラストラクチャー（以下インフラ）である。

筆者は、このカテゴリーを若干修正して、次のカテゴリーに分類する。すなわち、国の安全性、人的資源、天然資源、エネルギー資源、観光資源、地理的条件、知識資源、資本資源、インフラ、法整備である。

まず重要なのは、国の安全性である。国内で紛争が絶えなければ、経済発展は難しい。紛争の原因は様々であり、解決は非常に困難な場合もあるが、国の安全性は最も重要な必要条件である。

次に重要なのは人的資源である。労働力がなければ、財・サービスの生産はほぼ不可能なので、労働力の質と量は開発を考える場合に非常に重要である。どのような人材が必要であるか考察する。

資本主義経済を前提にすれば、マルクスの産業資本の運動が説明するように、企業家のリスクをとる行動から産業資本の運動が始まる。従って、企業家（起業家）が存在しないと産業の振興は難しい。

次に必要なのは、質のいい労働者が多数存在するということである。質がいいということは、正直、誠実、忍耐強い等々の人格・性格といった側面と、指示された仕事の内容が理解できるだけの知識・学力や手先の器用さ、健康で体力があること、協働するためのコミュニケーション能力等の必要とされる技術や能力等を持っているということである。

また、経済の発展段階に応じて必要となる知識は変化してくる。農業が重要な産業の場合は、農作物の栽培等に関する知識が重要であるが、軽工業、重化学工業、サービス業と中心となる産業が変化するにつれて、必要とされる知識や技術は変化してくる。経済の発展段階において、どのような知識を学校で教えるかは非常に重要なことである。

また、天然資源も重要である。とりわけ重要なのは、水である。水の量を決めるのは、降水量や降雪量である。水をうまく利用するためには、雨水をためるタンクやため池、河川からの灌漑等が必要になる。水は生きるためには不可欠であり、農業用水がなければ、農作物の栽培は不可能ではないが、かなり制約されたものになる。また、工業用水がなければ、製造業の発展は難しい。水以外の天然資源は輸入することが出来るが、生活や製造業に必要な安価な水を大量に輸入することは、不可能ではないが難しい。

天然資源（養殖等を含む）は、水以外に、さらに、農業資源、森林資源、水産資源、鉱物資源に分けることができるだろう。

農業資源とは、自然に生えている野草、生産可能な農作物や家畜のことである。気候条件や地味によって栽培できる農作物や飼育できる家畜が異なってくる。また、気候によっては、二期作、三期作、二毛作等が可能になることがある。農業資源は再生可能資源であるが、化学肥料を大量に使用すると土地がやせて、農作物の生産が難しくなることがある。農作物は、国の安全上の問題や、身土不二という言葉があるように、その土地でとれたものを食べるのが健康上望ましいので、国内で自給する方が望ましい。

森林資源とは、エネルギーや建築物の材料として使われる木材が代表的なものである。この他にも、森林は洪水や赤潮を防ぐのに役立ったりしている。森林資源も、計画的に伐採と植林をすれば、再生可能資源である。

水産資源とは、魚介類、海藻等である。天然の他に養殖がある。天然の水産資源は、乱獲をしなければ、基本的に、再生可能資源である。

鉱物資源とは、製造業の原料になる鉄鉱石、銅、亜鉛、ボーキサイト、レアメタル等である。鉱物資源は、再生不可能資源である。ただし、使用された鉱物資源を回収して再利用することは可能である。

次に重要なのは、エネルギー資源であり、いくつかの種類に分類できる。第一は、消費することで、直接、熱源または動力源になる木材、石炭、石油等。第二は、消費して電気を発生する木材、石炭、石油、原子力等。第三は、利用して電気を発生する、水力、地熱、風力、潮力、太陽光等である。なお、木材の場合は、計画的に植林すれば、再生可能である。

観光資源も重要である。観光客が増えれば、旅行業、飲食業、ホテル業、運輸業、農林水産業、製造業等の発展に、さらに、外国からの観光客が増えれば、外貨の獲得にもつながる。

次に、地理的条件について説明する。これは、ポーターは、物的資源の中に入れている。重要な点は、第一に、気候、高度、内陸国か海に面しているかである。これにより、農業資源、水産資源、森林資源の大部分が決まってくる。品種改良や技術の進歩により、それらの資源が変わってくる可能性はある。第二に、他国と陸続きであるか等、他国との位置関係である。それらは、労働力の移動、原材料・エネルギー等や生産物の輸出入に影響を及ぼす。

知識資源も重要である。財・サービスの生産や様々な政策の立案・実行のためには、知識や統計データが不可欠である。国民の知識レベルも重要である。一般の労働者が仕事の指示を理解できなかったり、マニュアルを読めなかったりすれば、仕事ができず、経済発展は難しいであろう。科学技術は年々進歩している。新しい技術を取り入れることが出来なければ、成長し続けることは難しいであろう。知識は、大学、企業、研究所等に蓄積される。

資本資源も重要である。これは、資金のことである。まず、国内に資金があるかどうかが重要な点である。ない場合は、海外からの資金援助が必要になる。

国内に資金がある場合、また、必要な資金援助が得られた場合は、資金を必要とする人に、必要な資金が流れる仕組みが重要になる。通常、銀行がその働きをしているが、銀行は担保がなければ資金を貸し付けないことが多い。したがって、起業する場合は、銀行だけでは不十分である。何らかの信用保証制度や株式市場の整備等、様々な仕組みが必要とされる。また、既に存在している企業が存続し、拡大するときにも、銀行や株式市場等は重要な役割を果たす。

インフラも重要である。まず重要なのは、水に関するインフラである。生きていくためには水が不可欠なので、飲料水をどう確保するかが、一番の問題である。上水だけではなく、生活排水等の下水の処理も重要になる。汚水がきちんと処理されないと伝染病が広がる原因になることがある。また、農業が産業の中心であり、生活するのに化学物質が必要とされない場合は、あまり問題にならなかったかもしれないが、産業の中心が鉱工業になり、生活の様々なところで化学物質が使われるようになると、汚染が大きな問題となってくる。汚染された工業廃水を綺麗な水にして自然に返すことは、自然環境や人々の健康を守る上で極めて重要である。

次に重要なのは、交通インフラであろう。自給自足経済であれば、生産地と消費地が一致しているので、交通インフラは問題にならないが、原材料の生産地と製品の生産地、製品の生産地と消費地が離れている場合は、それらを繋ぐための交通インフラが不可欠になる。また、交通インフラがないと観光資源を経済発展に活かすことは難しい。

交通インフラとならんで、通信インフラも重要である。早くて正確な情報を得て、それをきちんと分析することが、今日のビジネスでは不可欠になっている。

冷蔵・冷凍・乾燥設備も重要になる。収穫期に多くの農作物や水産物を収穫したとしても、それらの設備があれば保存が可能となり、長期にわたって販売・消費が可能になる。

また、経済が成長してくれば、医療保険制度等の社会保障制度や博物館・美術館等の文化施設も生活の質を高める上で、重要になる。

海外の資本が進出してくるためには、そのための法整備が不可欠である。法律が制定され、法律通りに手続きが進めば、海外から進出する場合、どういう手続きが必要か分かるが、それがない場合は、どう進めていけばいいか分からない。また、法律はあったとしても、その手続きを進める為に、賄賂等が要求されると、進出は難しくなる。法の支配が重要である。

4 ミャンマーの検討

この節では、3節で説明した、理論的枠組みを基に、ミャンマーについて分析をする。

安全面では、長年、軍部が支配し、軍部と民主化を求める国民との間で対立があったが、二〇一五年の選挙でアウンサンスーチーが率いるNLDが圧勝し、大統領もNLDから選出された。[5] このまま民主化が進むことを期待したい。

これ以外に、ロヒンギャの問題がある。ミャンマーでは、ロヒンギャを一三五の民族に含めていない。[6] ロヒンギャはイスラム教徒である。ミャンマーには、イスラム教徒が四・九％いるが、九割近くは仏教徒である。[7] 宗教的な問題もあり、解決は簡単ではないだろう。

次に、地理的条件をみる。

総面積は約六七万八、〇〇〇平方キロメートルで、日本の約一・八倍の大きさである。[8] 中国、タイ、ラオス、インド、バングラデシュの五つの国と国境を接している。つまり、ミャンマー内の交通網が整備されれば、東アジア（中国）、東南アジア（タイ、ラオス）南アジア（インド、バングラデシュ）間の物流が改善され、それらの地域の経済発展につながる可能性が高い。また、それに伴って、経済格差が大きくなる、つまり発展にとり残される可能性もあるので、そのための対策も必要となる。

南西はベンガル湾、南はアンダマン海に面する。海に面しているということは、水産資源があるということと、港があれば、海運により、大量の原材料や生産物の輸出入が可能になるということを意味する。

気候は、北部は温帯だが、中・南部は熱帯である。五月中旬～一〇月中旬は雨季、一〇月中旬～五月は乾季である。年間降水量は、南部で四、〇〇〇～五、〇〇〇ミリ。中部の乾燥地帯で八〇〇ミリ以下。穀倉地帯のエーヤワディ・デルタは二、五〇〇ミリ程度である。[9] 水資源が豊富なことは、農業生産、製造業や水力発電等にとっては有利な条件であるが、洪水等の災害を引き起こすこともあるので、治水が重要である。

次に、資源をみていく。

まず人的資源である。二〇一四年の人口は五、一四一万人である。[10] タイの二〇一五年の人口は六、五七二万人である。[11] また、ベトナムの二〇一七年の人口は約九、三七〇万人である。[12] 比較年が違うが、タイの約七八%、ベトナムの約五五%である。

国民の八七・三%が仏教徒である。[13] 一口に仏教と言っても様々であるが、ミャンマーの仏教徒は、利他心が強いようである。また、忍耐力もあるようである。通常、経済学では、合理的な経済人を仮定する。自分の利益を追求することが経済発展の原動力になることを否定しないが、行き過ぎると、目先の利益を追い求めるあまり、不正を行い、信用を失うことがある。これらは長期的に見れば、マイナス要因であろう。そういう意味では、利他心が強く忍耐強い性質は、経済発展においてプラスの要因になると思われる。

二〇〇〇年の時点で、一五歳以上の成人の識字率は八五%、女性は八〇%と識字率は高い。[14] 特筆すべきは、一九八三年の時点で一五歳以上の識字率は七八・六%であり、さらに、男女間格差は小さく、高齢者の識字率も高いことである。[15] 忍耐強い性格や手先の器用さと合わせて、質の面でも優秀な労働力ということが出来るだろう。さらに、賃金も、中国の五分の一、ベトナムの二分の一と低いことは、直接投資を考えている海外の企業にとっては魅力的である。

問題は、高等人材の不足であろう。軍事政権時代に、大学が反政府運動の拠点になるということで大学を閉鎖していた。[16]また、男子学生や男性教員が反政府運動を先導するという理由で、彼らを大学から締め出していたようだ。そのため、大学の教員は女性が多いようだ。女性が活躍するという意味ではいいのだが、逆に男性が十分活用されていないようである。

資本主義経済は、マルクスの産業資本の運動が説明するように、リスクをとって何かを生産しようとする企業家がいないと動かない。また、社会経済の発展のためには、様々な政策を立案し実行する必要がある。優れた企業家や、政策立案能力のある人材を育成することが不可欠である。

ミャンマーでは、就業人口の七割が農林水産業に従事し、名目ＧＤＰに農業が占める割合は三六・四％である。[17]

人的資源と関連して、知識資源をみてみる。ミャンマーの高等教育機関は全て国立で計一六八校ある。[18]ミャンマーの高等教育は中央政府の権限が極めて強く、暗記が中心になっているようである。未来が過去の延長線上にあるならばそれでもいいかもしれないが、そうではないだろう。政治の民主化と共に、教育も議論を重視し、新しいものを生み出せるようにしなければならないだろうが、それを可能にするためには教員の育成も必要になるため、簡単ではないであろう。

次に、エネルギー資源をみてみる。木材、薪、天然ガス、石油、石炭を産出する。ミャンマーでは、電力発電の約七割が水力、約二割が天然ガス、約一割が火力である。二〇〇〇年代には、電源設備容量は九・〇％伸びたが、発電量は三・五％しか伸びていない。潜在的な水力発電能力は、一〇万Ｍワットに及ぶ一方で、二〇一二年度の水力発電容量は一、七八一Ｍワットに過ぎない。主な原因として、渇水問題や電源設備の老朽化があげられる。[19]

次に、農作物についてみてみる。主要作物は、豆類、米、トウモロコシで、これらの三品目だけで二〇一五年の同国の輸出額の一七・八％を占めている[20]。

地域ごとの主要な農作物は、次のようになっている[21]。

中央平原地域、つまり、ザガイン管区の南半分、マンダレー管区、マグエー管区では、黄牛、水牛、馬が肥育されている。また、米、ゴマ、モロコシ、キビ、豆類、綿、玉ねぎ、トウガラシ、タバコなどが生産されている。

デルタ地域、つまり、エーヤワディー管区、バゴー管区、ヤンゴン管区では、コメが中心に生産されている。

タニンダーイー地域である、カレン州の南部、モン州、タニンダーイー管区では、ゴム、アブラヤシ、ビンロウ、キンマ等が栽培されている。

東・北部山地である、カチン州、カヤー州、シャン州では、陸稲、水稲、トウモロコシ、アワなどの穀物や、大豆、小豆、サトイモ、カボチャなどの野菜が栽培されている。また、茶、落花生、ケシ等の換金用の商品作物も作られている。

西部山地である、カチン州、ザガイン管区、チン州、ヤカイン州では、陸稲、トウモロコシ、アワなどの穀物と、大豆、小豆、サトイモ、カボチャなどの野菜が栽培されている。

西部海岸地域であるヤカイン地域では、水稲などが栽培されている。

様々な農作物を産出しているが、米はベトナムの七割、日本の六割、豆類は日本の七割と生産性が低い[22]。

農民の所得が低く、充分な肥料を購入できないことや、農民が各作物に適した肥料を知らないことが、生産性が低い主要な原因の一つである。また、道路事情が悪く、農業機械を運搬できない、コールドチェーンが未整備のため農作物が腐るといったインフラの未整備という問題もある。[23]

次に、水産資源についてみてみる。二〇一五年の水産物の漁獲量・生産量は、二九五万三、一四〇トンと二三二カ国中一四位となっている。主なものは、蟹、海老、サワラ、鯉、ソウギョ、レンギョ等である。[24]

次に、森林資源についてみてみる。[25]東・北部山地には森林が広がり、チークなど森林資源が豊富である。樫、椿などの照葉樹林や楓などの温帯的な森林もある。西部産地では、チークやビルマテツボクなどの森林資源が豊富である。チーク材が輸出されてきたが、森林保護政策に力が注がれ、二〇一四年より「丸太」での木材の輸出が禁止されている。[26]

鉱物資源としては、大理石、ルビー、サファイア、翡翠、スズ、ニッケル、タングステン、金、銀、銅、亜鉛等を産出する。[27]鉱物資源の多くは、少数民族が居住する地域に多く存在している。[28]

次に、資本資源についてみてみる。[29]金融には、直接金融と間接金融がある。直接金融では、株式市場は存在するが、実際の取引はまだ行われていないようである。債券市場については、国債の発行は行われているものの、社債の発行は行われていないようである。

間接金融では、銀行は存在する。ミャンマー国民の銀行に対する信用度は低いといわれてきたが、情勢は変化しつつあるようである。資金需要は旺盛であるが、手続きが複雑、担保・保証への偏重等の問題があるようである。

次に、インフラについてみてみる。

まず、交通インフラについてみてみる。

陸路では、バスが主要な交通手段になっている。ヤンゴンを中心にネピドー、マンダレー、バガン、タウンヂー、ピイ、モウラミャイン等の主要な都市へは必ず民営のバスがある。[30]ヤンゴン－ネピドー間はバスで五～六時間かかる。一部アスファルトの舗装がされているが、大部分はコンクリートの道路で、途中サービスエリアが一カ所しかない。バスは、エアコンが効いていてサービスはいい。日本からの中古車を多く輸入している。従って、右ハンドルであるが、ミャンマーでは車は右を走る。つまり、右ハンドルの車が右側を走っているので危険である。

鉄道もあり、年間七、二〇〇万人が利用しているようであるが[31]、時刻表はあてにはならず、縦揺れ・横揺れがひどいようだ。

空路では、軍事用も含めて六九の空港があるが、そのうち三一空港のみが運用されている。国際空港は、ヤンゴン国際空港、マンダレー国際空港、ネピドー国際空港の三つがある。国際基準である国際民間空港機関の基準に基づく施設、設備の整備を続けているが、空港セキュリティ施設、機材の整備が遅れている状況にある[32]。国内線のスケジュールは流動的で、飛ばないこともあるようだ。

港としては、ヤンゴン港、ダウェイ港、ティラワ港、チャウピュ港、サンドウェ港、パテイン港、モウラミャイン港、ベイ港、コータウン港等がある。ヤンゴン港はミャンマー最大の港であるが、河川港であるため今後は大洋に面した大水深港を整備する必要がある。ダウェイ港は、タイによって開発が進められている大水深港である[33]。

観光資源としては、世界遺産としてピュー古代都市群がある。その他にも、ヤンゴンの「シュエダゴン・パゴダ」をはじめとする多くのパゴダがある。チャイティーヨーのゴールデンロック、カンボジアのアンコールワット、インドネシアのボロブドゥールとともに世界三大仏教遺跡であるバガンの仏教遺跡等観光資源は多い。

5 ミャンマーの開発課題

前節で、ミャンマーの現状を確認した。それを踏まえて、開発課題について検討する。経済は、第一次産業、第二次産業、第三次産業と発展していくようである。ミャンマーは、まず、第一次産業を十分発展させる必要があるだろう。

農業について考える。ミャンマーでは、就業人口の七割が農林水産業に従事し、名目GDPに農業が占める割合は三六・四％である。[34]自給率が一〇〇％であることを第一の課題とするならば、この点は達成しているようである。様々な気候のもとで、様々な農作物が栽培されており、量的な生産量という観点からは充分であろう。

課題は、農作物の質を高めることと、洪水等の自然災害から農作物を守ること、農家の所得を増やすことである。農作物の質を高めるためには、生産技術を高める必要があり、そのためには、農作物の品種改良、農民に適切な肥料や農薬の使い方を教えることが必要である。農家が肥料や農薬を購入する十分な資金を持っていない場合は、そのための金融システムを作る必要がある。第一次産業に特化した金融機関の設置や、日本の農業協同組合のような組織が必要となる。

農民の所得を上げるためには、生産性を高めることが一つの方法である。そのための一つの方法は、機械化であるが、道路事情が悪く、農業機械を運搬できない場合がある。道路の整備が必要である。また、冷蔵設備がなくて農作物が腐敗しているので、冷蔵設備を作れば、農作物の鮮度を保ち、販売量を増やし、農家の所得をあげることができる。冷蔵設備を作るためには、設備購入・維持管理のための制度・組織の整備、発電・送電等の設備が必要になる。

自然災害を少なくするためには、森林、ダム、河川の整備が必要になる。

森林資源については、計画的な伐採と植林が必要である。

第二次産業の発展のためには様々な課題がある。

第二次産業の発展の方法としては、海外からの直接投資による場合と、国内企業が生産する場合がある。海外から直接投資をする場合に必要なものは、まず、低賃金で良質な労働力である。ミャンマーは、賃金が低く、識字率が高い。また、ミャンマー人は忍耐強く、手先が器用なので、労働力という点では魅力がある。

次が、安全であり、政治的に安定していることである。ロヒンギャの問題等の問題あるが、概ね安全面は問題がないのではないだろうか。民主的に政権が移行したが、このまま民主的な政権が維持できるか、民主的な政権は維持できても、経済政策等で安定した政策が行われるかは、現状では何とも言えない。

次に、法整備と法の支配である。海外から企業が進出する場合は、法律が整備されていて、その法律通りに手続きが出来ることが重要であるが、この点については課題が多いようだ。

工場の操業のためには、電気が必要であるが、電力の供給では問題がある。川が多く、降水量も多いので、ダムが建設できれば、水力発電量も増やすことが出来る。また、天然ガス、石油もあるので、火力発電も可能である。潜在的には十分な発電量を持っていると思われるので、低価格で安定的な電力の供給が出来ることが課題である。

第二次産業の発展のためには、原材料等を工場まで輸送し、工場で製品を作り、出来上がった製品を販売地まで輸送する必要がある。従って、交通網の整備が不可欠である。

輸送手段としては、船舶、飛行機、鉄道、自動車といくつかあるが、それぞれ長所と短所がある。それぞれの長所と短所を認識して交通網を整備していく必要があるが、交通網は公共財なので、交通網の整備は政府の役割になる。

交通網を整備する際には、クラスターが後々競争力を高める上で重要になるので、国内にある資源、輸入する資源、生産された財を国内で販売するか、輸出するか等も考慮しながら、どの地域にどのような工場が作られるか想定しながら、工業団地や交通網を整備していく必要がある。

工業団地を作る場合は、工業用水、環境を汚染しないための排水の整備、電力等の動力源の確保、労働力の確保、電話やインターネット等の通信網の確保、上述した交通網の整備等をするとともに、土地に対する権利が法的に整備されるとともに、賄賂等がなくても、透明性が担保されて、法律通りに手続きが進むことが重要である。

工業団地を作る場合に考慮しなければならないことは、クラスターである。ある産業を中心に、それと関連した産業が地理的に集まることにより、相乗効果を発揮して、高い競争力をもった産業が形成されてくる。工業団地の情報を海外に向けてうまく発信することにより、関連する企業が海外から進出してくることも考えられる。

以上のことが整備され、安全性が確保され政治が安定すれば、海外からの直接投資は増え、第二次産業は発展していくと思われる。

考えなければならないことは、海外から直接投資をする場合は、低賃金で良質な労働力等の魅力がある限り、ミャンマー内で生産を続けるかもしれないが、経済が発展し、賃金が高くなれば、より低賃金の国に生産をシフトさせていく可能性があるということである。そういう場合は、工場等はあるので、それらを利用して生産を続けることが、国内で雇用を確保し経済発展をするためには必要になる。

そのために必要なのは、人材である。工業化を進めるときに、輸入代替がいいか輸出志向がいいかは議論があるが、国内の競争条件が厳しい方が、より安くていい物が作られるので、いずれにしても、複数の企業が存在して厳しく競争をすることが重要である。そのためには、企業家が育ってこなければならない。

同種の財を生産する企業が参入することも重要だが、関連する企業や産業が参入し、クラスターを形成することも重要である。そのためには、産業についての知識をもち、発想力の豊かな人材が育ってくる必要がある。

企業が参入するためには、人材と共に、資金面も重要である。どんなにいいアイデアをもっていても、起業するために必要な資金がなければ起業することは出来ない。ある程度実績がある企業であれば、銀行からの融資を受けることも可能になるだろうが、実績がない場合は、株式会社の設立、株式市場の創設や信用保証機関等が必要になる。株式会社の設立のためには、会社法等の整備が必要になり、株式市場が実際に機能するためには、企業の財務情報の公開や公開された財務情報が正しいかどうかを監査する制度も必要になってくる。

また、厳しい企業間競争を作るためには、あるときには規制緩和が必要であるし、あるときには規制をすることが必要である。例えば、通信に関しては、日本ではＮＴＴが独占していたが、規制緩和により、電話会社の参入が増えた。ビールでも規制緩和により、地ビールが生産され、様々なビールが販売されるようになってきている。また、自動車の厳しい排気ガス規制があったので、それをクリアする自動車を作った日本の自動車は、高い競争力を得ることができた。

次に、第三次産業の発展について考える。

ミャンマーは、観光資源が豊富なので、観光産業の発展を軸に、関連する産業の発展を考えるといいだろう。

必要なのは、交通網の整備である。バスが主要な交通手段になっているが、時間がかかりすぎるのが難点である。国内の飛行機がスケジュール通りに運行するようになれば、主要な観光地を巡るのにかなり利便性が増すであろう。また、これは、ビジネスの為にも重要である。

また、観光客が増えれば、近隣の観光地へ大量の観光客を運ぶためには、鉄道が有利になるだろう。日本では、豪華列車が人気である。ミャンマーでも、海外の富裕層をターゲットにした豪華観光列車を運行すれば、人気がでるかもしれない。

また、列車は一度に大量の人や物資を運び、交通渋滞による遅れがないので、ビジネスをする場合にも有利である。

観光客を増やすためには、ホテルやレストランが必要になる。手ごろな価格と価格に見合ったサービスを提供するホテルを増やすことが重要であろう。筆者が宿泊したことがあるホテルは、シャワーの水（湯）が便器にかかり、また、どちらの栓からお湯が出るか分からず、数分間蛇口を開けたままにして、お湯かどうかを確認したことがあった。また、ミャンマーには農作物や海産物が豊富である。地域により、様々な郷土料理があるようだ。地元の食材を活かしたレストランは、観光客には人気になるかもしれない。

さらに、観光地では、様々な土産物の製造・販売が考えられる。また、仏教寺院では、靴だけではなく靴下も脱がなければならない。いくつも仏教寺院を訪れるたびに、靴下まで脱ぎ、また履くのはかなり面倒である。手ごろな価格のサンダルを観光地で売っていれば売れるかもしれない。

6 まとめ

本章では、ポーターの「ダイヤモンド理論」を基に、ミャンマーの「要素条件」を中心に、経済発展の可能性と課題について論じてきた。

資源面からみると、安価で良質な労働力をはじめ、農業・水産・森林等の資源、鉱物資源、水、観光資源等資源は豊かにある。また、海に面しており、地政学的にも重要な位置にある。従って、潜在的な発展の可能性は大きい。

課題としては、様々な政策を計画し実行できる人材や企業家の育成、交通網、電気、上下水道等のインフラ整備、安全面の確保と民主的な政治の安定、様々な法の整備と法に基づいた各種手続きの確立である。

本章では、開発の課題について、文献やインターネット上の情報に基づき、全般的に論じてきた。それぞれの課題について、実態調査を踏まえて、詳細な分析をすることが今後の課題である。

注

（1）　みずほ総合研究所『図解　ASEANを読み解く　ASEANを理解するのに役立つ60のテーマ』東洋経済新報社、二〇一五年、一三二〜一三三頁。

(2) 川村雄介編著『ミャンマー開国―その経済と金融』きんざい、二〇一三年、五四頁。
(3) 工藤年博『図解 ミャンマー 早わかり』中経出版、二〇一三年、四三～四四頁。
(4) M・E・ポーター(土岐坤他訳)『国の競争優位(上)』ダイヤモンド社、一九九二年。M・E・ポーター(土岐坤他訳)『国の競争優位(下)』ダイヤモンド社、一九九二年。
(5) 工藤年博編『ミャンマー政治の実像―軍政23年の功罪と新政権のゆくえ』アジア経済研究所、二〇一二年。永井浩他『「アウンサンスーチー政権」のミャンマー ―民主化の行方と新たな発展モデル』明石書店、二〇一六年。
(6) 工藤年博、前掲書、二〇一三年、一七〇頁。水谷俊博・堀間洋平『ミャンマー経済の基礎知識』日本貿易振興機構(ジェトロ)、二〇一八年、一四頁。
(7) 水谷俊博・堀間洋平、前掲書、二〇一八年、一三頁。
(8) https://www.mofa.go.jp/mofaj/area/myanmar/data.html(二〇一八年七月二九日閲覧)。
(9) 工藤年博、前掲書、二〇一三年、一七七頁。
(10) http://www.mofa.go.jp/mofaj/area/myanmar/data.html(二〇一八年七月二九日閲覧)。
(11) http://www.mofa.go.jp/mofaj/area/thailand/data.html(二〇一八年七月二九日閲覧)。
(12) http://www.mofa.go.jp/mofaj/area/vietnam/data.html(二〇一八年七月二九日閲覧)。
(13) 水谷俊博・堀間洋平、前掲書、二〇一八年、一三頁。
(14) 工藤年博、前掲書、二〇一三年、八五頁。
(15) 川村雄介編著、前掲書、二〇一三年、三三～三四頁。
(16) 増田知子「ミャンマー軍政の教育政策」永井浩他、前掲書、二〇一六年所収。
(17) 工藤年博、前掲書、二〇一三年、一三〇～一三一頁。

（18）上別府隆男「ミャンマーの高等教育　―「民政」下の改革」、ウェブマガジン『留学交流』二〇一四年一一月号、Ｖｏｌ44。https://www.jasso.go.jp/ryugaku/related/kouryu/2014/__icsFiles/afieldfile/2015/11/18/201411kamibeputakao.pdf（二〇一八年四月八日閲覧）。

（19）川村雄介編著、前掲書、二〇一三年、八八頁。

（20）水谷俊博・堀間洋平、前掲書、二〇一八年、八二頁。

（21）伊東利勝編『ミャンマー概説』めこん、二〇一一年。

（22）水谷俊博・堀間洋平、前掲書、二〇一八年、一六九頁。

（23）同書、一七〇頁。

（24）https://www.globalnote.jp/post-2671.html?cat_no=207（二〇一八年四月八日閲覧）

（25）伊東利勝編、前掲書、二〇一一年

（26）https://www.jetro.go.jp/world/asia/mm/trade_02.html（二〇一八年七月二九日閲覧）

（27）伊東利勝編、前掲書、二〇一一年、二九頁、三七頁。工藤年博、前掲書、二〇一三年、一三五頁。

（28）工藤年博、前掲書、二〇一三年、一三五頁。

（29）笠原慶宏・石崎勇輝・大西敢二郎「ミャンマーにおける金融アクセスの現状と課題」PRI Discussion Paper Series (No.16A-05) 財務省総合政策研究所、二〇一六年。https://www.mof.go.jp/pri/research/discussion_paper/ron277.pdf（二〇一八年三月一八日閲覧）

（30）『地球の歩き方』編集室『地球の歩き方　D24　ミャンマー　２０１３～２０１４年版』ダイヤモンド社、二〇一二年、一二三四頁。

(31) 川村雄介編著、前掲書、二〇一三年、八七頁。
(32) 同書、八七頁。
(33) 同書、八五頁。
(34) 工藤年博、前掲書、二〇一三年、一三〇～一三一頁。

馬田哲次

第11章　アジア欧州会合（ASEM）

1　はじめに

ＡＳＥＭ（Asia-Europe Meeting：アジア欧州会合）はアジアと欧州の対話の場として創設され、その第一回首脳会合は一九九六年にバンコクで開催された。参加したのは当時のＡＳＥＡＮ（Association of South-East Asian Nations）加盟七カ国、日中韓の三カ国及びＥＵ（European Union）加盟一五カ国の合計二五カ国（表11-1を参照）と欧州委員会である。それゆえ誕生時のＡＳＥＭはアジアと欧州というよりもむしろ東アジアとＥＵの対話の場であった。現在ではＡＳＥＭに関わる国と機関が五一カ国と二機関に増加し、全参加国を合わせると人口、ＧＤＰ、貿易額の三項目すべてにおいてＡＳＥＭは世界全体の約六〇％を占めるに至った。参加国の数についても多様性についてもＡＳＥＭは「手に負えない（unwieldy）」(1)と評されるほどに増大した。

本章の目的は、アジアと欧州の地域間対話の基盤として期待され設立されたＡＳＥＭに対して、二〇一八年時点で一定の評価を与えることである。本章の構成は、まず第2節でＡＳＥＭ誕生の背景を描く。主

表11-1　ASEM参加国・機関の一覧（2018年2月時点）

年	国名、機関名	
	アジア	欧州
1996年	ブルネイ、インドネシア、マレーシア、フィリピン、シンガポール、タイ、ベトナム（以上ASEAN加盟国）、中国、日本、韓国	オーストリア、ベルギー、デンマーク、フィンランド、フランス、ドイツ、ギリシャ、アイルランド、イタリア、ルクセンブルグ、オランダ、ポルトガル、スペイン、スウェーデン、英国（以上EU加盟国）、欧州委員会
2004年	カンボジア、ラオス、ミャンマー	チェコ、エストニア、キプロス、ラトビア、リトアニア、ハンガリー、マルタ、ポーランド、スロヴァキア、スロヴェニア
2008年	インド、モンゴル、パキスタン、ASEAN事務局	ブルガリア、ルーマニア
2010年	オーストラリア、ニュージーランド、ロシア	
2012年	バングラデシュ	ノルウェー、スイス
2014年	カザフスタン	クロアチア

注：駐日欧州連合代表部「創設20周年を迎えたアジア欧州会合（ASEM）」、『EUMAG』2016年6月号（http://eumag.jp/issues/c0616/ 2018年5月25日閲覧）にしたがって国をアジアと欧州に分けた。なおこの記事は2018年2月に情報が更新されている。現在では欧州委員会ではなくEUがASEMに参加している。

出典：Eurostat, Asia-Europe Meeting (ASEM), A Statistical Portrait, 2016 Edition, 2016（http://ec.europa.eu/eurostat/documents/3217494/7561572/KS-02-16-356-EN-N.pdf/e5715794-8099-42e9-bc5d-584a0444d9d2 2018年5月25日閲覧）, p.6.

として利用するのは、成長が予想されたアジア市場へのさらなる進出に熱心だった欧州委員会の文書である。なお前段落でも触れたとおり、当時のアジア側の参加国は現在とは異なり、東アジアの国に限られていることに注意されたい。第3節では、二〇一八年時点のASEMプロセスを構成する柱、特徴、会合及び組織について述べた後、ASEMの機能と潜在力について言及する。

2　ASEMの創設の背景[2]

2・1　欧州委員会文書『新アジア戦略に向けて』

ＡＳＥＭの誕生にとって一九九四年は重要な年である。なぜなら七月に欧州委員会が『新アジア戦略に向けて』[3]を公表したからであり、一〇月にシンガポールのゴー首相とフランスのバラデュール首相がアジアと欧州の首脳の直接対話を提案したからでもある。

『新アジア戦略に向けて』は、東アジア諸国が経済成長を開始した後初めて、欧州委員会が示した包括的な対アジア戦略であるという点で画期的である。[4]この文書の目的は「世界経済におけるＥＵの指導的役割を維持するために、ＥＵのアジアでの経済的プレゼンスを強化すること［である］」。ＥＵがアジアで重要な存在であると認められれば、二一世紀初頭において、欧州のアジアでの関心に間違いなく十分な考慮が払われることになる。アジアの成長速度を考えるならば、欧州企業の積極的な参入は、欧州の労働者への質のよい雇用の提供に貢献できる」[5]。

『新アジア戦略に向けて』は次のようにも記している。欧州委員会はＥＵがアジアにおいて早期に経済的プレゼンスを握ることができないという状況を恐れている。欧州企業は、日米の企業だけではなくＮＩＥＳ[6]の企業との激しい競争にも直面している。今後一〇年間の世界の主要な成長センターであるアジアで欧州企業が十分なシェアを確保できなければ、アジア市場においてだけではなく世界的規模でも、その利益と競争力にマイナスが生じるだろう。EUがアジアにおける経済成長から利益を得られなければ、アジアを価値あるパートナーとしてではなく脅威として見ている人から、より防御的な政策を採用するようにという要求が生まれるだろう。そうなればアジアから得られるであろう利益がますます減少し、悪循環に陥ることになる。(7)

欧州委員会の判断によれば、アジアにおけるビジネスの機会を欧州が活用できるかどうかは、アジア市場に参入するという民間部門の決断にかかっている。EUが果たすべき役割は、一方ではアジアの財・サービス市場の開放を追求していくことであり、他方ではビジネス活動にとって望ましい規制環境がアジアで形成されるように促すことを通じて欧州の貿易と投資に対する障害を壊すことである。(8)

さらに経済的プレゼンスを強化する手段として、経済協力が重視されている。(9) ただしここで言う経済協力は質的に開発協力とは異なり、相互利益の概念に基づく(次節の「対等なパートナーシップ」を参照)。欧州委員会が経済協力の優先的分野として挙げるのは、EU側に優位性が存在している分野、すなわち銀行、エネルギー、環境技術、輸送設備、通信などである。(10)

2・2　東アジアに対する欧州委員会の経済戦略

ここではASEM創設の直前期に欧州委員会が日本、中国及びASEANのそれぞれに対してどのような経済戦略を立てていたかを簡潔に確認しておく。

日本企業は、アジアの経済成長の中心である東アジアにおいて大きな経済的プレゼンスを誇っているから、(11) EUの対アジア経済戦略の重要な対象だった。日本企業は円高や国内不況に伴うコスト競争を背景として東アジアに生産拠点を移していった。現地に進出した日本企業は同様に進出した日系部品企業から部品供給を受けて生産を行う。[12] ＥＵが関心を持つのは、低コストという目的で進出した日本企業に対する部品供給という点である。欧州企業が投資を実施して東アジアに企業を設立し、それが種々の日系現地企業と取引関係を結ぶことを欧州委員会は視野に入れていた。欧州委員会の対日本経済戦略では、日本市場の開放だけではなく東アジアにおける日本企業と欧州企業の協力も、目的に含まれていた。[13]

中国が経済改革に着手することを決定したのは一九七八年一二月である。ＡＳＥＭが創設される二〇世紀後半には、欧州委員会も中国が巨大市場に成長することを予想しており、それゆえ対アジア経済戦略から中国を外すことはありえなかった。しかしながら欧州委員会は当時の中国の姿勢に懸念を抱いていた[14]ため、中国の貿易ルールがＷＴＯのそれに対して整合的な形に変更され、中国のマーケットアクセスと投資環境が改善されることを望んでいた。[15]

ＡＳＥＡＮがなぜＥＵにとって重要なのかと問われれば、ＡＳＥＡＮの経済成長と一九九二年の自由貿易地域創設の決定をその理由として挙げることができる。ＡＳＥＡＮが拡大し、その新規加盟国の経済成長も見込まれる中、ＥＵはＡＳＥＡＮ市場に関与することによりメリットを得られると期待していた。かつてのＡＳＥＡＮの主要輸出品目といえば原材料だった（一九七五年のＡＳＥＡＮの輸出の六六％が原材料）が、一九九〇年代に入ると一転してそれは工業製品に変化した。例えば一九九五年のそれの七八％が工業製品である。ＡＳＥＡＮは外資導入型の経済成長戦略を採用し、工業製品の生産拠点としての、したがって直接投資先としての魅力を増していった。実際、ＥＵからＡＳＥＡＮへの直接投資は増大していた。ＥＵは日本に大きな後れを取っているとはいえ、ＡＳＥＡＮが受け入れる直接投資（一九九〇～一九九三年）の一四・一％はＥＵによってなされていた。しかしながらＥＵが実施した直接投資（一九八二～一九九二年の累積額）のうち東アジアに向けられたものは一％に満たなかった。[16] この現実を踏まえて、欧州企

表11-2　ASEM首脳会合の開催年及び場所

第1回	1996年3月1－2日	バンコク（タイ）
第2回	1998年4月2－4日	ロンドン（英国）
第3回	2000年10月19－21日	ソウル（韓国）
第4回	2002年9月22－24日	コペンハーゲン（デンマーク）
第5回	2004年10月7－9日	ハノイ（ベトナム）
第6回	2006年9月10－11日	ヘルシンキ（フィンランド）
第7回	2008年10月24－25日	北京（中国）
第8回	2010年10月4－5日	ブリュッセル（ベルギー）
第9回	2012年11月5－6日	ビエンチャン（ラオス）
第10回	2014年10月16－17日	ミラノ（イタリア）
第11回	2016年7月14－16日	ウランバートル（モンゴル）
第12回	2018年10月18－19日	ブリュッセル

出典：外務省ホームページ（https://www.mofa.go.jp/mofaj/area/asem/index_2.html）2018年5月25日閲覧。

業にＡＳＥＡＮへの直接投資のインセンティブを与えることが、欧州委員会の重要な目標となった。欧州企業が直接投資を行う場合、現地企業への技術移転が生じる。したがって、ＡＳＥＡＮにおいて知的財産権を保護する体制が確立されなければ、欧州企業の直接投資のインセンティブを高めることはできない。これは、欧州企業が比較優位を持つ通信などの分野において特に妥当する。欧州委員会の対ＡＳＥＡＮ経済戦略には、ＴＲＩＰＳ協定(17)の適用など、知的財産権が保護される環境を整備するという目的が含まれた(18)。

2・3　東アジアにとっての欧州との経済的対話

すでに述べた通り、アジアと欧州の直接対話はＡＳＥＭ第一回首脳会合という形で一九九六年に実現したが（表11－2を参照）、これをEUが望んだのはアジアが魅力的で有望な市場だったからである。アジアにおける経済的利益という論点にアメリカという要素を付加すると次のように書くこともできる。すなわち、アメリカがアジア太平洋経済協力（ＡＰＥＣ：Asia Pacific Economic Cooperation）を通じてアジアに対する関与を強めていく中(19)で、アメリカとの経済的競争という観点から見て、ＥＵもアジアとの定期的な対話の機会を設けておきたかったからである。

アメリカという要素は、ＡＳＥＭ首脳会合に第一回から参加している東アジア諸国にも、ＡＳＥＭ創設を促した。これを論じるためにまず東アジアとアメリカの関係を説明しよう。アメリカはこの地域において圧倒的な軍事的プレゼンスを有していた。この事実に加えて、東アジア経済がアメリカ市場に大きく依存する一方でアメリカの輸出にとって東アジア各国の重要度は高くはなかった。この不均等な関係が、アメリカの強引な要求を東アジア諸国が一定程度受け入れざるをえないという状況を生み出した。[20] アメリカと並ぶ経済力を持つＥＵとの緊密化を図る場の新設により、アジア側の参加国はアメリカに偏った発言力を均す可能性を探った。

アメリカだけではなく日本も東アジアで強い影響力を持っていた。なぜならこの地域では、日系企業を頂点としてその下にアジアＮＩＥＳとＡＳＥＡＮ４（タイ、インドネシア、マレーシア、フィリピン）が存在する、階層的な生産構造が確立していたからである。[21] この事実もＡＳＥＭ創設を論じる上で考慮されなくてはならない。というのは、日系企業への依存度が高いアジアＮＩＥＳとＡＳＥＡＮ４にとって、それの競争相手である欧州企業との関係強化は、それへの依存度の低下すなわち交渉力の増大をもたらしえたからである。

2・4　「形式にとらわれない」対話の場の創設

アジアと欧州の双方がそれぞれの思惑を抱え、ＡＳＥＭという対話の機会の増加を前向きに捉えていた。これを踏まえて欧州委員会は第一回首脳会合の直前（一九九六年一月一六日）に、両者がどのように対話を実施するのかに関する見解を表明した。[22] それによれば、「形式にとらわれない（informal）」という特徴[23]

をＡＳＥＭに与えることをアジア側の参加国は希望しＥＵも原則としてそれに同意した[24]。次に、差異や摩擦よりもむしろ合意や意見の集約を重視すること、詳しく言えば、人権などの慎重を要する論点に取り組むけれども、この種の論点の討論が他の議題ひいては会合の雰囲気に影を落とさないような会合の進行をアジア側が希望していたことを、ＥＵは把握していた。実際、第一回首脳会合の議長声明[25]を見ればわかるように、ＡＳＥＭの穏便な運営に関するこうしたアジアの意向を欧州はくみ取った[26]。そしてこの運営方針はその後も継続していくことになる（次節の「ＡＳＥＭの五つの特徴」を参照）。

こうした背景を踏まえてＡＳＥＭはアジアと欧州の地域間対話の場として生み出された。

3 ＡＳＥＭの構成（二〇一八年）と機能

3・1　ＡＳＥＭの三つの柱

ＡＳＥＭを簡潔に説明するためにＥＵが二〇一八年に作成したリーフレット[27]を見ると、その表紙には「ＡＳＥＭは、他に類がなく形式にとらわれない、アジア欧州間の対話と協力のための場である」と記されている。これによればＡＳＥＭは次の三本の柱で成立している。

第一の柱は政治である。これに含まれるのはアジアと欧州の双方に影響を与える重要な論点と挑戦（例えば反テロリズムの戦い、安全保障への国際的な脅威に対する共通の対応、グローバルな環境問題、移民の流出入の管理、人権、女性と子どもの福祉など）である。

第二の柱である経済・金融・財政の構成要素は、成長と雇用就業の促進、国際金融に関する協力の拡大、優先度の高い産業部門における対話、アジア欧州両地域間の連結性の強化などである。

第三に社会と文化も柱の一つに設定され、教育、社会的保護及び雇用就業などのトピックについての接触と対話を両地域間で幅広く進めることや、文化遺産の保護に関して協力することがその内容として挙げられている。

柱として重視されるこれら三分野で横断的に一致協力することにより、ASEMは平和、繁栄及び持続可能な発展に関するアジアと欧州の共通の見方を生み出し広めていくための重要な場になることができる。

3·2　ASEMの五つの特徴

先述のリーフレットは、形式にとらわれないこと、対等なパートナーシップ、開放的かつ進化的であること、多面的であること及び高官と草の根という五つの言葉をASEMの特徴としている。

ASEMの枠組みでは、二国間または複数国間で既に実施された作業を補完するために、政治家と官僚による公開討論が実施される。ここでは政治的、経済的または社会文化的で、関心を広範に引きつける論点であればどんなものでもテーマとなりえる。これが、形式にとらわれないと形容される、ASEMの特徴である。この特徴によりASEMでは「民主主義、人権、法の支配などの基本的な価値といったデリケートな議題についても、自由な意見交換が行いやすくなっている」[28]。

次に対等なパートナーシップとは、対等な立場で互いに敬意を払い、互恵の考えに基づいて共通の関心事項について対話と協力を進めることにより、相互理解と認識の共有を広めることを指す。欧州委員会は対等なパートナーシップの重要性を強調する際に、援助ベースの関係（これは二国間関係で築かれる）を

表11-3　ASEMの優先的テーマ

アジアと欧州がともに関心を抱くグローバルな課題と地域の課題。
グローバリゼーション、競争力及びグローバル経済における構造的変化（金融・財政、労働、教育、人的資源開発など）。
連結性：インフラと両地域間の草の根のつながり。
優先度の高い産業分野における、双方向の貿易と投資、B2Bの対話及び協力。
持続可能な発展。
気候変動。
環境保護と水・エネルギー・食料の安全保障。
異文化間の対話。
人権。
核・化学兵器の不拡散、反テロリズム及びサイバーセキュリティ。
移民。
文化と教育。
議員間及び市民社会間の対話。

出典：注27と同じ。

避け、より全般的な対話と協力の過程を優先すると記している[29]。

開放的かつ進化的という言葉が示すのは、時間の流れとともにASEMで扱われる論点も、それに関わる国も変化するという現象である。

アジアと欧州の関係は多様な領域で構成されるが、ASEMはそのすべてを対象とすると同時に、政治、経済、社会文化のすべてを同等に扱う。この点が多面的と表現される。ASEMで取り上げられる多様な優先的テーマについて表11-3を参照。

第五の特徴すなわち高官と草の根とは、ASEMが提供する会合の場は政治家や官僚など政権に近い人のためだけに準備されるものではなく、専門家、市民団体の関係者、若者などにも開かれていることを意味する。ASEMはこうした人びとの交流の強化に重点を置いている。

3・3　ASEMにおける会合

ASEMは複数のレベル（すなわち政府首脳レ

ベル、大臣レベル、高位官僚レベル、その他のレベル）で対話の場を組織している。[30] 以下の記述は特記しない限り先述のリーフレットに基づく。

ＡＳＥＭの最高レベルの意思決定は首脳会合で実施され、これには参加国政府の長の他、欧州議会議長、欧州委員会委員長及びＡＳＥＡＮ事務局長が出席する。これは二年に一度開催され、開催場所はアジアと欧州から交互に選ばれる（表11-2を参照）。

外相会合は、ＡＳＥＭで実施される作業の全般的調整について責任を負っており、ＡＳＥＭの政治的対話を推進する役割を果たす。これに出席するのは各国外相に加えて、ＥＵ外務・安全保障政策上級代表とＡＳＥＡＮ事務局長である。

主要な論点（経済、金融財政、環境、文化、輸送、労働と雇用就業、教育、科学技術、情報通信技術及び中小規模企業）を担当する大臣は定期的に開催される会議において、共通の関心事項について対話を実施している。特別な論点について話し合う大臣の会合が不定期に開催されることもある。

政治家が出席せず高位の官僚だけで構成される会合、すなわちＳＯＭ（Senior Officials' Meeting）も制度化されている。すべてのＡＳＥＭ参加国の外務官僚はＡＳＥＭの運営の全般的調整のために一堂に会する。その他の分野の官僚もそれぞれの大臣会合の準備のために会合を開催する。

右記の会合の他、税関、移民、人権及び宗教の分野で定期的な対話が実施され、また首長会合も定期的に実施されている。さらに必要に応じて、持続可能な発展、核、災害、生物多様性、若者及び雇用就業について会合が持たれる。

これらの他にＡＳＥＭから派生的に誕生した対話の場も存在している。[31] 例えばＡＳＥＰアジア欧州議会間パートナーシップ（The Asia-Europe Parliamentary Partnership: ASEP）[32] は、ＡＳＥＭにおける対話のプロセスの一部を構成し、アジアと欧州の相互理解の場として、また議会間の意見交換と外交の場として機能する（なおここでの議会とはＡＳＥＭ参加国議会と欧州議会である）。ＡＳＥＰの会合は通常二年に一度、首脳会合に先だって開催され、議員はＡＳＥＭの三つの柱に関わる論点の討論を通じてＡＳＥＭのプロセスに影響力を行使する。その際の手続き規則は第四回ＡＳＥＰ会合（二〇〇六年、ヘルシンキ）で定められた。

アジア欧州ビジネスフォーラム（Asia-Europe Business Forum：ＡＥＢＦ）やアジア欧州財団（Asia-Europe Foundation：ＡＳＥＦ）もＡＳＥＭが生み出した組織だが、これらについては項を改める。

３・４　ＡＥＢＦ(33)

ＡＥＢＦは、アジアと欧州における経済界の協力の強化を目的として、第一回ＡＳＥＭ首脳会合によって創設された、両地域の経済界のリーダーの討論の場である。同首脳会合では、両地域がともに関心を抱くテーマについて深く掘り下げるためにＡＳＥＭ関連の組織を設置することが承認され、その一つが経済とビジネスの発展を対象とするＡＥＢＦであった（これと同時に社会文化と教育を対象とする、後述のＡＳＥＦも認められた）。

初めてのＡＥＢＦは一九九六年一〇月一四、一五日にパリで開催された。その後これは、ＡＳＥＭに行き渡っているバランスの精神を遵守しながら、アジアと欧州で交互に毎年開催されてきた。これは二つの部分で構成され、一方は経済界のリーダーと有力政治家が出席し、世界的にも注目される総会（plenary meeting）であり、他方は作業部会（working group）である。総会が終了すると次回総会に向けてタスクフォースが編成される。そこでは次回の主催者の調整に基づいて、また経済界の著名人や専門家のリーダーシップに引かれて、次回総会で扱われる共通の関心事項が洗い出される。

ＡＥＢＦ総会とＡＳＥＭ首脳会合は緊密な関係を保って開催されている。両者の開催地は第五回ＡＳＥＭ首脳会合以降同じ都市になり（必ず同じにするという規定があるわけではない）、また前者のアジェンダと後者のそれはかみ合っている。制度上、また存在理由の点からも、ＡＥＢＦの発見や勧告はＡＳＥＭ首脳に伝達され、経済とビジネスに関わるＡＳＥＭの活動を支えている。

ＡＥＢＦの開催国はその議長を務める人物を経済界の大物の中から選ぶのだが、ＡＥＢＦを継続的に運営するためにその人物は前回の最終セッションの時点で既に選出されている。

ＡＥＢＦの舵取りを行うのは、各国代表団の長で構成される常任委員会である。通常これは議長によって少なくとも年に一度は招集され、共通の関心事項についての対話を刺激し調整するために、また次回フォーラムを確実に成功させるために開催される。ＡＳＥＭの参加国が拡大したためＡＥＢＦの参加国も増大したが、それに対応するため二〇〇四年に常任委員会委員一〇名（互選、アジアと欧州から五名ずつ）から成るＡＥＢＦの中核グループが形成された。これの目的はＡＥＢＦの全体としてのまとまりを確実に生み出すことである。

アジアと欧州がともに関心を抱き、ＡＥＢＦでかつて議論のテーマになったもの、もしくは今後なるものの一例は次の通りである。

・アジアと欧州における市場開発、市場開放及び成長見通し、並びに経済金融危機への対応の協調。
・急速に変化する世界における金融サービス。
・エネルギー戦略、環境面での課題及び食料安全保障の分野での、持続可能性に関わる論点。

・移動性や公共サービスの管理など、都市化に関する論点。
・アジアと欧州におけるビジネス、貿易及び投資の円滑化のためのガバナンス。例えば（不）公正な競争と障壁、国産品保護措置の偽装、法の支配、偽物。
・文化間の対話及び商慣習に対するアジアと欧州双方の貢献。
・企業の社会的責任（ＣＳＲ）。

3・5　ＡＳＥＦ(34)

ＡＳＥＦとは第一回ＡＳＥＭ首脳会合を経て一九九七年二月に創設された、ＡＳＥＭ唯一の常設機関（本部はシンガポール）である。その任務は、知識、文化及び人の交流によってアジアと欧州の間の相互理解の度合いを高めていくことである。これに加えて、市民社会の懸念をＡＳＥＭに伝え、その討論の重要議題に入れ込むこともその任務である。ＡＳＥＦはＡＳＥＭ参加国からの寄付によって活動するが、概してアジアと欧州の市民社会のパートナーと共同で資金を負担してプロジェクトを行う場合が多く、これまで六五〇以上のプロジェクトを実施してきた。これらのプロジェクトが属する分野は多岐にわたり、文化、教育、ガバナンス、持続可能な発展、経済及び公衆衛生の六分野に及ぶ。プロジェクトの共同実施主体もやはり多岐にわたり、議会や政府機関の他、シンクタンク、教育機関、文化団体、私企業、ＮＧＯ、労働組合などがＡＳＥＦに関わっている。なお共同プロジェクトの場合、ＡＳＥＦがそれに提供する補助金は極めて少額である。

４　おわりに――ＡＳＥＭの機能と潜在力

ＡＳＥＭへの評価を示す前に、ＡＳＥＭアジア金融危機対応信託基金（The ASEM Asian Financial Crisis Response Trust Fund、以下「信託基金」）に触れておこう。[35]というのは、これが「しばしばＡＳＥＭの成功の印と見なされている」[36]からである。

「信託基金」は東アジア危機[37]で被害を受けた国に支援を提供するためにＡＳＥＭ首脳によって設立された。「信託基金」の実施期間は、一九九八年六月から二〇〇二年一二月の第一フェーズと二〇〇一年三月から二〇〇六年八月までの第二フェーズに区分される。

第一フェーズの主要目的に掲げられた効果的で時宜を得た支援は、国際的諸金融機関との合意に基づくもので、とりわけ二つの分野（すなわち一方では社会福祉とセーフティネット、他方では金融と企業のリストラ）を対象とした改革プログラムの支援だった。第一フェーズに支援を受けた国は東アジアの七カ国（中国、インドネシア、韓国、マレーシア、フィリピン、タイ、ベトナム）で、七〇以上の支援活動が実施された。その内容は世界銀行の資料[38]に記されている。第二フェーズでは、第一フェーズで重視された二つの分野への支援活動も継続的に実施されたが、支援の焦点は変更され、むしろ持続可能性に当てられるようになった。第二フェーズに支援を受けた国は中国、インドネシア、フィリピン、タイ、ベトナムの五カ国である。紙幅により「信託基金」の実施内容の詳細にここでは言及しないが、それは世界銀行のサイト

（注35を参照）から入手できる。

さて世界銀行と「信託基金」の関係に目を移そう。前者は全面的に後者を支援すると同時に後者の事務局として機能しているだけではなく、第二フェーズでは世界銀行のＡＳＥＭ国内操縦委員会（ASEM In-Country Steering Committee: ＩＣＳＣ）が「信託基金」の運営の中核に位置した。

ＩＣＳＣの説明に入る前に世界銀行の国別援助戦略（Country Assistance Strategy：ＣＡＳ）を説明しておく。[39] ＣＡＳとは、世界銀行グループの借入国における活動指針である。ＣＡＳは、借入国が定めた開発ビジョンに基づき、政府との緊密な協力の下で、市民社会組織、開発パートナーなどの関係者との協議を経て策定される。また借入国の開発上の課題や優先分野を評価し、借入国の開発努力を支援する融資や融資以外の活動のプログラムを定める。

さてＩＣＳＣだが、これは「信託基金」の第二フェーズの支援を受けた各国に二〇〇二年に設置され、その目的はプロジェクトのオーナーシップと説明責任を促すことだった。ＩＣＳＣを構成するのは支援受入国政府、支援提供主体及び世界銀行それぞれの代表である。「信託基金」の支援を受けようとする国はその開発ニーズに基づいて実施したい活動を提案する。それに対してＩＣＳＣは国別戦略ノート（Country Strategy Note: ＣＳＮ）、すなわちＣＡＳの枠組みの中で特別に策定された「信託基金」の支援指針を準備し、提案された活動に優先順位をつけ、また承認された活動の実施を監督する。ＩＣＳＣが特に重視したのは、提案された活動が次の三点、ＡＳＥＭ各国のＣＳＮ、「信託基金」第二フェーズのガイドライン及び各国のＣＡＳ、これらすべてに対して矛盾がないことだった。支援を受ける国の提案は、ＩＣＳＣの保証に裏書きされて世界銀行本部のＡＳＥＭ委員会に示され、同委員会の検討の後、世界銀行の東アジア副総裁によって最終的に承認された。

「信託基金」はギルソンの評価によれば[40]、見栄えがよいわけでも独創的なものでもなかったが、ＡＳＥＭが実施した危機対応策の中で最も重要なものである。アジアの指導者は、「信託基金」に代表される、ＡＳＥＭの枠組みの中で作られた仕組みに後押しされて、将来の危機に対するアジア独自の解決法を模索するに至った。この基金は金融危機という特殊な状況にあったとはいえ、その時点でアジアに特有の問題を扱うための制度として機能していた。

最後にＡＳＥＭプロセス全体に対する評価を示して本章を締めくくる。筆者の見解では、地域と地域の対話の場としてのＡＳＥＭの存続可能性には疑問が残るという二〇一二年時点のギルソンの評価[41]は現在も妥当する。すなわちＡＳＥＭでは、会合運営等に関する拘束が少なく、幅広い分野を扱うことができるにもかかわらず、アジアまたは欧州という地域に特有の論点が現在では提示されていない。またそれが示すアジェンダ（その一部は本章で列挙された）は他の国際機関で採用されるものと代わり映えしないために、地域間の対話の場としての意義をＡＳＥＭは失ってしまっている。それどころか、国際機関のアジェンダをかなりの頻度で複製してきたために、ＡＳＥＭはそれらを強化する、または支えるだけの組織としてしばしば機能し、今ではそれ独自の価値を付加した目的を伴わなくなってしまった。「信託基金」の設置が示すようにＡＳＥＭはアジア独自の問題に対処する仕組みを生み出す潜在能力（これを筆者なりに敷衍すれば、アジアの地域協力の触媒として機能する潜在能力）を有しているのだが、現在では残念ながらそれを活用できずにいると評価するのが妥当であろう。

注

（1）J. Gilson "The Asia-Europe Meeting（ASEM）" in Beeson, M. and R. Stubbs（eds.）*Routledge Handbook of*

Asian Regionalism, Routledge, 2012, p.396.

(2) 拙稿（「EUの対アジア経済戦略―欧州委員会文書『新しいアジア戦略に向けて』以降」、『京都大学経済論集』第20号、二〇〇二年）を大幅に加筆修正した。

(3) Commission of the European Communities (CEC), *Towards a New Asia Strategy*, COM (94) 314 final, 13 July, 1994.

(4) ギルソンの評価によれば『新アジア戦略に向けて』は、EUが東アジアを外交上の優先事項に初めて格上げした文書だと言えるものの、ビジネスと投資機会という二つの例外を除き、目に見える政策の変化を生み出しはしなかった（Gilson, op. cit., pp.394-395）。

(5) CEC, *op. cit.*, p.3.

(6) NIESについて平川は次のように述べている。「今日さまざまな形で議論を呼んでいるNICSないしNIESの名称の興りをたどれば、一九七〇年代末のことになる。すなわち、一九七九年に経済協力開発機構（OECD）の発表した報告書が第三世界の一〇カ国からの工業製品輸出の急増を取り上げ、これらの国・地域を新興工業諸国（NICS：Newly Industrializing Countries）と呼んだことにはじまる。それは、これらの国・地域が一九七〇年代の危機後の世界的不況下にあっても工業製品輸出を順調に伸ばし、めざましい経済成長を維持していたからであった。国際経済論にとってこの現象は、とりわけ重大な課題の提起であった。従来の経済学の課題は第三世界がなぜ停滞するのかを説明することだったのに対し、こんどは、なぜ成長するかを説明しなければならない。経済成長の形態も、工業製品を輸出するという新しい形態の国際分業を通じてのものであり、従来第三世界の開発戦略と考えられた輸入代替型工業化戦略によるものではない。しかも、世界貿易の停滞局面でそれが実現されている。それは二重、三重の意味で新しい現象であった。一九八〇年代に入ると、成長はアジアNICSに限定されラテンアメリカとヨーロッパの他のNICSが成長軌道から転落することによって、東アジア開発モデルがいよいよ現実の成長を追いつつさかんに論じられるようになる。ＮＩＣＳからＮＩＥＳ（新興工業経済群：Newly Industrializing Economies）への呼称変更も、この事態を反映するものであった」（平川均『ＮＩＥＳ』同文館、一九九二年、四頁）。

（7）CEC, *op. cit.*, p.17.

（8）*Ibid.*, p.2.

（9）*Ibid.*, p.20.

（10）*Ibid.*, p.24.

（11）「東アジアの経済成長と相互依存を、国民経済的発展の帰結としてではなく、日系企業をはじめとした多国籍企業の活動に規定されたものとして捉える」（尹春志「市場主導型経済統合論を超えて—ＡＰＥＣと東アジア地域主義(1)」、『東亜経済研究』第56巻、第4号、一九九八年、一六頁）。さらに尹は「東アジアの地域国際分業を、完成品レベルでみるかぎり、その内実を正確に把握することはできない。東アジアで進行している生産の地域化の核心は、完成品として輸出されるまでの生産工程間の地域的分業、日系企業を頂点とする地域生産ネットワークにこそある」（同論文、二九頁）と述べ、これを論証している。

（12）『中小企業白書（二〇〇六年版）』第2部「東アジア経済との関係深化と中小企業の経営環境変化」第2章「中小企業の国際展開の現状と課題」を参照。

（13）CEC, *Europe and Japan: The Next Step*, COM (95) 73 final, 8 March, 1995, p.4 and pp.17-18.

（14）ＥＵが中国の貿易に対する姿勢に懸念を抱くことには理由があった。アメリカが対中輸出に関するマーケットアクセスについて疑義を呈したところ、米中間で一九九二年に合意がなされ、あらゆる法律や規制が公表され、未公表の法律は無効であるとされた。それに加えて中国は輸入障壁の削減にも同意した。中国と貿易を実施するすべての国がこの合意から恩恵を受けることは明らかだったが、これには特別条項があり、アメリカ自動車合弁会社だけにスペアの部品の無制限輸入が認められていた。最終的にはEUも同様の扱いを受けられることに中国政府が同意したが、EUは低レベルのマーケットアクセスしか享受できなくなる可能性があった（CEC, *A Long Term Policy for China-Europe Relations*, COM（95）279 final, 5 July, 1995, p.36）。

（15）*Ibid.*, pp.12-13.

（16）CEC, *Creating a New Dynamic in EU-ASEAN Relations*, COM（96）314 final, 3 July, 1996, pp.4-6.

（17）TRIPS協定（Agreement on Trade-Related Aspects of Intellectual Property Rights: 知的所有権の貿易関連の側面に関する協定）はWTO協定の一部で、知的財産権全般（著作権及び関連する権利、商標、地理的表示、意匠、特許、集積回路配置、非開示情報）を保護するためのものである。経済産業省ホームページ（http://www.meti.go.jp/policy/trade_policy/wto/negotiation/trips/trips.html 二〇一八年五月二五日閲覧）を参照。

（18）*Ibid.*, p.15.

（19）尹によれば、APECは当初アジア太平洋地域の貿易と投資の自由化や経済開発問題について単に協議する場、表現を換えれば、対立回避型のきわめて緩やかな地域協議体として出発した。これに変容をもたらしたのはアメリカの対東アジア通商政策だった。すなわち、一九九〇年代に入り、特に一九九三年のAPECシアトル会議以降、アメリカによるAPECへの関与が本格化した結果、APECの基本構図は、東アジア諸国に対して市場開放を迫るアメリカを中心としたアングロ・サクソン同盟と、それに対抗しつつ独自の地域秩序戦略を展開するASEANを中心とするアジア諸国の対立として描くことができるようになった。尹春志「APECをめぐるアメリカとASENの角逐―APECと東アジア地域主義（2）」、『東亜経済研究』第57巻、第1号、一九九八年、二一～三三頁。

（20）同論文、二九頁。

（21）尹、前掲論文「市場主導型経済統合論を超えて」、三四頁。ここでは次のような指摘もなされている。中国は日系企業による地域生産ネットワークの最後尾に位置づけられることを拒否し、欧米企業を優先的に誘致していた。そのため中国には日系企業の専一的な支配構造は存在しなかった。逆に日系企業は欧米企業との競争があるために、高度技術優先型の投資戦略を強いられた。

（22）　CEC, *Regarding the Asia-Europe Meeting*（*ASEM*）*to Be Held in Bangkok on 1 - 2 March 1996*, COM（96）4 final, 16 January, 1996, p.3.

（23）「形式にとらわれない」というＡＳＥＭの特徴に関わることだが、ギルソンによれば（Gilson, op. cit., p.395）、ＡＳＥＭの制度は主に対話のチャネルとして、また緩やかで拘束力のないものとして（loose and non-binding）設計された。その後もＡＳＥＭはいくつものレベルで会合を開催するにもかかわらず常設の事務局を設置しておらず（ＥＵでは欧州委員会が調整役を果たし、ＡＳＥＡＮがその事務局に代表されるのとは対照的である）、また一部のアジアの参加国は特に、より大規模に制度化された枠組みをＡＳＥＭに対して与えることを警戒してきた。ここでは駐日欧州連合代表部（前掲論文）にしたがってinformalに「形式にとらわれない」という訳語を充てた。

（24）　ＡＳＥＭ第一回首脳会合が開催された四カ月後に欧州委員会はＡＳＥＡＮとの関係強化を目的とする文章を公表し、その中で「正式な条約（formal agreement）」よりも「活性化されたパートナーシップ（active partnership）」が望ましいと述べている。その理由は、一つの意見を全体で共有し単一のブロックとして行動することがまだＡＳＥＡＮには難しいと欧州委員会が見ていたからである（CEC, *Creating a New Dynamic in EU-ASEAN Relations*, COM（96）314 final, 3 July, 1996, pp.25–29）。

（25）　議長声明（Ⅱ.5）には「参加国間の対話は、相互の尊重、平等、基本的権利の増進、及び、国際法の規則と義務にある通り、直接間接を問わず相互の内政に干渉しないことを前提に行われるべきである」と記されている。議長声明は外務省が公開している（https://www.mofa.go.jp/mofaj/area/asem/pdfs/kaigo_s01.pdf 二〇一八年五月二五日閲覧）。

（26）ＥＵのアジアに対する斟酌は、ＡＰＥＣに臨むアメリカの当時の姿勢とは対照的である。アメリカはＡＰＥＣの早急な制度化を図り、それを貿易と投資の自由化のための拘束的ルールを交渉する場とし、最終的にはアジア太平洋地域をアメリカ主導の自由貿易地域に編成するというＡＰＥＣ戦略を抱いていた。これに対してＡＰＥＣに参加するアジア諸国は、ＡＰＥＣは拘束力のある交渉機構ではなく、コンセンサス方式の緩やかな協議体であると主張し、アメリカと対立した（尹、前掲論文「ＡＰＥＣをめぐるアメリカとＡＳＥＮの角逐」、一七～二三頁）。

（27）http://www.consilium.europa.eu/media/33040/big-leaflet-9-web.pdf 二〇一八年五月二五日閲覧。

（28）駐日欧州連合代表部、前掲論文。

（29）CEC, *Perspectives and Priorities for the ASEM* (*Asia Europe Meeting*) *Process into the New Decade*, COM (2000) 241 final, 18 April, 2000, p.16.

（30）首脳会合の他、外相会合など各種閣僚級会合の資料（議長声明など）を外務省ホームページ（表11－2の出典と同じ）で入手できる。

（31）http://www.aseminfoboard.org/content/asem-forums 二〇一八年五月二五日閲覧。

（32）http://www.aseminfoboard.org/content/asia-europe-parliamentary-partnership-asep-meeting 二〇一八年五月二五日閲覧。

（33）http://www.aseminfoboard.org/content/asia-europe-business-forum-aebf 二〇一八年五月二五日閲覧。

（34）ＡＳＥＦのホームページ（http://www.asef.org/ 二〇一八年五月二五日閲覧）に基づく。

（35）特記ない限り世界銀行のサイト（http://web.worldbank.org/archive/website01039/WEB/0_CON-7.HTM 二〇一八年五月二五日閲覧）に基づく。

（36）Gilson, op. cit., p.399. ギルソンとは異なり、リチャーズは「信託基金」を東アジアにおける新自由主義的改革を推進した組織として批判している。Richards, G. A. "ASEM and the New Politics of Development: Restructuring Social Policy After the Crisis", 2005（https://www.tni.org/en/article/asem-and-the-new-politics-of-development-restructuring-social-policy-after-the-crisis#richards 二〇一八年五月二五日閲覧）なおこの文献はギルソンが参考文献の一つに挙げている。

（37）一九九七年に東アジア危機が発生した際、欧州の東アジアへの経済的関心は驚くほど薄かった。これを裏付けるのが、同年九月のＡＳＥＭ財務大臣会合に出席したＥＵ側の財務大臣は一五人中たったの三人だった（ユーロ関連の事案に他の大臣は時間をとられていた）という事実である。危機の発生に続いて欧州側で生じたものは、東アジアのいわゆる「クローニー資本主義」に対する批判であり、さらには東アジアの商慣行に対する糾弾であった。つまり危機が浮かび上がらせたものは両地域間の溝でしかなかった。欧州のこのような姿勢にもかかわらず、一九九八年になるとＡＳＥＭは国際機関との合意に基づいて「信託基金」という危機対策を打ち出した（Gilson, op. cit., pp.399–400）。

（38）http://web.worldbank.org/archive/website01039/WEB/IMAGES/COUNTRYP.PDF 二〇一八年五月二五日閲覧。

（39）『世界銀行年次報告書』二〇〇九年（http://www.worldbank.or.jp/ar/2009/04_04.shtml 二〇一八年五月二五日閲覧）を参照。

（40）Gilson, op. cit., pp.399–400.

（41）Ibid., p.404.

第12章 アジア共同体の理想――岡倉天心の中国観を中心に

1 中国を見る眼

1・1 「餃子」

IT情報社会の現代では、マスメディア以外からも大量の情報をたやすく得ることが出来る。経済成長を遂げ世界的な大国となった隣国‐中国の情報も共時的にネットから、日本語、英語、中国語などを駆使して膨大な情報を引き出すことが可能である。しかし本当に必要な、そして正確な情報を得ることができるのだろうか。

「中国では祝休日や一家団欒の時に、餃子を皆で作って食す」という情報はどうだろうか。中国語のテキスト、中国事情紹介本や旅行ガイドブックなどには確かにそのような記述がある。この情報は正確であろうか。確かにその習慣は事実としてあるが、「中国では…」は甚だ不正確である。何故なら少なくとも長江（揚子江）流域と以南では、餃子を一家で作って食べる習慣はない。これは畑作中心で小麦を食糧として食す「北方（黄河流域及びその以北）」の風習である。往時、北方では主に、玉蜀黍、高粱などの雑穀を食糧とし、旧正月や「ハレ」の日の食品として小麦の麺製品が食卓に供された。今日では小麦は貴重品ではないが、年節の食卓を飾るという伝統が伝わっている。

南方では伝統的に稲作が中心であり、また北方に比べ各種の産物が豊富であったため、年節等の「ハレ」の日や一家団欒に小麦麺で作る餃子を食すという風習はなく、例えば上海などの江南地方では、旧正月には「年糕（うるち米の餅）」や「春巻」を食すのである。

ちょっと横道にそれるが、日本で私達が「（焼き）ギョーザ」と呼んでいるものは、中国では「餃子」と表記しない。それは「鍋貼（クオティエ）」と呼ばれており、北方の「一家で作る」のは茹でて食す「水餃子」のことである。

こういった「中国では…」の情報の不正確なものは枚挙に暇ない。中国で「肉（ròu）」はふつう「豚肉」を指し、よく知られる「青椒肉絲」は豚肉で、牛肉を使うならば「青椒牛肉絲」ということになる。

これは日本の「肉（にく）」と言う語の使い方によく似ている。西日本でふつう「肉」と言えば「牛肉」を指し、東日本では「豚肉」を指す。往時、西日本では農耕用に牛を多く飼育していたので、老牛を食べ易い環境にあった。関東では農耕用に馬を多用していたが、軍馬の需要から馬肉文化は広がらず、広い土地を要さない豚が明治以降、関東に広まったと言われる（新潟、会津、秋田、信州などには馬肉文化がある）。文明開化期、東京では洋食としての牛鍋が大流行し、昭和初期にとんかつが流行るまで東京は牛肉文化であった。関西では豚肉の質がそれほどでもなく、牛肉が高価なものになった第二次世界大戦後にとんかつが普及したと言われる(1)。

また、日本には中華饅頭に「肉まん」、「豚まん」という二つの呼び方があるが、東日本では「肉まん」と呼ばれるものは、上述の由来から豚肉餡を指すが、西日本では「豚まん」の呼称で、牛肉ではないことを示している。同様に「肉うどん」の「肉」は、西日本では牛肉（北九州では一部は鶏肉）を指し、東日本では従来「肉うどん」は存在していなかった。

不正確な情報は、膨大な情報をたやすく得ることのできる現代においても存在する。ましてや中国という異文化においての情報はなおさらなことである。

本稿で述べるのは、約百数十年前に当時の中国清朝を視察した岡倉天心が中国を見て得た正鵠な情報について読み解き、岡倉天心の中国を通して考察した氏のアジア論である。

1・2　中国の多様性

「中国」と言っても一様ではないことが「餃子」からも管見できよう。我々はまず中国の版図の広大さから生来する自然、文化、言語、民族性・民族、風俗習慣等その多様性を認識しなければならない。

中国は広大であるという認識は当然あるが、現実として捉えにくい。国土面積は日本の約二六倍、全ヨーロッパの面積にほぼ同じ。つまり中国の一つの各省自治区がヨーロッパの一国、日本一国に相当するのである。また自然状況も多様性に富み、気候ひとつをとっても多種多様で、寒帯、温帯、亜熱帯、熱帯の四気候帯に分かれる。東部は温暖で雨の多い海洋性気候。西へ向うにつれて乾燥が激しくなり、一日の気温差が激しい大陸性気候へと変化する。また標高四、五〇〇メートルの高原地帯から砂漠、盆地、海岸地帯まで地形の変化も大きいため、気候はかなり複雑（新疆では一日の気温差が激しいだけでなく、全国最高気温の四七・六度を記録しながら、最低気温のマイナス五一・一度も記録するほど年間の気温の差も著しい）。

東部は主に平原だが華北は乾燥地帯、華中華東は湿潤地帯、華南は亜熱帯。加えて黄土高原、タクラマカン砂漠、ゴビ砂漠、モンゴル平原、青海チベット高原、ヒマラヤ山脈等自然地理の多様性が特徴的であ

図12-1　北方と南方

北方と南方		
	北方	南方
地域	黄河流域及び以北	長江流域及び以南
自然状況	平原・丘陵	平野・山地
気候	乾燥少雨	湿潤多雨
農業	畑作中心	稲作中心・経済作物
	小麦、玉蜀黍、大豆、雑穀	米、茶、養蚕
主食	小麦・肉	米・魚
体格	長身で体格が良い	中肉中背～低
性質	豪放	細やか

（筆者作成）

る。民族も漢民族以外に五五の少数民族が各地にそれぞれの言語、文化をもって生活を営んでいる。

ここで漢民族生活地域を大まかに区分した「北方」、「南方」という概念について述べる。

「南船北馬」という言葉が表すように、「北方」は降水量が少なく乾燥しており、古来より人や物資の往来は専ら車馬に頼り、「南方」は多雨のため河川湖水が多く、運河、水路が発達しており、物資運搬、人の往来は水運に依っていた。さらに自然風土、気候、飲食から招来する体格や性格も大きく異なっていた。勿論言語も現代中国語の基礎となっている北方方言と南方諸方言に大別される。歴史上、黄河文明、長江文明と分けて論ぜられるのも必然の事である。

魯迅は、北方人と南方人について、「北人與南人」[2]で次のように述べている。

北人的卑视南人，已经是一种传统。这也并非因为风俗习惯的不同，我想，那大原因，是在历来的侵入者多从北方来，先征服中国之北部，又携了北人南征，所以南人在北人的眼中，也是被征服者。

（中略）

至于元，则人民截然分为四等，一，蒙古人，二，色目人，三，汉人即北人、第四等才是南人、因为他是最后投降的一伙。最后投降、从这边说、是矢尽援绝、这才罢战的南方之强、…

北方人が南方人を見下すのは、風俗習慣の違いからではなく、歴代の侵入民族が北方を征服し、北方人を使って南方を制圧しており、北方人は南方人を征服の対象と見ているからであると論ずる。さらに元代には人民の身分を四等に区分し、三等の漢人北方人の下に四等の南方人を置いており、これは南方人が最後まで異民族に抵抗したからであり、南方人の屈強さを表しているとする。

現代では、北方人は南方人を軽蔑してはいないが、上海人だけは例外で敵視されるところがあり、反対に南方人は北方人を見下すことはないが、上海人だけは北方人を洗練されていない田舎者と見做す。しかし北京人に対しては畏敬の念があると言われ、また次のような考え方も存在する。

・上海人は北京からの客にどちらの街が良いか質問するが、北京ではこの質問は成立しない。それは北京より良いところは無いと思っているから。
・上海人は千年の古都北京に対し、漠然とした崇敬の念、神秘感を抱いている。
・北京人は上海についてあれこれ論評するが、結論は「不評」である。
・上海人は「北方人」を軽蔑しているが、これに「北京人」は入らない
・北京人は南方人を軽蔑していないが、上海人に対しては蔑む気持ちがある。
・北京人の上海人に対する最高の評価は「君は上海人に見えない」。だが北京人は内心、上海人や南方の伝統に一目置いている。

北方、南方の代表的都市だけでさえこのような差異がある。こうした南北の差異の根本的な姿を岡倉天心は百数十年前に的確に捉えているのである。

按ずるに、漢土方域、古来の変遷亦太甚だしく、其所謂南北なる者、東西なる者、亦往々古今世代に随て名實の異同あり、故に敢て之を概論すべからず、…

彼西北の西蔵、即ち前蔵、後蔵及び、外蒙古、内蒙古及び北方満州韃靼の如き、支那の文化を直接に蒙らざる者は、姑く之を措き、又雲南、貴州、廣西、四川等の西南邊隅に住する蛮子、苗族、若くは猺、獷等の野蛮部落は之を除き、而して支那の文化の中心たる支那本部に就いて之を論ずるも、其中幾多の差別あらむ、今假りに之を大別すれば寡なくとも二葉の差別あり、これを南部北部と云はむも可也、然れども單に南部北部と云ふは、頗る漠然に流るるの恐れあるが故に、之を呼びて、江邊、河邊の字を以てせむと欲す。江邊とは即ち揚子江の兩邊にして、河邊とは、黄河の邊と云ふ意味なり。(3)

中国は国土も歴史も文明も文化も言葉も均一でなく共通性がなく、漢文化の外にあるチベット、モンゴル、新疆、満州を除外し、また雲南、貴州、広西、四川の少数民族地域をも除き、漢民族の居住する中国の中央・沿海地区に限って、これを強いて大別すれば、揚子江流域の中国と黄河流域の中国という二つの中国が存在するという認識を示している。この二つの中国には自然風土、生活条件の差異、人の性格の差異等もさることながら、文明文化の根底に北は儒教、南は仏教・道教という大きな思想的精神的差異が存在すると説いている。

岡倉天心が掲げた「アジアは一つ」という主張は、このように中国のみならずアジアの多様性を十分認識した上で為されたものである。

2 岡倉天心の見た中国

2・1 岡倉天心とはどのような人物か

岡倉天心は幼名を角蔵（後に覚三と改名）といい、福井藩士の岡倉覚右衛門の次男として文久二年（一八六三年）横浜で生まれる。父は士分を捨てて藩の財政のため横浜で商館「石川屋」（現在の横浜開港記念館・中区関内）を経営し、外国との交易で主に絹製品を取り扱っていた。覚三は店に出入りする外国人から英語を覚え、明治維新後（明治二年）その才能を伸ばすため、石川屋近くの外国人居留地にある「ジェームス・バラ塾」（現‐横浜海岸教会）で英語を本格的に学ぶ。またその傍ら神奈川宿の長命寺に住み込み、玄導和尚から漢籍素養の薫陶を受ける。『支那遊記』に見られる中国の文化や歴史に対する深い造詣は、この頃から培われたものと言えよう。この頃更に英語力を養うために「高島外国語学校」（現‐横浜野毛伊勢山）にも通った。

明治六年一一歳（一八七三年）、廃藩置県により福井藩が廃止され、石川屋も廃業。覚右衛門は東京日本橋蛎殻町の旧福井藩邸の一角に「岡倉旅館」を開業し、一家はここへ移住する。覚三は官立「東京外国語学校」に学ぶも、学校の英語授業のレベルの低さに嫌気がさし、一三歳にして「東京開成学校」（後の東京大学）に給費生として入学する。一六歳の時、外国人教師フェノロサと出会い、英語力が認められ日本美術蒐集の為の通訳となる。明治一三年、東京大学文学部第一期生として卒業し、文部省（現-湯島聖堂）音楽取調掛として勤務し、後に美術行政を担当し、東京美術学校の設立準備委員となり、明治二二年（一八八九年）東京美術学校開校、翌年、上野公園内に移転（現-東京藝術大学）し、初代校長となる。実に二八歳の若さであった。

明治二六年（一八九三年）、横山大観など一六名の第一回卒業生を送る。同年七月、宮内省の命により中国美術実地調査のため清国視察に赴いた。五カ月の大旅行を終え一二月帰朝。翌年、東邦協会に於いて「支那の美術」と題して中国視察の報告講演を行い、これが後に『支那遊記』（『理想の再建』に収録　昭和一三年七月　河出書房）として出版されるのである。

天心は明治三四年（一八九八年）校長職を辞してからも、日本美術の振興のため精力的に活動し、欧米各国を巡り調査、講演を行い、英国で行った日本美術史の講義を『東洋の理想』（英語）として出版し、アメリカではボストン美術館のために美術品の蒐集にあたり、更にニューヨークで『茶の本』を出版、大きな反響を生んだ。またインドや中国にも赴いたが、大正二年（一九一三年）五一歳の時、腎臓病の悪化で死去。東京巣鴨の染井霊園に埋葬され、移転した日本美術院のあった茨城五浦にも分骨埋葬された。

ここで取り上げるのは、天心の芸術振興の成果ではなく、かの時代にあって中国、アジアひいては西洋と東洋を直視する彼の鋭い観察と洞察力による中国理解、アジア理解である。

2・2　清朝末期の中国と岡倉天心の中国視察

当時の中国は、異民族満州族王朝の大清帝国の支配下にあり、一九世紀末のアヘン戦争（一八四〇～一

図12-2　清国視察行程

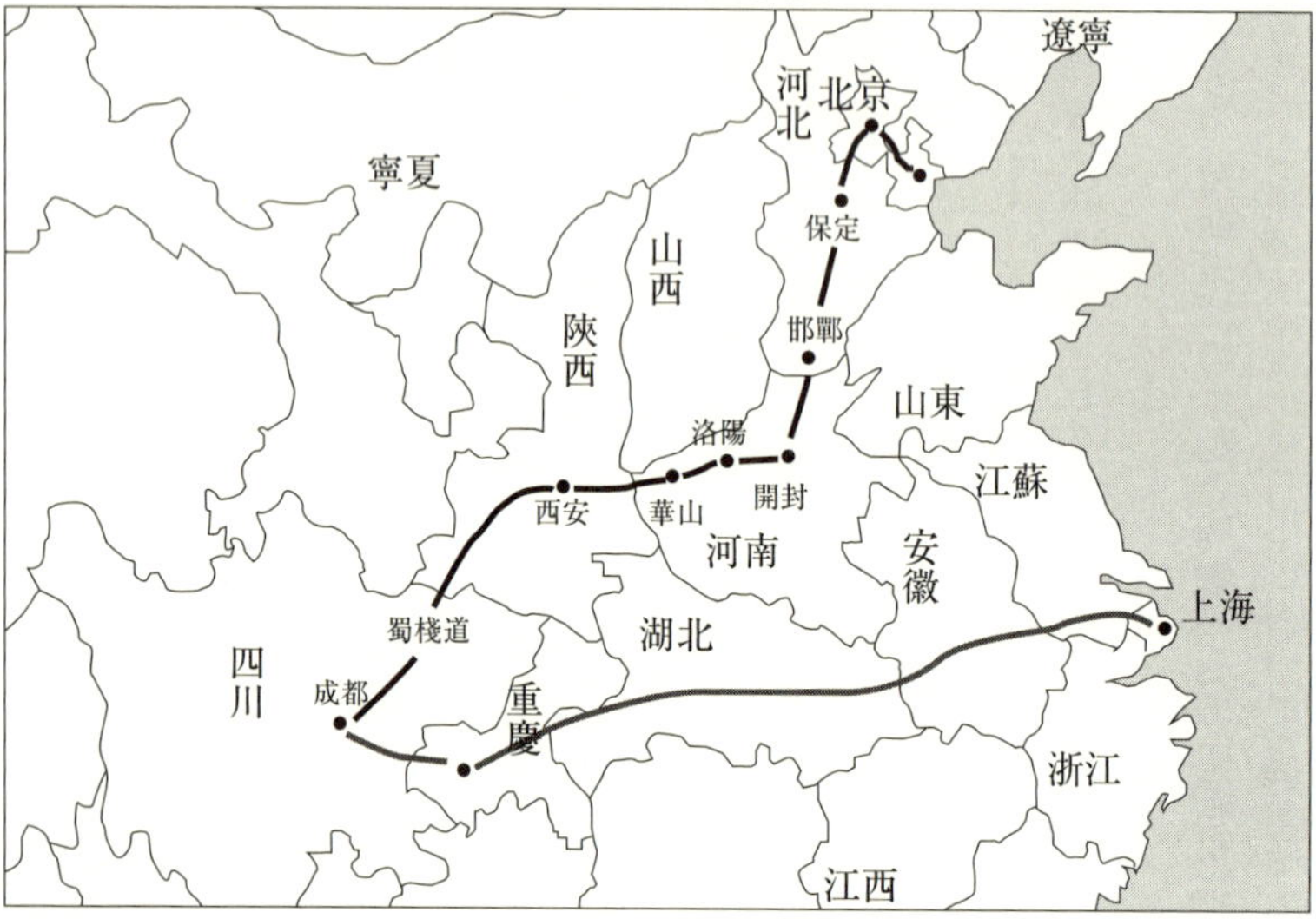

（筆者作成）

八四二年）以降、清朝は弱体化し、部分的に欧米列強の半植民地状態にあった。次いで反清を掲げる太平天国の乱（一八五一～一八六八年）の影響により長江流域地域は二〇年近くの混乱に陥った。

明治二六年（一八九三年、三一歳）七月、宮内省の命により、岡倉天心は清国視察に向かった。

七月一五日、新橋駅から一三日かけて長崎へ（途中草津で助手の早崎稉吉が合流）、長崎から玄海丸（一、九一七トン、三菱海運と共同運輸が合併した日本郵船会社所属）に乗船し、翌日、釜山着。更に玄海丸は仁川を経て、八月三日、塘沽入港、天津へ。日本とも欧米とも違う別世界、広大な平原に感動するも、大洪水で北京への陸路が使えず、水路で三日かけて、北京郊外の通州へ。通州から人力車で北京へ向かった。

北京の公使館では代理公使の橋口直吉が対応。治安悪化のため公使館宿泊を勧められ、旅程中、安全のため中国人に成りすますよう忠告を受ける。中国服に着替え、辮髪のかつらをかぶる。北京を出れば中国人同士も言葉が通じないと教わる。一六日間北京に滞在し、市内と近郊の天寧寺、天壇、白雲観、孔子廟、黄寺、黒寺等を視察。また馬で遠郊の居庸関、八達嶺、十三陵を視察、居庸関の石刻に驚嘆する。

北京を発ち盧溝橋を渡り、遥かかなたの西安を目指す。通訳に公使館手配の三輪高三郎と中国人青年、高二と四人旅。橋口公使の知恵を借り旅程を練り、洛陽、西安、成都、重慶にそれぞれ為替を送る。大変な重さの路銀の馬蹄銀と地図、案内書、北京で買った書籍、衣料、食料、寝具等諸々を荷車に積み驢馬に引かせ、泥道を進む。

河北保定を通過し、河北易県西で易水を船で渡る。戦国時代、燕の太子が始皇帝暗殺のために遣わした刺客、荊軻を見送った所である。「これより至るところ満眼平原、一望千里、大行の山脈遥かに行人を送り来る」、「この身は洸として第一九世紀の外に在り、古アジアの客となれり」(4)と記している。

古都邯鄲では「盧生の夢」の盧生祠を詣で、湯陰県で岳飛の墓を通り、黄河を渡り開封（趙宋の東京城）に着く。黄河に沿って古都洛陽を過ぎ、天涯の函谷関、潼関を抜け、五岳の一つの華山を仰ぎ、西安府に入る。ここで多くの文物に出会う。更に渭水を渡り、始皇帝の都‐咸陽を過ぎ、馬嵬坡（楊貴妃墓）、五丈原（孔明墓）を通り、行程を南にとり、蜀の北桟道（大散関）に入り、馬車から駕籠に乗り換え、馬道駅から五丁関へと進み、自然の風景に感嘆する。ここで中国画の山水は想像ではなく写生であることを実感する。

南桟道、大石橋、剣閣、錦州、新都県と進み最終目的地‐成都府に到着、孔明墓、劉備墓、杜甫草堂などを見、帰路は民船を雇い錦江を下り、更に重慶から一〇日かけて長江を下り、武漢三鎮の漢口で汽船に乗り換え、船旅の果てに租界都市‐上海に到着、長崎へ帰国。実に数千キロに渡る大冒険であった。

明治二七年（一八九四年）東邦協会にて清国旅行報告講演会を行った際、中国大陸での見聞を次のように述べている。

兹に第一、支那に就いて、拙生が感覚したる所の者は何ぞ。他無し、『支那には支那無し』と云ふこと是也。単に『支那無し』と云へば、聴者或は之を嗤はむ。故に語を更へて之を言はば、則『支那には、支那の通性無し』と云ふこと是也。顧ふに欧洲には欧洲と云ふ通性無き也、之と均しく支那にも亦其通性無き也。

邦国民族の発達開明は、常に長河海江に依らざる莫し、支那も亦然り、其北方及び中央は黄河に依りて、南方は則揚子江に依りて発達せるが故に、江辺と河辺との差別は、随つて百般事物（有形並に無形）に被及せる者の如し。

故に支那文化を論ずるには、江邊と河邊の二大別を以て其要素と為さゞるを得ず。而して此二大要素より生来せる所の文明は、彼此大に差異有ることを弁知せざるべからず。(5)

黄河の邊、其両崖平原曠野、極目渺々、千里又千里、殆ど際涯無し、僅に遠く大行一帯山脈あるを以て、その平原大野の茫漠を圧するに足らざるなり、而して揚子江の両崖は、これに異なり、崇嶺層巒、前に峙ち後に聳え、以て方域を画するにあり（固より大陸の国なるが故に、江邊亦処々に平原廣澤多しと雖も、其光景自から河邊の曠濶渺漠たる者に異なり。(6)

その大意は、中国には中国という「共通性」が無いが、黄河流域及び以北のほとんど際限なく平原の続く「河辺」と揚子江流域及び以南の山地森林や湖水に富む「江辺」に大別され、それぞれ異なった文明発達を遂げた、と論述している。そして更に天心は両地域の特徴を詳細に述べており、要約すれば、黄河流域（河辺）は極めて樹木が少なく、気候は乾燥しており、降水量が少なく、冬は特に寒さが厳しい。木材資源に乏しく、家屋はレンガや日干しレンガで造るので、窓も小さく、室内は空気が流通しにくい。丘に穴をあけて洞窟で生活する地域もある。また黄河流域はきれいな水資源に乏しく、衣服や生活器具を洗浄するのに適さないので、不潔になりやすい。乾燥しているし河川の灌漑が十分でないため、畑作中心で、耕作するのに労力を費やす。水運が利用できないので、運搬手段は車馬に頼っている。

長江流域（江辺）はこれと異なり、樹木が鬱蒼としており、河川湖沼が多く、温暖で多雨である。樹木や竹が豊富な為それらを利用した快適な家屋に住んでいる。気候が温暖多雨なため、稲作が盛んで、また蚕糸茶葉など物産も豊富である。水運、灌漑が自由自在で物資や人の往来に利用される。まさに「南船北馬」を実体験している。

こうした風土の差、生活の差だけでも大きく違うので、住民の気性も異なることに天心は注目する。それは黄河流域の居民は、自然の利便さに欠け、労苦が大きいので、性格は粘り強く、忍耐力がある（強健）。それに比して長江流域の居民は、自然からの恵みが多く、労苦が少なく、生活の利便さから、住民の生活には、工夫や細やかさがある（敏巧）、と記しており、既に約百数十年前、情報量の乏しい中、実地検分からこのような中国の多様性を詳細に理解し、活写しているのである。中国一国でさえこのような多様性があることを認識しながら、何故天心は「Asia is one.（アジアは一つである）[7]」と言ったのであろうか。

3 東洋の理想

3・1 岡倉天心のアジアを見る眼

『第二第三の所感』に於いて、岡倉天心は中国と欧州について述べている。

ふつう日本では中国と欧州との差異は大きいと誰しもが思っている。しかし実際に詳らかに中国を観察すれば、中国は日本より欧州に近いものが多い。例えば洛陽郊外の古城遺跡に羊を放牧する牧夫が馬でこれを追う光景などは、ローマ郊外カムバニアの雲を眺めた時を彷彿とさせるし、洛陽場外の洛水に佇めば、ローマ城チルベ川にそっくりである。(8)

靴を履き、イスとテーブルで食事をし、建築には煉瓦を使い、風土まで類似していると指摘する。これは中央アジアを介して中国と欧州が交流交易し、互いの文明に影響しあった結果であると述べている。しかしながら近代においては、アジア文明がヨーロッパ文明に与えた影響は一顧だにされず、西洋の圧倒的優位の中で「遅れた」アジアを一方的な文明の被征服の対象と見做した。天心は「結局、西洋は東洋について何を知っているのか。ヨーロッパの東洋学の学識など、ほんとうに空しいものである！」(9)、「東洋の社会と理想を厳密に検討してみれば、西洋と対照して何らの遜色もないことがわかる」(10)と喝破した。

ここで注目すべきは、天心がヨーロッパの学者の自己中心主義を批判していることである。ヨーロッパの学者は、往々にしてヨーロッパ中心主義にとらわれるあまり、ヨーロッパの文化がアジアなどの文化に及ぼした影響については熱心に説くが、逆に中国などの文化がヨーロッパに及ぼした影響については冷淡である。中国をはじめとするアジアの文化がヨーロッパに与えた影響を研究するのは、われわれ日本人の課題であると主張している。(11)

天心は、アジア各国がその理想としてきた倫理観、社会観は、欧米列強の経済力と武力に裏付けされた異質な価値観が流入してきた際、それぞれが互いに孤立していたし、その抑制を旨とする精神のために、これに対し寛容であった。しかしその寛容さは「西洋のやましい良心」によって、「ヨーロッパの模倣と崇拝は、ついにわれわれの自然な制度となってしまった」と天心は断言する。そしてアジアの国々は、互いに孤立しているため、欧米列強がアジアの価値観自体を破壊していることを理解せず、アジア全体が危機的状況にあることに目が向けられていない。まさに大清帝国が崩壊に向かい、インドが大英帝国の支配下に置かれているのに傍観するしかなかったと指摘する。

産業的征服は恐ろしく、道義的屈従は耐えがたい。われわれの先祖の理想、われわれの家族制度、われわれの倫理、われわれの宗教は、日ましに衰退していく。後継の各世代は西洋人との接触によって道義的耐久力を失っていく。身だしなみが純粋さにとってかわり、賢さが男らしさにとってかわる。われわれはわが意に反して、われわれに残されたあらゆるものの全面的な破壊に手を貸している。われわれは分解をもたらす改革を企てている。われわれは社会に実験をこころみて、破壊の道をいそがせている。(12)

これに対し西洋に対し攻撃するのではなく、現実を直視し、「ヨーロッパの栄光はアジアの屈辱である！歴史の進行は、西洋がわれわれに敵対するのを避けがたくする歩みの記録である」[13]ことを自覚せよと喚起する。

アジアに於ける「近代」という時間は、欧米の圧倒的な経済力や政治・軍事力によってアジアが蹂躙された時代であり、まさに日本の明治維新は、この圧倒的な力に対応もしくは対抗する日本を如何に創り上げていくかという国家的民族的課題のなかで進められた。高杉晋作が文久二年（一八六二年）に上海で目撃した光景即ちそれは、アヘン戦争で敗北を喫した大国清国が欧米の植民地化してしまった姿、欧米列強が上海に築いた疑似ヨーロッパ社会と強大な軍事力、それは明日の日本の姿となりうるという危機感が討幕維新の原動力になった事は言うまでもない。

明治期から敗戦まで日本は、朝鮮、台湾、関東州、満州、中国に対し拡張主義の道を歩み、ついには「大東亜共栄圏」という名の下に欧米が歩んだミリタリズムによるアジア支配の野望を試みたのである。岡倉天心が中国視察から戻って間もなく、日清戦争が起こりこの拡張主義が現実のものとなった。しかし天心はこの拡張主義政策やそれを良しとする世論とは別の立ち位置にあった（時代は下るが、昭和初期、ジャーナリスト、経済アナリストとして石橋湛山が、植民地を持たない日本一国での経済発展を説き、拡張主義に反対した事も記憶にとどめるべきであろう）。

3・2 「アジアは一つである」―天心の理想

岡倉天心は「東洋の覚醒」の冒頭で次のように警句を発している。

アジアの兄弟姉妹たちよ！おびただしい苦痛が、われわれの父祖の地を蔽っている。東洋は柔弱の同義語となった。土着の民とは奴隷の仇名である。われわれの温順にたいする讃辞は反語であって、西洋人からすればその礼儀正しさは臆病のせいなのだ。商業の名においてわれわれは好戦の徒を歓迎している。文明の名において帝国主義者を抱擁している。キリスト教の名において無慈悲のまえにひれ伏している。国際法の光は白い羊皮紙のうえに輝いている。だが、あますところなき不正の翳が有色の皮膚に暗く落ちている。(14)

英文で書かれた本論は、東洋に対して喚起を促すだけでなく、西洋に対する警告でもあることは明白である。アジアが西洋の侵入に対してほとんど無抵抗に近かったのは、アジアの諸制度が完璧でありすぐれていたため、内部の調和に重きを置く寛容さが、新たな要因の流入を深く考えることなく逆に進んで取り入れた結果と、天心は説く。

そしてアジア諸国に於いて唯一差し迫る危機を前に「尊王攘夷」の旗印を掲げ、西洋に対峙すべく「近代」国家を目指し、明治維新を断行し「復興」を遂げた日本は、アジア変革の「教訓的」、「実例」であるとする。しかしながら「富国強兵、殖産興業」は、西洋の諸制度の模倣ではないかとの疑義が生じる。この点について天心は、

その陸海軍の強化の着実な政策は、日本を近代列強の一員足らしめた。なぜなら、列強が理解し尊敬することができるのは、野蛮な力だけだからである。遂に領事裁判権は廃止され、西洋諸国のうちで最

も高慢な国が日本との同盟を求めるにいたったのである。[15]

とし、この「野蛮な力」は列強に対しての防衛であり、結果不平等な通商条約は廃止され、イギリスとの同盟を結ぶ地位を得た。だが天心は日本の拡張主義について言及がないが、日本が列強に抗することができたのだから、ましてや大国である中国やインドが「略奪を事とする西洋のこれ以上の侵犯を食い止めるために武装してはならないのか。なぜ回教諸帝国は、栄光ある聖戦を起こさないのか…」[16]と、西洋の野蛮に対する自衛策をアジア諸国がとるべきであると述べた点から、日本の軍事力を以てアジアを主導するという思考は見えないのである。

天心のアジア観は、儒教文化を中心とした中国北方、老荘思想と道教を中心とした中国南方と二分して論じている。またインドと中国をアジア文明の二極としても捉えている。ここからアジア文明の多様性という考えを導き出しているが、天心は「アジアは一つである」と主張した。それは天心の理想であり、ヨーロッパに対し、日本の使命として、文化的にアジアを一つに再生する夢であるとされる。

しかしながら天心の言う「アジアは一つである」はこの後、戦争拡張に進む日本の国粋・軍国主義者によって、侵略的な武力による統一と曲解された。竹内好の言を借りれば、それは、「奴隷が奴隷主になる道」であった。

この苦悶の夜に幸いあれ！この幾時代も続いた嵐に幸いあれ。われわれアジア人の上に垂れこめる沈黙の暗さに幸いあれ！

この沈黙をやぶってこそ、大いなるアジアの声がふたたびきこえ、アジアの子らを大いなる戦いに目ざますのではないか。この暗黒のうちにこそ、愛のより明るい幻影の夜明けが全人類におとずれ、混沌に報いるのではないか。…[17]

「東洋の覚醒」終章の「時は来た」で、このように力強く記した。

岡倉天心略年表　**【一八六三（文久三）年―一九一三（大正二）年　五一歳没】**

一八六三年二月　横浜生まれ。福井藩士の岡倉覚右衛門の次男、幼名岡倉角蔵（のち覚三）。父は士分を捨て藩のために横浜で「石川屋」商館を経営。

一八七〇年（明治三）七歳、近くの教会、ジェームス・バラ塾で英語を学ぶ。

一八七一年（明治四）神奈川宿の長命寺に住込み漢籍を学ぶ、また高島外国語学校にも通う。

一八七三年（明治六）一一歳、廃藩置県により福井藩廃止、石川屋廃業。東京日本橋蛎殻町の福井藩邸の一角に「岡倉旅館」を開業、覚三たちも移り住む。開設された官立「東京外国語学校」に入学。

一八七五年（明治八）一三歳、東京開成学校（明治一〇年東京大学に改編）に給費生として入学、政治学、理財学を学ぶ。英米小説に熱中する。

一八七八年（明治一一）一六歳、外国人教師フェノロサと出会い、英語力が認められ日本美術蒐集の通訳を務める。

一八七九年（明治一二）一七歳、大岡定雄の娘、基子（一二歳）と結婚。

一八八〇年（明治一三）東京大学文学部第一期生として卒業、文部省に音楽取調掛として勤務。

一八八一年（明治一四）長男一雄誕生。

一八八二年（明治一五）二〇歳、内記課業務、美術行政に専念。フエノロサらと共に京都、奈良の古寺社を歴訪。文部省図画教育調査委員となる。

一八八五年（明治一八）二三歳、フエノロサ、狩野芳崖と共に美術学校設立準備のため図書取調掛委員となる。

一八八六年（明治一九）アメリカ経由で欧州視察の旅に出る。

一八八九年（明治二二）東京美術学校開校。

一八九〇年（明治二三）二八歳、上野公園内に移転（現東京藝術大学）、校長となる。

一八九三年（明治二六）三一歳、第一回卒業生を送る（横山大観など一六名）。七月宮内省の命により、中国美術実地調査のため清国視察に赴く。一二月帰国。

一八九四年（明治二七）「支那の美術」と題して中国旅行の報告公演を行う（のちに『支那游記』として出版）。日清戦争。

一八九八年（明治三一）三六歳、校長職を免じられる。日本美術院設立。

一九〇一年（明治三四）三九歳、日本美術史の講義を英国人等に行い、その記録が『東洋の理想』としてイギリスで発表される。インド美術調査旅行。

一九〇三年（明治三六）四一歳、北茨城五浦に別荘を構える。

一九〇四年（明治三七）訪米、「絵画における近代の課題」講演、アメリカで作品展を行い、高く評価される。日露戦争。

一九〇六年（明治三九）四四歳、ニューヨークで『茶の本』出版。腎臓病悪化。ボストン美術館のため美術品蒐集、清国再訪。

一九〇七年（明治四〇）上海を経て帰国。ボストン勤務。

一九〇八年（明治四一）四六歳、欧州各国美術館を視察し、シベリア、北京経由で帰国。

一九一〇年（明治四三）四八歳、四回目のボストン勤務に向かう。

一九一一年（明治四四）四九歳、ボストンから欧州視察へ。夏帰国、一一月腎臓病再発。

一九一二年（明治四五、大正元年）五〇歳、五月北京、八月インド、欧州経由でボストンへ。

一九一三年（大正二）五一歳、体調悪化のため帰国、
　九月二日腎臓病・尿毒症で死亡、東京染井墓地に埋葬、五浦に分骨。


（『岡倉天心物語』を参照し筆者作成）

参考文献

新井恵美子『岡倉天心物語』神奈川新聞社、二〇〇四年。

横浜開港資料館編『なか区歴史の散歩道』神奈川新聞社、二〇〇七年。

注

（1）野瀬泰申『全日本食の方言地図』日本経済新聞社、二〇〇三年、一五一〜一五五頁。
（2）魯迅「北人與南人」『中報・自由談』一九三四年二月四日版。
（3）岡倉一雄・岡倉古志郎編『岡倉天心　理想の再建』河出書房、一九三八（昭和一三）年に収録、「支那遊記」「江邊人河邊人」一一五頁。
（4）同書、一〇三頁。
（5）同書、一一五頁。

(6) 同書、一一九〜一二〇頁。
(7) 岡倉天心『東洋の理想』佐伯彰一・桶谷秀昭・橋川文三訳、平凡社、二〇〇七年、一一頁。
(8) 前掲「支那遊記」「第二第三の所感」一三五〜一三六頁（筆者現代文に要約）。
(9) 岡倉天心、前掲書、一五九頁。
(10) 同書、一六三頁。
(11) 村松定孝ほか『近代日本文学における中国像』岡倉天心「支那遊記」有斐閣選書、一九七五年、一九頁。
(12) 岡倉天心「東洋の覚醒」『東洋の理想』一五五頁。
(13) 同書、一四八頁。
(14) 同書、一四七頁。
(15) 同書、一八〇頁。
(16) 同書、一八一頁。
(17) 同書、一八四頁。

齋藤匡史

●編者紹介

豊　嘉哲（ゆたか　よしあき）

1973年生まれ、京都大学大学院経済学研究科博士後期課程修了（2006年）。
現在　山口大学経済学部教授。
主著　『欧州統合と共通農業政策』芦書房、2016年など。

●著者紹介（執筆順）

成富　敬（なりとみ　たかし）山口大学経済学部教授（序章）。

デルワール・フセイン（Delwar HOSSAIN）バングラデシュ・ダッカ大学国際関係学部教授兼東アジアセンター長（第1章）。

富本幾文（とみもと　いくふみ）山口大学経済学部教授（特命）兼国際連携担当副学長補佐（第2章）。

大岩隆明（おおいわ　たかあき）山口大学経済学部教授（第3章、第4章）。

山本勝也（やまもと　かつや）山口大学大学院東アジア研究科准教授（第5章）。

仲間瑞樹（なかま　みずき）山口大学経済学部教授（第6章）。

イクバル・マフムード（Iqbal MAHMOOD）バングラデシュ汚職行為防止委員会委員長（第7章）。

カムパナット・ペンスパール（Kampanat PENSUPAR）カセサート大学経済学部准教授、学術担当副学長代理、応用経済研究センター所長（第8章）。

パンパキット・オンパンダラ（Phanhpakit ONPHANHDALA）ラオス国立大学ラオス日本研究所副所長（第9章）。

馬田哲次（うまだ　てつじ）山口大学経済学部教授（第10章）。

豊　嘉哲（ゆたか　よしあき）山口大学経済学部教授（第11章）。

齋藤匡史（さいとう　ただし）山口大学経済学部教授（第12章）。

リレー講義　アジア共同体の可能性

■発　行――2019年3月30日初版第1刷

■編　者――豊　嘉哲

■発行者――中山元春

■発行所――株式会社 芦書房　〒101-0048 東京都千代田区神田司町2－5
電話 03-3293-0556／FAX 03-3293-0557
http://www.ashi.co.jp

■印　刷――モリモト印刷

■製　本――モリモト印刷

ISBN789-4-7556-1301-2 C0031